天津租界与日本居留民团

程维荣／著

上海社会科学院出版社

前 言

近代中国各地出现的租界,是英国、法国等为先锋的西方列强以武力入侵中国、迫使清朝接受不平等条约的结果。天津距海河出海口不远,原来是传统型消费都市。作为北方沿海城市与北京门户,天津具有其特殊重要的战略地位。在天津占有租界,是19世纪中期以后列强侵华重心从中国南方转移到北方,侵略势力扼守渤海湾、直接威胁北京的主要依托。第二次鸦片战争期间,1860年(咸丰十年)11月,英国率先在天津开辟租界,以后又进行数次扩张。不久,法国、美国接踵而来,也先后在天津设立租界。

明治维新以后,日本通过政治经济改革,大力吸收西方文化,国势迅速强盛,走上了对外(主要是对东亚大陆)侵略扩张的道路。在甲午战争中失利的清朝被迫与日本签订《马关条约》。接着,中日两国代表于1896年(光绪二十二年)10月签订《通商口岸日本租界专条》即《公立文凭》,规定:"中国政府亦允,一经日本政府咨请,即在上海、天津、厦门、汉口等处,设日本专管租界。"这是允许日本在中国土地上开辟租界的最早条款,首次明确将在天津等地设立日本租界。1898年(光绪二十四年)8月中日双方签订《天津日本租界条款》和《另立文凭》,其中确认中国政府"允许日本在天津设立专管租界"。这是在天津设立日租界的具体条约依据。日本随即在天津城东南、海河西岸以租界名义圈占一块殖民地。其后,欲壑难填的日租界不断蚕食中国地界,区域面积扩大至2 150亩以上。

八国联军入侵及《辛丑条约》签订后,1901年(光绪二十七年)

12月,沙俄在天津开辟租界。接着,比利时、意大利与奥地利先后在天津划定租界,由此形成日本租界与英、法、俄等西方列强租界分庭抗礼的"九国租界"的态势。与此同时,日本还通过其他一系列不平等条约,在中国各通商口岸与沿海沿江城市开辟租界,享受各种政治经济特权和治外法权。日本在中国各地的租界中,以天津日租界面积最大、人口较多,存在时间最长。特别是在"九一八事变"和"七七事变"中,天津日租界积极配合日军侵华战争,成为支持日本占领华北大片地区的重要基地。

在此期间,日本向所占领的中国内地多个城市大量移民,实行资本输出。其移民纷纷涌进日本"开拓"的租界,倚仗其统治地位与特权从事工商、教育文化和其他社会活动。这样,日本当局就面临着一个通过什么形式分配权利与利益、管理日本移民的活动,并且统治租界内中国人的问题。此前,在日本国内已经开始实行中央与地方分权、推行地方"自治",但是在日本的海外如何推行自治,并没有现成的经验。于是,日本首先在1902年于天津租界设立租界局作为管理机构,设有庶务、财务、土木、卫生、学务等课分掌行政。接着,日本在其所占中国内地各城市的日租界中开始移植国内的地方"自治"。这种移植不仅表现在宣传推广日本国内的地方"自治"观念,而且也确实在制度上有所照搬与运用,包括由居住于日租界及界外2里(1938年改为3里)的日本侨民组成天津的日本居留民团作为自治团体。自治团体内的侨民代表推选由首长统辖的一定任期的行政委员会,由10名委员(1935年1月参事会成立后改为5名委员)组成,采取议决与执行合一原则。关于事务的执行,在行政委员会之下,尚有吏员与雇员襄助进行。行政委员会内部实行所属各部门之间的权限分工,筹划与经营当地日本人统治下的财政、经济、文教与社会等公共事业,从而在形式上实现当地日侨的自我管理与机构运作。同时,行政委员会需定期向自治团体所在的行政机构汇报,接受总领事馆的监督。行政委员会至1935年改为参事会;1937年,日本外务省下令将居留民团参事会改为居留民团长制,实行居留民团首长的某种程度的个人专权制。

当然,在租界实行的移植并非简单照搬日本国内的模式,而是一个在移植中努力适应具体环境的过程。应该看到,在天津等地租界实行的居留民团制度与日本国内的模式有明显的不同。主要表现在:

第一，建立的背景不同。日本国内的地方自治制度主要随着地方经济和民主制度的逐步出现而自发形成并由政府确认与规范；而天津日本居留民团，是日本通过武力强占中国领土、划定租界以后建立的，其过程带有明显的人为强制成分。

第二，建立的法理依据不同。日本国内地方自治主要是依据颁布于1888年的町村制、1889年的市制以及1890年的府县制与郡制；而日本居留民团主要是运用1905年《居留民团法》。

第三，领导体制不同。日本国内的地方自治团体接受县、町、村各级行政机构与基层组织的指导与制约；而日本居留民团顺次受日本驻天津总领事馆、驻华使馆及东京外务大臣的监督，具有更明显的官方掌控色彩，而且租界内同时设立有警察与特务机构，并且有驻军。

第四，作用不同。日本国内的地方自治制度以本地经济、教育、文化、社会管理与发展为目标；而日本居留民团在实现租界管理与发展的同时，必须配合日军的行动，以搜集中国内地情报、实现租界的安全与巩固，并且将租界作为进一步向中国内地渗透扩张的基地为重要目标，具有明显的扩张性特征。

第五，与周边关系不同。日本国内的地方自治无需过多考虑周边环境的因素；日本居留民团则必须着眼于中国传统型城市的原有基础，处理与天津地方当局、其他各国在天津的租界等方面的关系，互相间存在或紧张或缓和的并存与竞争关系，以及日方威逼中方的关系。

应该说，与中国其他城市日本租界的自治团体比较，天津日本居留民团因存在的时间长，制度比较完备、运作相对规范，总体上移植有相当的成效，对于日租界的发展起到了推动作用；对于日本在华北的侵略活动，扮演了支撑者与协作者的角色，在日本在华各地的租界中具有典型意义与示范作用。

天津的日本居留民团，作为日本在天津侨民的自治团体，实质上是日本总领事馆指挥下统治和经营日租界的机构，是一个具有强制力的公权力法人组织。居留民大会（行使选举权）、行政委员会（行使决策权）和民团吏员（行使执行权）是居留民团三大组成部分。其本质，是日本向中国侵略与扩张、变中国传统型城市制度为日本殖民地城市制度的形式。研究天津的租界与居留民团问题，对于了解近代日本侵略中国的历史，研究当时日本民众在中国的日租界的生活、生产与经营活动,探索近代天津的城市发展轨迹,以及中日两国的地方关系与国家关系,都具有一定的意义。

过去,国内学界对中国近代史上的租界包括天津"九国租界"有一定的研究,发表了不少研究成果,但是对日本侨民特别是天津的日本居留民团的情况很少涉及,研究成果十分鲜见,这就使近代日本在华租界的形成演变与中日关系的研究受到一定的局限。

最近一些年来,笔者根据上海社会科学院"租界、租借地等特殊地区研究"特色学科的安排,在学科前此的租界、租借地等问题研究的基础上,主要根据《天津日本租界居留民团资料》和其他一些相关成果和文献记载,对天津日租界和日本居留民团的历史与法理问题的资料进行梳理和探索,提出一些观点,形成了这么一部小书。在此过程中,笔者深感资料的匮乏与零乱无序。因此,这部书中进行的梳理与研究工作只是初步的,仅仅是提出若干相关问题,并对其中有些问题试图加以初步的解答而已。

在本书的写作与出版过程中,得到上海社会科学院法学研究所"租界、租借地等特殊地区研究"特色学科负责人费成康研究员的大力支持,得到上海社会科学院出版社特别是周河老师与裘幼华老师的全力协助,在此谨致谢忱。书中存在的缺漏、谬误,有待相关专家与读者不吝批评指正。

程维荣
2020 年 11 月

目 录

前 言 / 1

第一章 近代天津租界格局的形成 / 1
第一节 第二次鸦片战争中天津租界的开辟 / 1
第二节 甲午战争后日租界的建立 / 10
第三节 八国联军入侵与九国租界的形成 / 16

第二章 天津日租界的扩展与延续 / 27
第一节 都统衙门与"新政"时期 / 27
第二节 日租界的持续膨胀 / 33
第三节 全面抗战爆发前的天津日租界 / 49
第四节 抗战期间的日租界 / 54
第五节 日租界地域与人口 / 59

第三章 天津日本居留民团的建立与机构 / 66
第一节 居留民团的依据 / 66
第二节 居留民团的登场 / 75
第三节 居留民团行政委员会 / 93
第四节 共益会与居留民团的并存 / 102

第四章 日本居留民团与天津市政 / 113
第一节 住宅道路建设的显著扩张 / 113

第二节　市内交通网的粗具规模 / 119
　　第三节　水电与邮政的肆意强推 / 123
　　第四节　铁路与港口的迅速连接 / 134

第五章　日本居留民团与天津经济 / 138
　　第一节　敲骨吸髓的税收财政 / 139
　　第二节　巧取豪夺的金融机构 / 143
　　第三节　畸型繁荣的城市工商业 / 148
　　第四节　无处不在的经济统制与走私 / 165

第六章　日本居留民团与天津教育文化 / 171
　　第一节　服务于侵华战争的普通教育 / 171
　　第二节　殖民地化的报纸与文化设施 / 182
　　第三节　五光十色的娱乐场所 / 188

第七章　日本居留民团与天津社会 / 194
　　第一节　为日本人服务的医疗设施 / 194
　　第二节　凸显日本色彩的公共事业 / 198
　　第三节　诡谲神秘的宗教与帮会 / 204
　　第四节　乌烟瘴气的赌毒黄 / 206
　　第五节　协助侵华的义勇队 / 212

第八章　天津日租界的收回与居留民团的终结 / 217
　　第一节　第一次世界大战与天津租界 / 217
　　第二节　太平洋战争中日租界的窘境 / 219
　　第三节　日租界的"交收"闹剧 / 224
　　第四节　日本的投降与居留民团的瓦解 / 229

第一章
近代天津租界格局的形成

近代中国各地出现的租界,是英国、法国等为先锋的西方列强以武力入侵中国,迫使清朝接受不平等条约的结果。天津在地理上接近海河出海口,作为北京门户,位置十分重要,其被占领,是19世纪末列强侵华重心从南方转移到北方、直接威胁北京的主要依托。就天津设立租界的进程来说,每一次都是对华战争后列强挟战胜的余威而实现的。这可以分3个阶段。第一个阶段是第二次鸦片战争期间,随着中英、中法《天津条约》与《北京条约》的签订,天津开埠,1860年(咸丰十年)11月,英国率先在天津设立租界,以后又进行3次扩张。英租界设立不久,法国、美国接踵而来,也先后在天津设立租界。第二个阶段是甲午战争及中日《马关条约》签订后,1895年(光绪二十一年)10月,德国在天津划定租界,以后又加以扩大。1898年(光绪二十四年)8月,日本在天津划定租界,并留预备租界。第三个阶段是八国联军攻入北京、《辛丑条约》签订后,1901年(光绪二十七年)12月,沙俄在天津开辟租界。接着,比利时、意大利与奥地利先后在天津划定租界。在这种东、西方实力消长、两种社会制度文化形态剧烈碰撞与融合的过程中,天津建立起中国内地城市中数量最多的租界,形成"九国租界"的格局。特别是日本租界的建立,与中国其他地方的日本租界一样,使天津承载岛国封建专制军事政权殖民奴役的沉重与血腥,是近代中国史屈辱的一幕。

第一节　第二次鸦片战争中天津租界的开辟

海河,又先后称界河、沽河、白河,地处华北平原,是华北地区的大河。其以卫河为源,总长 1 032 千米(一说以漳河为源,总长 1 329 千米)。海河上游河面宽阔,是条件良好的内河码头。南运河、子牙河、大清河、永定河、潮白河(北运河)五大支流及其分支如蛛网一般通往华北各地,为华北最大的水系,并且汇合成海河干流自西向东横贯天津市区。海河干流长 73 余千米,东流入渤海,素有"九河下梢""河海要冲"之称,堪称天津的城市摇篮。海河入海口称为大沽口,为京津门户,被誉为"津门之屏""海防要隘"。自海河出海,可驶抵南北各省,远达太平洋和印度洋。

现代天津简称津,地处华北平原东北部,海河流域下游,东临渤海,与山东、辽宁两个半岛相望;北依燕山,与河北省、北京市相邻,目前市域总面积 1.19 万余平方千米,共辖 16 区,人口 1 000 余万人。是中国北方的经济中心和港口城市,我国四个直辖市之一。目前的天津市区面积 2 073 平方千米,常住人口 500 余万人,划分为和平、河西、南开、红桥、东丽、西青及濒临渤海的滨海新区等 11 个行政区。

天津地区早就有人口居住。在遥远的战国时期已经出现了以渔业、农业和盐业为生的人口聚落,东汉末年天津周围成为人口繁衍生息的聚集地。魏晋南北朝时期军粮城一带出现了城镇;隋唐时期天津蓟县(渔阳)成为北方军事重镇,驻军近 10 万人;北宋,天津地处宋辽对峙的前线;金朝迁都燕京(今北京)后,出现了柳口镇(今杨柳青镇)和直沽寨等军事驻地,这是今天的天津市区最早的建制。元代直沽寨因为漕运、盐业和屯田,发展为相当繁荣的海口重镇,1316 年(延祐三年)改直沽寨为海津镇。

从人口聚落到寨再到镇,反映了天津城市形成前的发展主线。

明朝的"卫",是府兵制下的军事据点,一般为海边军事重镇,用于防备海寇。明朝前期,为了防备外族,于 1404 年(永乐二年)设立天津卫,从此有"天津"之名,表示拱卫京城的海边要塞。翌年,天津筑城,即后来的老城,位于今天津市区的西北角。所谓天津卫,实际上包括天津城周围的三个卫,即天津卫、天津左卫和天津右卫,三卫指挥机关设城中。其军事管辖东起渤海,南抵山东德州。在行政上,天津卫城分属两县,即西门和南门外属静海县,东门和北门外属武清县。天津卫的建立与筑城,标志着中央政府对天津军事地位的认可。

明成祖迁都北京后,天津作为拱卫首都的门户,衔接南方、京城和辽东前线之间粮饷、军队和装备的转运。原先南方粮食海运或河运至天津,再用小船运往北京和辽东驻军。1415年(永乐十三年)大运河全线贯通,遂罢海运,漕运日增。漕粮汇聚储存在天津,陆续运往北京等地,使天津及附近囤积粮食的仓敖在17世纪初增加至300余座,促进了天津中转运输功能的增强和经济实力的提高。

清朝,1725年(雍正三年)11月将天津卫改称天津州,辖武清、青县、静海三县,天津完成了从军事城堡向一个具有行政管理功能的城市的过渡。至1731年(雍正九年)天津州又升为天津府,兼置天津县,并辖青县、静海,以及沧州、南皮、盐山、庆云县,天津便成为辖六县一州的畿辅首邑。城内并置天津府衙署与天津县衙署,同时设有诸多专门机构,如河道总督、长芦盐运使和长芦巡盐御史,天津钞关、天津总兵衙署等。随着盐业、航运的发展,到1850年(道光三十年)前后天津城厢人口达到近20万人。

天津滨海地区,"外接深洋,内系海口",素有"京畿门户""京津屏障"的说法。有两个天然河流入海口,一是北塘口,一是大沽口。北塘口是原金钟河、宁车沽河与蓟运河交汇入海口,1949年以后因开挖河道,变成潮白新河、永定新河与蓟运河交汇入海口。大沽口是海河干流入海口,水路可通天津,连接北京,又称海门、塘沽口。近代大沽口成为北洋水师基地,大沽船坞为北方第一大船厂,也是中国近代海洋化工发祥地。海河从大沽口蜿蜒前伸,汩汩流淌,一直到天津城。

塘沽在大沽口西北面,位于海河北岸,是海河下游最后一个村子。塘沽原为小渔村,第二次鸦片战争期间塘沽作为大沽炮台防御体系的一部分。洋务运动期间李鸿章奏准将铁路从芦台建到塘沽,主要运送开滦煤矿的煤。自1890年(光绪十六年)起各国纷纷在塘沽占地盘,建码头、仓库和办事处(大多在北岸),北岸畸型发展起来。1914年塘沽建成中国第一精盐公司,以后人口不断增多。1939年,日本在海河入海口建筑大型人工港——塘沽新港,开挖引河,筑造防波堤,塘沽以东成为港区,塘沽地区向东、西、南进一步扩大。

海河流域属于半干旱、半湿润的温带大陆性季风气候,气候四季分明,冬季寒冷干燥,春季干旱少雨,夏季湿热多雨,秋季天高气爽。平均年降水量548毫米左右。17世纪以来,海河流域大洪水平均20年发生一次,天津曾多次被淹及。

表 1-1-1 1937 年天津河流最高水位表

河流名	日　期	时间	水位(T.D)米	气候与最大风速(米秒)	风　向
海　河	10月11日	1:30	5.53	晴后雨,11.80	北、北西
北运河	10月1日	19:00	3.36	晴天,3.36	南,南西
南运河	10月9日		6.53		
子牙河	10月9日		6.73		

资料来源:陆承素等:《天津日本租界居留民团资料》,第三册,广西师范大学出版社 2006 年版,第 285 页。

塘沽口,海河北岸原属奉天府宁河县,南岸原属河间府沧州静海县。1949 年 1 月将塘沽、大沽地区合建为塘大市,1952 年 2 月改称塘沽区。

第一次鸦片战争以后,1842 年(道光二十二年)8 月,清朝被迫与英国签订《江宁条约》即《南京条约》,广州、厦门、福州、宁波、上海等城市第一批开埠,成为最早设立租界的通商口岸。而位于北方的天津,较晚才作为第二次鸦片战争的结果开辟租界。

19 世纪 40 年代末以后,英、法等国对外加紧扩张,它们对第一次鸦片战争后对华条约所攫取的权益越来越不满足,与清朝政府的矛盾日益加深,企图利用中国内部的太平天国革命,通过对清政府实行外交讹诈即"修约"谈判,扩大侵华权益。1854 年(咸丰四年),《江宁条约》届满 12 年,英、法等国向清政府提出修改《江宁条约》,要求中国全境开放通商,被清政府拒绝。于是英、法等国决心发动一场新的侵华战争。

1856 年(咸丰六年)10 月,英国军舰以广东水师搜查停泊在省河海珠炮台附近曾在香港注册但早已过期的船只"亚罗号"并捕走海盗、"侵犯英国的尊严与权利"为借口,在英国当局支持下,悍然向广州城发动进攻,挑起了第二次鸦片战争。英国的强盗行径得到法国与美国的支持。本来只有英国一国出兵限于广州一地的武装冲突,升级为英法联军的全面侵华战争。沙俄也趁火打劫,在中国黑龙江以北地区占领大片中国领土。1857 年(咸丰七年)年底,在英法联军的进攻下,广州城失陷。接着,英法军队决定联合北上,将进攻锋芒转向中国北方,意图逼迫清政府屈服。翌年 5 月,英法联军军舰抵达大沽口外,溯白河而上,英、法、美、俄四国公使继而向清朝发出照会,要求清廷立即派出谈判全权代表。清廷顿时惊慌失措,只图息事宁人,于是派直隶总督谭廷襄为代表到白河口谈判。但侵略者并无谈判诚意,发动了武力进攻。

从明朝中叶开始,为抵御倭寇入侵,在大沽口开始构筑炮台。清朝于1817年(嘉庆二十二年),鉴于大沽口险要形势,修筑砖木结构炮台两座。以后,炮台增修加固,至1841年(道光二十一年)建成大炮台5座、土炮台12座、土垒13座。1858年(咸丰八年),清政府又对大沽炮台进行全面整修,分别以威、震、海、门、高五字为5座大炮台的名称。

1858年5月20日,英法联军舰队开始进攻大沽炮台,战斗进行了1个多小时,炮台失陷。随后,英法与美俄联军水陆并进,抵达津郊,清朝派大学士桂良等与其谈判,被迫接受侵略者的条件。6月26日和27日,中英、中法分别签订《天津条约》56款附约1款、42款附约6款。其中规定:外国公使驻北京,开放牛庄、登州、南京、镇江等口岸,外国军舰、商船可驶入长江及各通商口岸;修改税则;外国传教士得入内地自由传教;进一步明确有关领事裁判权的规定;清朝对英赔款400万两,对法赔款200万两。《天津条约》的签订,反映出外国已把注意力从南方转移到北方,直接威胁清朝统治的核心——北京。在此以前,沙俄已经

图1-1-1 1858年6月在海光寺签订《天津条约》情景

资料来源:天津市政协文史资料研究委员会等编:《近代天津图志》,天津古籍出版社2004年版,第21页。

于5月28日强迫清朝签订《瑷珲条约》3条,我国东北外兴安岭以南、黑龙江以北60多万平方千米的广大领土被划为俄国属地,而原属我国领土的乌苏里江以东40万平方千米的土地则划为中俄共管。沙俄还抢先于6月13日与清朝签订中俄《天津条约》,取得了与英、法几乎一样的侵华权益。

《天津条约》签订后,咸丰帝心有不甘。一面派科尔沁亲王僧格林沁率师督办海口战备,礼部尚书瑞麟为直隶总督,协同重修大沽炮台,大力整顿大沽防御体系;一面再派桂良等去上海与英国代表谈判税则,企图以全免夷税为交换条件,幻想侵略者放弃到手的权益。英、法公使拒绝与清钦差在上海进行《天津条约》换约谈判,坚持入都换约。1859年6月25日,英、法、美公使各率舰队再由上海北上到达大沽口外挑衅。英法军舰并驶进内河开炮轰击炮台,守军还击,敌舰被迫撤退,随之敌军登陆,被守军消灭470多人,英军司令何伯重伤。第二次大沽口保卫战的胜利,是中国近代史上反侵略战争的唯一一次胜利。

英、法对大沽口之败不肯善罢甘休。1859年11月,英法决定进行报复。翌年7月,联军近2万人乘坐军舰至大沽口外,8月1日从北塘登岸,又排成散兵以排枪阻击清军马队冲锋,并以炮火轰击,清军马队几乎全军覆没。联军随即占领塘沽,并攻占北塘炮台,清朝将领僧格林沁弃阵逃回通州,守军向联军让出南岸各炮台,大沽口防线全面崩溃。

英法联军攻占大沽口后,又攻到天津城下,经过激战,7月21日,英法军队占领天津。咸丰帝命桂良等赴天津议和,后又改派载垣、穆荫议和。英法联军继续北犯,其专使巴夏礼到通州,9月14日开始与载垣等谈判。接着,经过张家湾之战,联军占通州。又经八里桥之战,僧格林沁部溃散,咸丰帝逃往热河行宫。清政府被迫再开和谈。联军攻入圆明园大肆烧杀焚掠。经过谈判,1860(咸丰十年)10月24日,中英签订《续增条约》即《北京条约》9款,并且互换《天津条约》批准书。翌日签订中法《续增条约》即《北京条约》10款。两条约内容基本相同,其中规定清朝分别赔银800万两。值得注意的是,两个《北京条约》均规定天津开埠通商。中英《北京条约》第10款规定:"大清大皇帝允以天津郡城海口作为通商之埠,凡有英民人等至此居住贸易均照经准各条所开各口章程比例,画一无别。"中法《北京条约》第7款规定:"直隶省之天津府克日通商,与别口无异。"这

图 1-1-2　1860 年 8 月,英法联军攻占北塘炮台

资料来源:《近代天津图志》,前揭第 23 页。

些规定,是天津设立租界的铺垫。

英国挟战胜之威,欲进一步攫取侵略权益。同年 12 月,英国公使卜鲁斯照会直隶总督恒福、三口通商大臣崇厚等,提出划紫竹林一带为英租界,为清政府所接受。紫竹林,位于天津城东南方向海河西岸,原为紫竹林寺,建于康熙初年;道光时为紫竹林村(在今哈尔滨道东端的南昌旅社一带);中华人民共和国成立后为天津市人民图书馆附近,今市文化局一带。这样,天津就成了继上海之后第二个划定租界的城市。一群耀武扬威的英国士兵手持洋枪,踏上了被划为英租界的土地。

作为天津最早划定的租界,坐落在紫竹林一带的英租界西南至海大道(今大沽

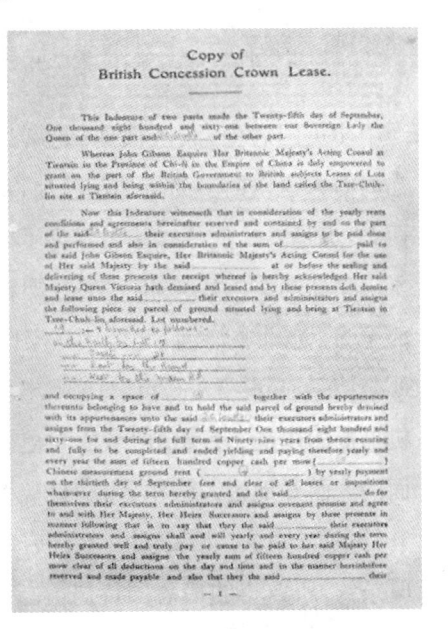

图 1-1-3　英国租界租约(1861 年 9 月 25 日,第 1 页)

资料来源:天津市档案馆编:《珍品档案图录(1655—1949)》,天津古籍出版社 2013 年版,第 35 页。

路),西北起至宝士徒道(今营口道),东南至博目哩道(今彰德道),占地30.67公顷(460亩),后被称为"原订租界地"。英租界设立后,在开发过程中不断向周边扩张。1894年甲午战争后,英国要求向西扩大租界至墙子河内侧,扩大面积计1 630亩。经3次扩展,英租界面积共达6 149亩。

图1-1-4　英租界工部局
资料来源:《故影遗存》,科学出版社2011年版,第13页。

　　步英国后尘,法国根据《北京条约》,在英租界北面占据租界,占地360亩。当时海大道以西多为坑洼沼泽地,很少住户。后来的劝业场至墙子河一带,统称西开,也是一片荒凉。法租界为了向西扩展,由现在的劝业场向西至墙子河修建了一条新马路。1900年后法方即将非法占领之地纳入租界。扩充后的法租界四至为:东北临海河,北部从马家口沿今锦州道向西至墙子河,南沿今营口道向西至墙子河,共2 360亩。1901年《辛丑条约》签订后,法方还占领了界外原北洋机器局的东局子一带驻兵,成为租界外的租界。随后,法租界又占据了墙子河西面的老西开地区。法租界总面积,不包括东局子兵营,达到2 836亩。①

　　中英、中法《北京条约》签订后,美国公民自然可以依照1844年7月中美《望厦条约》所取得的最惠国待遇,在天津取得居住权。同时,在第二次鸦片战争期间,美国以调解人面目出现,对战争双方进行斡旋,自诩有功。事后,1860年在天津设立了美租界。美租界的范围:东临海河;西至海大道;南界开滦胡同(今

---

① 天津市政协文史资料研究委员会:《天津租界》,天津人民出版社1986年版,第38—41页。

开封道东段),北界博目哩道(今彰德道)与英租界接壤,占地131亩。但是美国由于发生南北战争,无暇顾及,始终未对天津美租界实行有效的控制和管理,以致美租界多年没有得到发展。因此,美国政府在1880年声明,表示愿意放弃在华租界。经过与英国方面的反复协商,私相授受,美国在有条件的前提下,同意将美租界并入英租界。1902年(光绪二十八年),英租界将南面美租界131亩并入;同年10月23日,天津海关道发布公告,承认美租界并入英租界。

图 1-1-5　天津开埠后西方商船涌入

资料来源:李家璘等:《天津旧影》,人民美术出版社2000年版,第19页。

随着西方宗教势力的不断入侵,天津人民掀起了反洋教运动,主要是以火烧望海楼教堂为标志的"天津教案"。望海楼位于老三叉河口以北,香林苑以东,康熙初年修建,乾隆时修有望海寺,为皇家园林、行宫。第二次鸦片战争后,法国加以强占,欲建领事署。法国天主教士认为这里是理想的传教地点。1866年(同治五年),传教士谢福音来津,主持拆除望海楼,修建教堂。1869年5月举行奠基礼,12月建成,高10米,宽10米,长30米。此即望海楼教堂。

1870年(同治九年),天津城屡有丢失幼儿事件,传言法国传教士虐待儿童致死。同年6月,群众抓获拐卖儿童案犯向天津县衙告发,天津知府与知县将案犯正法。之后,民众又抓获拐犯送县衙。案犯招供所拐幼儿是受天主教堂用银圆收买唆使。此时有民众与传教士发生口角、斗殴,通商大臣崇厚派兵镇压,法国领事丰大业带领随从到通商衙门见崇厚并开枪威吓。在场群众怒不可遏,将丰大业及随从殴毙，并冲入教堂殴打谢福音，烧毁望海楼教堂、仁慈堂等多处，打死传教士及洋人20人。此即天津教案。案件发生后，法国公使向清政府照会抗议，要求严办。清廷将崇厚等交刑部议处，由直隶总督曾国藩到天津查办，滥捕80余名无辜群众，释放拐骗犯，修复被焚毁建筑物。洋人仍不满。

同年8月，清朝任命李鸿章任直隶总督。不久，清朝特设北洋通商大臣，由直隶总督兼任，并规定直隶总督每年春季开冻后移驻天津，冬令封河后再回省城保定，李鸿章则基本上一直在天津办公。他下令对此案予以严处，并赔偿法国白银46万两，俄、英、美各数万两，才算了事。①

第二节　甲午战争后日租界的建立

日本原来是一个由幕府割据的封建国家。1866年，明治天皇即位。1868年，明治天皇将江户改称东京，宣布实行明治维新运动，包括废除封建割据，建立中央集权制；改革身份制度，重新确立阶级关系；改革税收制度，大力发展资本主义工业；改革教育，大力培养科技人才。同时，明治天皇宣布要"开拓万里波涛""宣布国威于四方"，并制定"大陆政策"，声称"日本要征服世界，必先征服中国；为了征服中国，必先征服满蒙"，同时提出《征讨清国策》，提出先夺取朝鲜，占领台湾，进而进攻中国。在此方针下，日本开始建造军舰，扩充军队，进行战争准备，以实现其称霸东亚的野心。这样，清末染指天津的不仅有西方列强，而且有东方的日本。

1894年2月，朝鲜爆发东学党起义。在朝鲜王室的请求下，清朝派叶志超部进入朝鲜镇压了东学党。蓄谋已久的日本政府以此为借口，出兵前往朝鲜。7月，攻占朝鲜王宫，拘禁朝鲜国王，建立起傀儡政权，并准备向驻扎在汉城西南牙山的中国军队发起进攻。为解牙山燃眉之急，清朝租用外国轮船从黄海向朝鲜运兵，不料情报泄露，7月25日遭到日本舰队的突然袭击，运兵船"高升号"被击沉，船上清军官兵大部牺牲。与此同时，驻扎在牙山的清军，也遭到日军的攻击，清军溃不成军，向北一路狂逃。8月1日，中日两国宣战。日军向平壤发起进

---

① 天津市旅游局编：《历史大事100件》，天津古籍出版社2009年版，第54页。

攻,驻守平壤的清军顽强抵抗,清将左宝贵等战死,叶志超率部仓皇逃窜,平壤失陷。9月17日,北洋舰队统帅丁汝昌率舰队返航旅顺时,在黄海上遭日本舰队突然袭击。"致远号"在管带邓世昌率领下与敌激战,并欲撞沉敌舰,全舰官兵英勇殉国。"经远号"管带林永升战死。当时中日参战军舰数目相等,力量对比互有短长,结果北洋舰队损失大于日方。李鸿章苦心经营的北洋水师在黄海海战中予敌重创,自己也损失惨重。

紧接着,日军按照事先部署,突破清军的鸭绿江防线,攻入辽东。10月24日,另一路日军在辽南花园口登陆,向大连、旅顺口方向大举进犯。11月21日,日军攻陷旅顺,进行了惨绝人寰的大屠杀,罹难者近2万人。最后整个辽东半岛为日军所占。1895年1月,日军在山东半岛的荣成湾登陆,转而攻占威海,进攻北洋水师衙门所在的刘公岛。在李鸿章"保船避战"的严令下,北洋水师困守港内,提督丁汝昌以身殉国,北洋海军全军覆没。

甲午战争失败后,清朝派出李鸿章赴日本马关谈判,日方谈判全权代表是首相伊藤博文和外相陆奥宗光。在日方的恫吓威胁下,清朝被迫接受屈辱的条件。1895年4月17日,《马关条约》11款另约3款签字。其主要内容:(1)清朝承认朝鲜完全"自主";(2)清朝割让台湾全岛及附属岛屿、辽东半岛给日本;(3)清朝赔偿日本军费2亿两;(4)清朝开放沙市、重庆、苏州、杭州为商埠;(5)允许日人在中国通商口岸任便设立领事馆和工厂及输入机器。《马关条约》是中国近代史上空前屈辱的条约。其中所规定的条款,标志着列强开始瓜分中国,资本输出深入中国内地,中国的半殖民地化明显加深。原来被清朝认为落后的蕞尔小国日本,竟然打败上国清朝,迫使清朝接受不平等条约。《马关条约》签订的消息传出,全国哗然。拒和废约、迁都再战的呼声震动朝野。清朝举国上下感受到了空前的民族危机,也激发了清朝内部的变法维新运动。

本来,中国东北被沙俄看成是它的禁脔,严防其他各国来分享利益。割让辽东,意味着日本势力大举入侵中国东北。沙俄感到了威胁,与日本的冲突在所难免,于是联合德国、法国共同加以干涉,迫使日本放弃对辽东的占领,同时由清朝追加付银3000万两作为补偿。在甲午战争中已经精疲力尽的日本无力抗拒,只能答应,在取得清朝的额外补偿后,日军退出了所占领的辽东。

干涉还辽后,德国自诩有功,要求与其他国家同等待遇,向清朝索要租界。1895(光绪二十一年)10月30日,天津海关道盛宣怀、天津道李岷琛与德国领事司艮德签订《天津条约港租界协定》,允许在天津建立德租界。德租界位于天津各租界之东南,当时的地界范围:东临海河,西至今大沽路,南至今琼州道,北界今开封道与美租界接壤,占地面积1 034亩。八国联军入侵时,由于德军驻扎在德租界及其附近的三义庄、桃园村一带,遂将两村庄纳入德军管辖范围。1901年(光绪二十七年)7月20日,德国驻津领事秦莫漫与天津河间道张莲芬等谈判,并签订《德国推广租界合同》,确认上述海大道外的"新界"。扩张后的德租界占地4 200亩,东临海河,南至今琼州道并从下瓦房延伸至今围堤道附近,再向北折回琼州道,西界沿今广东路向西至马场道,北界今开封道沿马场道与英租界接壤。① 至此,在海河西岸,英、法、美、日、德五国租界连成一片。1923年统计,德租界有华人3 278人、英国人13人、美国人102人、俄国人321人、德国人319人、日本人57人、法国人39人。②

与此同时,挟战胜之利的日本也在积极猎取自己的侵略权益,觊觎在天津建立日本租界,并派出钦差大臣林董、敦信等与清朝钦差大臣张荫桓、总理各国事务大臣荣禄谈判,终于在1896年(光绪二十二年)10月19日于北京签订增设天津、上海等4处日本专管租界的《通商口岸日本租界专条》(即《公立文凭》)共4款,其中第1款规定:"添设通商口岸,专为日本商民妥定租界,其管理道路以及稽查地面之权,专属该国领事";第3款:"日本政府允,中国政府任便酌量课机器制造货物税饷,但其税饷不得比中国臣民所纳加多,或有殊异。中国政府亦允,一经日本政府咨请,即在上海、天津、厦门、汉口等处,设日本专管租界";第4款:"凡距日本军队驻守区之划界日本里法五里,约合中国四十里以内,中国军队不宜逼近或驻扎,以符条约。"③

这是允许日本在中国土地上拥有开辟租界特权的最早的条款,首次明确了在天津等地设立日本租界。

---

① 杨大辛:《天津的九国租界》,天津古籍出版社2004年版,第14页。
② 张利民:《解读天津六百年》,天津社会科学院出版社2003年版,第9页。
③ 天津市地方志编修委员会:《天津通志·附志·租界》,天津社会科学院出版社1996年版,第465页。

据此,随后一些年,日方与中国各地方当局订约,在中国境内先后开辟了多处租界。

最早按照《通商口岸日本租界专条》划定的,是苏州的日本租界。1897年(光绪二十三年)3月5日,由苏州承宣布政使司聂缉椝与日本驻上海兼苏州、镇江等处通商事务总领事官珍田舍己签订《苏州日本租界章程》。该租界位于苏州盘门外相王庙对岸青阳地,隔运粮河与相王庙相对,西接商务公司地界,东至水缘泾河岸,北靠沿官路,南临采莲泾河岸,占地483余亩(一说497亩)。从一开始,章程就明确把租界内的行政、司法各权交给日本。

根据《马关条约》,日本设立了杭州日租界,于1896年9月26日宣布开埠,并签订《杭州塞德耳门原议日本租界章程》,划定杭州武林门外拱宸桥北、运河东岸一带,自长公桥起,至拱宸桥止,作为福连塞德耳门(英文 Foreign Settlement 的音译,即外国人保留地或租界的意思),面积403亩。《通商口岸日本租界专条》签订后,日本为原订《杭州塞德耳门原议日本租界章程》不符合要求,又强迫清朝地方官于1897年5月13日与其另定《杭州日本租界续议章程》,日本租界面积达900亩,并且剥夺中国地方官府管理日租界的权力。杭州日租界完全置于日本领事的统治之下。

根据1898年(光绪二十四年)7月16日《汉口日本专管租界条款》,划定日本租界为汉口德国租界北首起,东界沿长江100丈,南界紧靠德国租界,东起江口,西至铁道地界,面积约200亩。日本租界行政事务由日本驻汉口领事官管理,日租界警察署为日本领事馆的下辖机构。领事、驻华公使、日本外务大臣对界内行政事务有多方面的监督权。

日本虽然未能在上海开辟专管租界,但是上海虹口一带日本人大批聚集,并攫夺了在此区域的侨民管理权。1907年9月,上海的日本居留民团成立。其不同于日本国内的市、町、村制度,没有固定的行政权,而是在外务省机构代表上海总领事监督下的"自治团体"。

1895年《马关条约》签订不久,日本即向中国提出在重庆开设租界的要求。1896年(光绪二十二年)2月,日本政府指派驻上海总领事珍田舍己为建立租界赴重庆谈判。经过几年交涉,1901年(光绪二十七年)9月24日,日本驻重庆领事山崎桂和中国川东道宝棻在重庆签订《重庆日本商民专界约书》,准许日本在重庆府城朝天门外南岸王家沱设立专管租界。约书规定,租契30年更换一次,可以连续永远租用,不得限制;日本拥有租界内的警察权、道路管辖权与行政管理权。

根据《通商口岸日本租界专条》,日本驻天津领事郑永昌与天津海关道李珉琛、天津道任之骅又于1898年(光绪二十四年)8月29日签订《天津日本租界条款》和《另立文凭》,其中确认中国政府"允许日本在天津设立专管租界"。具体划定日本专管租界和预备租界的范围。专管租界范围:东北临海河;西至墙子河(今南京路);南界沿今沈阳道向西至墙子河,北界沿今多伦道向西再折向墙子河,并规定了日本预备租界和码头。预备租界是:溜米厂(今多伦道与张自忠路拐角处)至朝鲜公馆(今北安桥附近)南墙外,沿一直线,西接日本现定之界,作为日本预备租界。码头位于小刘庄河岸。以上占地面积共1 667亩。

表1-2-1 中国各地日租界概况表

城 市	开辟年份	开辟条约	扩展年份	总面积	管理机构	撤销年代
苏州	1897年3月	《苏州日本租界章程》		483亩余	有居留民会,决议经日本领事批准	抗战初期
杭州	1897年5月	《杭州日本租界续议章程》		900亩	有居留民会,决议经日本领事批准	抗战期间
汉口	1898年7月	《汉口日本专管租界条款》	1907年	622亩	设立汉口居留民团,设行政委员会	抗战初期
天津	1898年8月	《天津日租界条款》	1900年、1903年	2 150亩	成立天津居留民团,设行政委员会	1945年
重庆	1901年9月	《重庆日本商民专界约书》		701亩	有居留民会,决议经日本领事批准	抗战初期
沙市(未开辟)	1898年8月	《沙市口日本租界章程》		706亩		因界址不理想及商业不振,未开辟
厦门(未开辟)	1899年10月	《厦门日本专管租界条款》		198亩		因界址不理想及商业不振,未开辟

续　表

城　市	开辟年份	开辟条约	扩展年份	总面积	管理机构	撤销年代
福州（未开辟）	1899年4月	《福州口日本专用租界条款》		1041亩	因界址不理想及商业不振，未开辟	
营口（未开辟）	1905年	《会议东三省事宜附约》			称铁路附属地或新市街	
安东（未开辟）	1905年	《会议东三省事宜附约》			称铁路附属地或新市街	
奉天（未开辟）	1905年	《会议东三省事宜附约》			称铁路附属地或新市街	

该《天津日本租界条款》里的若干条文规定：

第一款　中国政府照文凭第三款，允许日本人在天津设立专管租界。兹将租界界址，划定四至。

第二款　租界沿岸所有中国税、厘两局，照旧留存。如有庙宇有碍设立马路者，日本领事官与地方官商议，设法移迁，实难移迁者，马路亦须设法绕避。

第三款　租界内因保养身体，于西南隅掘一沟，引用清水。

第六款　租界四至界址议定后，地方官即会同日本领事官，将租界内所有房屋及地面详细查明，造一清册。其收买付价之法，仿照前次法国设立租界章程，两国选择公正数人，按照时价议立公平价值，屋主、地主不得任意要价，买主亦不得抑勒。

第十一款　租界内地面，由日本领事馆每一亩每一年应交大钱一千文，照法国租界例，每年十二月十五日预交明年租价于天津县衙门。

同年11月4日日方又与中方签订《天津日本租界续立条款》与《续立文凭》，其中部分条文规定：

一、租界以内，准中国开筑公同道路一条，以备行人往来，一切车、马均不收纳捐费。其修筑之费,专归中国自办。

一、公同道路面宽丈尺,应留四丈;地基高下,应与日本马路一律相同。其修补、洒扫诸事,均与日本马路相同,以归划一。

一、现定租界内,日本设立巡捕房,管理界内一切警察事宜外,两国另在预备租界内公设缉捕局一所。凡现定租界内有犯事人,即由会缉捕局派捕拿送华官审判。①

据此,日本可以在预备租界内设立缉捕局,"管理界内一切警察事宜"。中国地方官应将预备租界内的居民户口造册送交日本领事馆核存。预备租界内的民间买卖房地应知会日本领事官,如日本愿买,应照时值公平议价收买。这样一来,预备租界已与现定租界无异,日本获得了租界内的警察、治安权,随时可以将其纳入自己的管辖范围。

日租界处在法租界与天津旧城之间,土地开发很快。尤其是1900年日租界扩展之后,租界当局制订了一个迅速发展的计划。20世纪初,日租界又致力于发展租界西部,将这里的大片水洼填平,修筑了道路,铺设了下水管道,除少数地块外,大部分土地已经建立起了住宅、工厂和货栈。日本当时在中国各地有租界5处,其中以天津日租界面积最大而且最为繁荣。

第三节　八国联军入侵与九国租界的形成

第一次鸦片战争后,西方国家向中国派遣大批传教士,在中国建立教堂,传播西学。其中有不少传教士霸占土地,欺罔教徒,搜集情报,干涉词讼,引起中国人民的痛恨,不断进行反对洋教的斗争,地方民众与当地教会之间的矛盾普遍日益尖锐。在深重的民族危机以及西方传教士在地方上横行不法的背景下,义和团运动兴起于鲁西南和包括冠县的鲁西北地区,以及直隶、山东交界处。1899年(光绪二十五年),有个海干和尚在天津一带秘密活动。当年张德成在静海县独流镇成立了"天下第一坛"。翌年春,受山东义和团民入境影响,静海县各村镇

---

① 《天津通志·附志·租界》,前揭第466—469页。

纷纷设坛口，18岁以上男子踊跃入团，其口号便是"杀洋人，灭洋教"、"扶清灭洋"，表现出义和团的反帝宗旨和盲目排外性。静海成为天津一带最重要的义和团活动区，全县坛口两三百个，团民数万人，并兴起妇女组织红灯照，坛口近百。各团内组织分工略同。总坛首领称老师，均自封，负责一切事务，传授神法、铺坛。坛口多为一村一个，也有数村一个，大村镇有数个或10余个。各坛人数10余至数百。首领称大师兄、二师兄等，均由老师指定或认可，下设文书、管账、扛旗、吹号、马夫、总管粮草、背负神像、哨探、护坛师等。红灯照由12—18岁未婚少女组成，有大师姐、二师姐等。另有已婚中年妇女组成的蓝灯照（一说寡妇组成），寡妇组成的青灯照（一说已婚中年妇女组成），老年妇女组成的黑灯照。

　　这时清朝统治集团内部的一部分顽固大吏企图利用义和团来对付外国侵略者，招抚义和团的态度逐渐明确。1900年（光绪二十六年）六七月间，义和团发展至天津城厢，城内贴遍义和团反对洋教的揭帖。6月27日，张德成率领"天下第一坛"的7 000名团民抵达天津城，天津各路义和团及百姓到运河边来欢迎。天津团民达四五万人，坛口300多个。有曹福田乾字团六七千团民步行赴津，将总坛口设在天津城西吕祖庙里，被天津各地团民拥为总首领。又有以林黑儿为统帅的红灯照赴津。在义和团进入北京以后，天津城郊坛口的数量迅速增加，其中声势较大的有王荫荣在西郊张家窝建立的坎字团总坛口，刘呈祥在西郊高家庄建立的乾字团总坛口，韩以礼在西郊大南河村建立的乾字团总坛口，刘得胜在杨柳青设立的坎字团总坛口，滕德生在杨柳青于庄子设立的离字团总坛口，等等。[①]

　　随着义和团运动在直隶和京津地区的迅猛发展，帝国主义加紧胁迫清政府予以镇压。各国公使见清政府已无力控制形势，便策划直接出兵干涉，联合出兵镇压义和团。1900年6月，英、法、德、日、美、俄、意、奥八国联军的24艘军舰，为配合西摩尔军进犯北京，加紧向大沽口集结，军舰增至32艘。各国舰队司令在俄舰上举行会议，决定以保护铁路和天津外侨为名而采取行动。6月16日，各国舰队向大沽炮台守军发出最后通牒，遭到拒绝。联军向炮台发起进攻，在历时6小时的战斗中，守军毙伤敌130多人，击伤敌舰6艘。守军伤亡1 000余人，

[①] 李侃等：《中国近代史（1840—1919）》，中华书局1994年版，第274页。

大沽口炮台失陷。联军大批登陆，攻占大沽炮台后，大肆烧杀抢掠。联军2 000余人，在老龙头车站准备沿京津铁路进攻北京。义和团拆毁铁路，设置障碍，阻击敌人，并先后在落堡、廊坊车站与敌战斗。联军退到杨村，又被义和团包围在杨村火车站，侵略军只好向天津逃窜，死伤200人。

图1-3-1 攻占大沽口的八国联军

资料来源：《近代天津图志》，前揭第31页。

　　面对八国联军的武装入侵，清朝统治集团内部对战与和问题存在着分歧意见。慈禧和一部分顽固派意图继续利用义和团来抵抗外国入侵，同时也作为对侵略者阻挠其另立大阿哥以取代光绪帝计划的报复。

　　大沽炮台失守后，侵略军进犯天津。义和团拆毁津浦铁路路轨，并在海河两岸阻击，使侵略军付出很大代价才到达天津租界。这样，义和团就与侵略者在天津租界内直接发生了冲突。俄军1 700人攻占老龙头车站(今天津站)。曹福田率众包围了车站，发动猛攻，打死打伤俄军500余人，曾几次攻占车站。又有武备学堂和东局子战斗。紫竹林是侵略军集结处。张德成率"天下第一团"五六千人，分乘72只大船，从独流镇沿运河前来参战，协同各部进攻紫竹林。义和团战士在数十头牛尾上捆上油絮，点火燃烧，火牛向租界狂奔，在一片轰隆声中，侵略军埋设的地雷被全部踩平。义和团一直攻到英法租界交界处,火烧洋楼,重创敌军。

在此期间,7月13日,八国联军1万余人进攻天津城,炮轰南门,清军主力逃跑,只有少数部队与义和团一直坚守到天津城失陷。

图 1-3-2　老龙头火车站(今天津火车站)

资料来源:今明:《津沽旧影·老照片》,天津社会科学院出版社1998年版,第33页。

1900年在八国联军入侵时,直隶提督聂士成率武卫前军马步队到达天津。5月14日,英国海军司令西摩尔率联军2 000余人,由天津向北京进犯,聂士成电告裕禄准备阻击未获允准。从6月16日开始,聂奉命攻打天津租界,相持8日。6月17日,联军攻陷大沽炮台,进攻天津,聂部与清军坚守天津。6月28日,马玉昆部开进天津,各部划分了攻守范围。6月30日,马、聂部联合义和团分别攻打天津租界与老龙头车站。7月9日,联军6 000多人从天津出发进攻西南郊,日军司令福岛率2 000日军担任主攻。敌军兵分两路,直扑聂军阵地。聂士成沉着应战,负伤牺牲,同时战死者350多人。

聂士成死后,清军惶惶不安,进退失据。

具有反帝侵略性质的义和团力量的迅速扩大引起清朝统治集团的恐慌,同时也由于受到列强的压力,清政府深恐义和团力量的崛起威胁到专制统治,也担

图 1-3-3 聂士成塑像

资料来源：天津市旅游局编：《知名人物100位》，天津古籍出版社2019年版，第39页。

心帝国主义以义和团运动为由加紧对中国的侵略，于是清朝对义和团的态度开始发生转变，便派帮办北洋军务大臣宋庆从关外赶到天津镇压义和团。到7月13日，屠杀义和团达到高潮，凡年龄在16岁以下的均予以遣散。而此时八国联军方面则加紧进攻天津城，除留下部分军队守卫租界外，联军分东西两路攻打天津城。东路联军5 000人(俄军4 000人、法军800人、德军200人)，从河东老龙头火车站沿海河攻击东北角、三叉河口的黑炮台。西路联军4 300人(日军2 700人、英军659人、美军900人以及少量意、奥军)由海大道经跑马场，直扑机器西局。虽经义和团和部分清军死守，7月14日，天津失陷。联军进城，烧杀劫掠。

八国联军占领天津后，各国趁机增设和扩展租界：

英国迫使清朝签约，将租界向西推到海光寺大道，计扩展3 928亩。英租界3次扩张，占地共6 149亩。由于英租界对外贸易的迅速发展和港口建设的完善，到19世纪末，天津原来的航运中心三岔口码头逐步衰落，英租界成了天津的贸易、航运中心。1923年英租界有居民7 000余人。

法国驻天津总领事发布公告，将海大道东北和西南至墙子河约2 000亩(133.33公顷)的土地列入"推广范围"。不久又将法租界东北的一块土地让与日本,作为日本租界的扩充界。辛亥革命后,法租界当局又指使天主教会在墙子河外的老西开私自购买土地,建造教堂、医院和学校,以后又逐步占领老西开地区。法租界经两次扩张,面积达 190.67 公顷(2 836 亩,一说 2 860 亩)。1916 年夏,西开教堂竣工。10 月 20 日晚,法国驻津领事指使巡捕派兵侵占老西开地区(今西开教堂周围),企图将其吞并,并将 9 名中国警察缴械拘留,引起老西开事件。翌日,各界 1 000 余名群众集会抗议游行。顺直省议会举行特别会议,议决交涉员与法国领事署交涉。省议会并致电国务院,声明不承认法国强盗行径。25 日,各界 8 000 多人成立天津公民大会并通电全国,北洋政府外交次长夏诒霆到天津调查并斥责群众,激起群众愤怒,殴打了夏诒霆。北京政府被迫将其免职。11 月,法租界内中国工人罢工、学生罢课、华人巡捕罢勤。在全国各界声援下,法租界不敢再强行吞并。直到 1931 年"九一八事变"以后,法国趁火打劫,才将老西开地区并入法租界。以后,各国企业纷纷在法租界进行房地产投资,租界内兴建众多欧式建筑,1920 年代并建成许多大商场、银行、旅馆等,成为天津繁盛的商业中心。1922 年法租界有居民 7 000 余人。

八国联军入侵时,俄军在争夺老龙头车站的战斗中遭受义和团与当地民众的顽强阻击,受到重创。俄军在占领河东一带以后,宣称基于"征服者的权利",向清政府提出建立租界的要求。清朝政府遂任命议和大臣李鸿章在北京就此事与俄国驻华公使格尔思举行谈判。同年 12 月 31 日,中俄双方在北京草签《天津租界条款》。1901 年(光绪二十七年)5 月,天津河间道张莲芬等与俄国驻津领事珀珮签订《天津俄租界合同》,正式划定俄租界。俄租界位于天津各租界东部,扼各租界与铁路交通之要道。由于英国的压力,俄国被迫将车站及通往车站的大道让出,俄租界因此分为东西两区。西区西界今五马路,东至车站,南临海河,北至铁道;东区从海河转弯处向南,北起车站向东沿铁道南侧,西临海河至今十五经路。东西两区共占地面积 5 474 亩,地处僻静,不甚发达。据 1923 年统计,居民有华人 4 000 余、俄国人 500 余、其他各国民众 400 余。

俄国率先以军事占领区转为租界之举,促使意大利与奥匈帝国相继效尤,借口"征服者的权利",要求在天津设立租界。1900 年(光绪二十六年)11 月,意大利驻华公使萨尔瓦葛命令驻扎在天津的意大利军队占领俄占领区以西、从海河北岸至北宁路之间的大片土地,作为意租界。意大利驻津武官随即发布公告,擅自划定意租界四至界址。1902年(光绪二十八年)6月7日,天津海关道唐绍仪与意大利新任驻华公使嘎里纳签订《天津意租界章程合同》14条。意租界位于天津各租界之北部,其界址范围:东界五经路与俄租界接壤;西界今胜利路;南临海河,北沿铁路至兴隆街。占地面积771亩。租界之租金,援各国例,每年向中国政府交纳钱粮每亩1000文。据1922年调查,意租界内计有中国居民4025人、意大利居民62人、其他各国人民42人。意大利对华贸易有限,所以重在发展市政建设,在区内建设了不少地中海风格的住宅、广场、花园。

1900年(光绪二十六年)11月,作为战胜国的奥匈帝国驻华公使齐干也索要

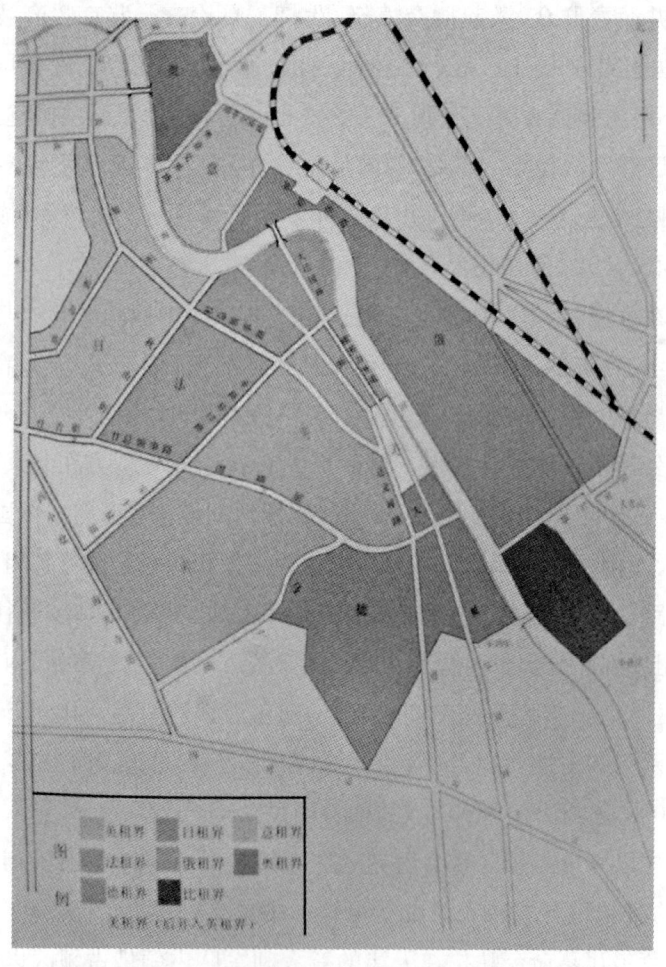

图1-3-4 天津租界图(左上方海河西岸为日租界)

资料来源:《故影遗存》,前揭第13页。

"征服者的权利",提出在天津设立奥租界。1902年(光绪二十八年)12月27日由天津海关道唐绍仪、天津河间道张莲芬等与奥国驻津副领事贝瑙尔签订《天津奥租界章程合同》。奥租界位于天津各租界北端,其范围东沿铁路线今胜利路,西临海河,南界沿胜利路与意租界接壤,北至金钟河(今狮子林大街)再向南折至铁路,占地面积1 030亩。其居民多半为中国人。租界内建有诸多风格独特的欧式建筑与设施。

八国联军入侵,比利时并未参战,谈不上"征服者的权利",但也趁火打劫要求建立租界。1901年(光绪二十七年)8月,比国驻津领事梅禄德发出通告,宣称要建立比国通商市场。接着,比国新任驻津领事嘎德斯与天津河间道张莲芬进行谈判,并于翌年2月5日由天津河间道张莲芬、天津海关道唐绍仪等与嘎德斯签订《天津比租界合同》。比租界位于天津各租界之东部,其范围:西临海河,北至今十五经路与俄租界接壤;东至大直沽,南至小孙庄,占地面积740.5亩。由

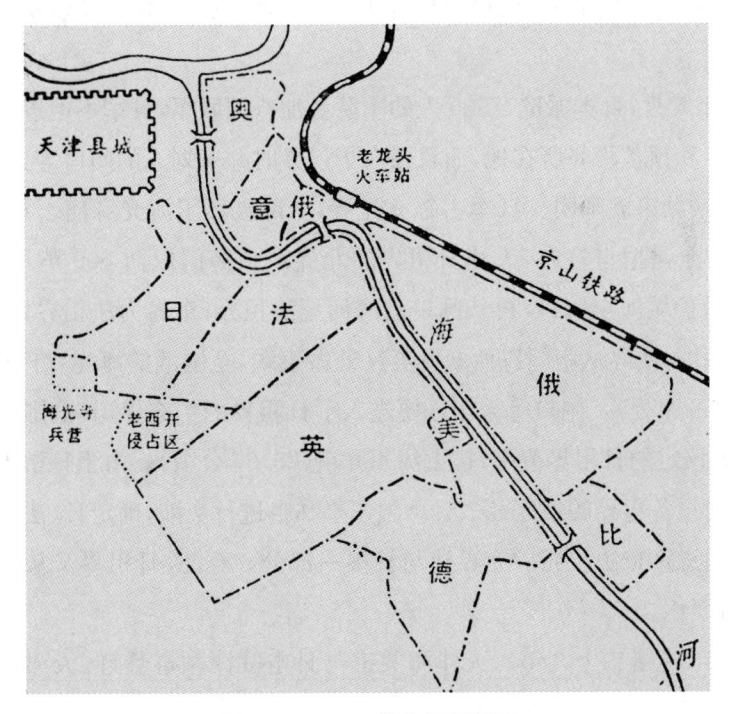

图 1-3-5 天津九国租界图

资料来源:费成康:《中国租界史》,上海社会科学院出版社1991年版,第280页。

于其中部分为洋行所有土地,比租界实际所能支配的土地为549.5亩。根据合同,比租界以东与铁路之间的数百亩土地,被划为比国预备租界。比租界地处僻静处,至20世纪20年代,马路尚未修筑,仅建有学校、马路等,计有中国人1700余人,外国人未详。①

在此期间,日租界多次得以扩张。海光寺在天津城南3里,1705年(康熙四十四年)建,初名普陀寺,1719年(康熙五十八年)御赐海光之名。殿宇宏伟,门围植柳万株。1768年(乾隆三十三年)巡幸天津,御书"普门慧镜"。晓日春晴,气清天朗,海光隐约中现出空中接阁,气象万千,实为少见云。② 第二次鸦片战争时期,海光寺为清军兵营,并且是清朝官员与英、法公使谈判处,中英《天津条约》与中法《天津条约》签字处。清朝批准在天津设立三口通商衙门,崇厚为通商大臣,天津正式开埠。同治年间洋务运动期间,清朝在天津城东设有军火机器局(东局);同时将购自上海等处的蒸汽机、化铁炉和旋床等设备安置于海光寺周围作为分局,亦称机器西局。西局除制造新式枪炮外,兼制民用设备以及各种军用船只。

1900年6月,日本派遣2500人的军队参加八国联军,日军不但进入尚未开辟的日租界和预备租界所在地,而且强占了议界时并未划入的闸口等繁华区。7月,日本又增派第五师团。日军占领海光寺,全部破坏了海光寺庙。年底,日本驻津领事郑永昌擅自宣布,天津日租界的北界系从南门以西600英尺(188.88米)处起,沿护城河至闸口,再从闸口沿海河至法租界;东界为法租界,南界至墙子河北岸围墙,西界从南门以西600英尺处做直线,至围墙的海光寺门以西400英尺(141.66米处)。闸口等繁华区便进入了日租界的扩充界,其范围远远超出2年前双方议定的日租界范围,扩大约400亩(26.67公顷)。由于日租界以东系法国宣布为预备租界的地区,法、日两国领事私自进行交涉,确定日、法租界分界线。法国同意宣布法租界扩充界让与日本一部分。至此,日租界又从法租界并入约90亩面积。

1903年(光绪二十九年),天津海关道与日本驻津领事签订《天津日本租界

---

① 以上各国租界概况,见南开大学政治学会:《天津租界及特区》,商务印书馆1928年版,第3—8页。

② 《简明天津指南》,北京中华印书局1920年代发行,第62页。

图 1-3-6 旧海光寺及其寺前大钟

资料来源:《天津旧影》,前揭第 96 页。

推广条约》,承认日本扩大的天津租界。其界限南起朝鲜公馆,北展至闸口,西转至天津城东南水沟以西 18 丈(60 米),再向西南转至海光寺。日本将小刘庄地区暂行交还,但将来日本有扩张租界之必要时,可在交还地区内扩张,清朝不得将交还地区租借他国。至此,天津日租界的面积达到 2 100 余亩。

根据中日双方议定条款,日租界西南的海光寺并不在日租界范围内,但因在《辛丑条约》中日本取得在华驻军权,海光寺为日本驻屯军司令部,日本将海光寺视同租界。"九一八"后,日军在华北增兵,擅自越过墙子河,修建日本军官宿舍。抗战期间,日本在海光寺附近的墙子河以西修建西浪速街(今四平道)、西宫岛街(今鞍山道)和西伏见街(今万全道),划分两个街区,设立区事务所、公立医院、宫岛高等女校、淡路国民学校分校等,使海光寺成为了日租界一部分。民国期间,海光寺庙基由日本陆军占用。

表 1-3-1 天津各国租界面积表 单位:亩

国别	设立年份	最初面积	扩张面积	总面积	备 注
英	1860	460	5 689	6 149	不包括佟楼以南赛马场一带
法	1860	360	2 476	2 836	不包括东局子法国兵营
美	1860	131			1902 年并入英租界
德	1895	1 034	3 166	4 200	

续 表

国别	设立年份	最初面积	扩张面积	总面积	备 注
日	1898	1 667	483	2 150	不包括非法侵占的六里台一带
俄	1900	5 474		5 474	
意	1901	771		771	
奥	1901	1 030		1 030	
比	1902	740.5		740.5	不包括预备租界
总计：23 350.5 亩					

资料来源：《天津的九国租界》，前揭第 21 页。

至 1902 年，天津先后出现九国租界。由于美租界于 1902 年并入英租界，习惯上也称八国租界。天津八国租界总面积 23 350.5 亩，比 20 世纪前增加 4 倍，是天津老城区的 8 倍。以后各国租界开始了大规模的建设。八国联军占领天津后拆除了天津城墙，在原城基上修筑了东、西、南、北 4 条马路。1925 年，整个天津城市人口增加至 107 万。

第二章

天津日租界的扩展与延续

甲午战争以后，尤其是八国联军入侵及《辛丑条约》签订后，列强蜂拥而来，争相在天津开辟租界。天津日租界位居各租界之西北端、租界与天津城的连接处，东南与法租界毗连，南界墙子河，西北界南关，东北临海河，面积2 466亩，并且不断对外拓展，扩充地盘。与此同时，在日本领馆的指挥下，日租界设立有警察与特务机构，并且有驻军，成为日租界与日本在天津利益的保护伞。在清末至民国的各个历史阶段的重要事件期间，天津日租界都发挥了其不可替代的特殊作用。

第一节 都统衙门与"新政"时期

天津城未攻陷前，八国联军就开会讨论对天津城的管理政策。日军司令福岛主张剿捕"乱匪"、保护商民。各国就此议定，城破后联军以鼓楼为中心，分据四方：西南方属英国，西北方属法国，东南方属美国，东北方及河北属于日本，河东及铁路和土墙内外属于俄国。因联军肆行抢掠，当地士绅出来设立支应局，供给联军食物。但只是临时应差而已。

1900年（光绪二十六年）7月16日，即天津沦陷的两天后，联军总指挥、俄国的阿列克谢耶夫主动邀请各军司令，在俄军司令部开会，讨论如何恢复天津秩序等问题。阿列克谢耶夫提出要设立一个临时政府，统一管理天津军政事务，进而提出设立一个总督，由俄国选派。该提案遭到各方反对。翌日继续开会，阿列克谢耶夫仍然主张设立总督,其计划再度受阻,阿列克谢耶夫只得放弃总督一人掌权的原则,提出第二个方案,即由三国各委派一名具有同等权力的委员组成临时政府。这一折衷方案缓和了列强之间的矛盾,得到与会者同意。会上决定由参与军事行动最多的俄、英、日三国委派委员,某些管理部门则由其他国家担任。会议接着通过了由俄、英、日三国分别提出的3名委员(委员,中文译作"都统"):俄军沃加克上校、日军青木炮兵中佐和英军第一威海卫团团长鲍威尔。[①] 该行政临时机构掌管警察、卫生、司法及课税等事务,由3名委员共同掌管,其被命名为"Provisional Government of the District of Tientsin"(天津地区临时政府),通行的简称是"T. P. G.",中文名称为"暂时管理津郡城厢内外地方事务都统衙门",简称都统衙门。

图2-1-1 八国联军占领天津后成立的都统衙门的成员
资料来源:《近代天津图志》,前揭第36页。

7月30日,天津都统衙门正式成立。其管辖范围是天津城内及城外直到土围子一带的地区,不包括租界及工厂、兵营、铁路、电报和其他联军军事设施。在都统衙门颁布的条例中宣称,它的管辖范围是"天津城内及城外直到土墙一带的

---

① 坪古善四郎:《北清观战记》,载王振良主编:《津沽漫记——日本人笔下的天津》,天津古籍出版社2015年版,第25—26页。

地区,但不包括德国、英国、法国和日本四国租界,也不包括兵械厂、营盘、铁路、电报局以及其他已被联军占领的军事机构"。至1901年2月,管辖范围扩大,东至海边,西到天津西和西北约25千米一带地方,分为塘沽、军粮城、天津城、天津南北4个地区。

从性质上说,都统衙门是列强利用武力占领天津后所设立的临时殖民统治机构。虽然其直接统治区域不包括天津各国租界,但是仍然深刻影响了天津城市包括租界的发展进程。

天津沦陷前后,北京城内外义和团势力正如火如荼,驻北京各使馆的告急信雪片般飞往天津,促使各国迅速增兵北京。至1900年7月底,日军总数增至1.5万余人,美军总数达2 000人,俄军6 600余人,德军7 000人。最后各国协调由德国元帅瓦德西出任联军总司令。惊慌失措的慈禧加紧向侵略者求和,转而勾结外国侵略者镇压义和团。都统衙门成立伊始,就发布通缉义和团首领的告示。天津义和团与红灯照的各主要首领,先后被都统衙门捕杀。1900年8月4日,联军从天津出发,先后攻占杨村、通州。8月14日攻进北京,解了使馆之围。慈禧挟光绪帝仓皇出逃西安。联军分路劫掠保定、张家口等各地。

在此局面下,清廷决定派李鸿章与洋人谈判议和。1900年10月11日,李鸿章抵京。各国代表经过多次会议,提出一份议和大纲草案,最后于1901年(光绪二十七年)9月7日各国代表与李鸿章签订《辛丑条约》,共12款19个附件。其内容除了清朝"谢罪"外还有:(1)清政府向各国赔偿白银4.5亿两,以关税、盐税和常关税作为担保,分39年还清,本息共9.8亿多两。(2)在北京设立使馆区,列强可以在这里驻兵。(3)大沽炮台以及从北京到大沽沿路的炮台"一律削平"。从北京到山海关沿路12个战略要地(杨村、军粮城、天津、唐山、秦皇岛等),准许各国派兵驻守。(4)惩办义和团运动中与帝国主义对立的官吏,禁止中国人民加入各种反帝性质的组织。(5)改总理衙门为外务部,"班列六部之前",办理今后对外交涉。《辛丑条约》是帝国主义形成阶段强加给中国的一个空前绝后的屈辱条约,其加深了中国经济、政治和军事等方面的危机,加剧了中华民族的灾难,清朝陷入更加深重的半殖民地半封建化的泥潭之中。

都统衙门的职掌主要有:(1)在天津城内及其所管辖地区重建秩序和治安;(2)在城里及城郊管辖区域采取卫生防疫措施,预防时疫及其他疾病;(3)帮助联军部队寻觅宿营地并为联军供应粮秣及运输工具——牲口、车辆、船只和苦力等;(4) 对属于中国政府的以及属于私人但已被所有人放弃的财产,包括动产和不动产,开列清单,并采取必要的措施予以保管;(5) 采取措施,防止在本地人中发生饥荒。

都统衙门"既由各国产生,就在委托其管辖之区域内,享有绝对独立的权力,并且也尽其可能,执行联军各国司令官与各国领事向其提出的各种要求。在委员会与联军中一国司令官之间,或是委员会与某国领事之间发生分歧时,即根据争论的性质把问题提交各国司令官会议或领事裁夺。如果这样还不能达成协议,争论问题须提交各国政府决定"。都统衙门设下列各部门协助工作:(1) 总秘书处;(2) 巡捕局;(3) 卫生局;(4) 库务司;(5) 政府财产及已逃跑的私人财产管理部;(6) 军事部;(7) 司法部;(8) 公共粮食供应署。① 都统衙门除了拥有行政权与警察权外,还具有相当的司法权。其出现,表明列强排斥中国地方官署,直接控制天津的行政管理权与司法权,天津成为中国内地唯一的完全殖民城市。

当时,需要由都统衙门委员所属各国向都统衙门垫付一笔预付款项,用于支付城市财政取得收入之前的首项开支,垫付款项即由首批征得的赋税款拨还。天津都统衙门存在至1902年8月15日,以后,管理权移交给直隶总督袁世凯,从而结束了都统衙门2年的军事殖民统治。

在"归还"天津行政管理权的过程中,各国的立场并不一致。"各国驻华公使,现尚未会议交还天津之事。各国拟禁止华兵驻扎天津一节,闻华官未允。"袁世凯到京后,"拜会公使数人,欲请各公使除出此层(即不再禁止清军驻扎天津)";如各国不允其请,袁世凯则"拟去保定驻扎,不再至津矣。英美日三国公使已从其所请,唯西班牙及意奥三国公使力拒不允,至俄德法三国公使则不置可否。闻西班牙及意奥三国公使所以力拒不允,系为别国公使唆使之故。交还山海关铁路之事,亦同此耽延。在英国之意,山海关铁路随时可以交还,前已定交换日期,为德日两国公使允诺即可定议云";"天津交涉:日前都统衙门与各国公议会议交还天津一事,其议案中有都统衙门三十公里之内应许驻扎华兵三千五

---

① [英]雷穆森:《天津租界史(插图本)》,许逸凡等译,天津人民出版社2009年版,第194—195页。

百名云云。此事各公使与都统衙门意见相左,故各公使又定以二十二日重行会议"。① 各国态度的不同,导致归还天津行政管理权的拖延。

图 2-1-2　袁世凯任总督时期的直隶总督衙门东辕门
资料来源:《天津旧影》,前揭第 34 页。

1902 年 8 月,袁世凯"接收"天津以后,面对空前的危机,试图在各方面做一些改革,即以天津为基地,积极推行"新政"。主要内容有:(1)兴办工商企业。令天津候补道周学熙,在天津河北开设各类工业企业,并设直隶工艺总局。天津很快出现一批官助商办企业。(2)发展教育。建北洋西学堂及一批普通学堂,又建立天津教育会。到 1911 年天津已有高等学堂 4 所,中学 9 所,小学六七十所,以及一些实业学堂,并陆续建立天津图书馆、博物馆、宣讲所、阅报处等。(3)地方自治。1906 年(光绪三十二年)设立天津府自治局,天津县投票选出议事会。同时,开始创立以城市为单位的行政管理机构,并设捐务局、卫生局、工程局和消防队等。设立如此管理机构在全国属首创,使天津开始具有初步的近代城市管理机制。(4)创办中国警察。留用巡捕创办中国警察局,几年后又在天

① 《中国近事》,《新民丛报》1902 年第 8 期,第 103 页;第 10 期,第 103—104 页。

图 2-1-3 袁世凯
资料来源：《知名人物 100 位》，前揭第 140 页。

津四乡设立巡警。（5）编练新军。

其中，警察制度方面。都统衙门占据原直隶总督衙门，设有巡捕局。这种状况后来有所变化。袁世凯原于1902年（光绪二十八年）6月在保定创设警务总局和巡捕学堂。被任命为直隶总督接管天津后，他把从保定带来的2 000多名巡警和都统衙门原设的1 000余名华捕，合并成立天津巡警总局。这是中国最早的近代警察机构。同年10月，天津警务学堂成立。翌年，将保定巡警学堂并入，更名北洋巡警学堂。1904年（光绪三十年），经袁世凯奏请，清政府成立巡警部。同年，天津的巡警形成南段、北段和四乡海河三足鼎立的格局。1908年（光绪三十四年），民政部奏拟承认巡警道官制，将所有省原设巡警等局归并办理，专管全省巡警、消防、户籍、营缮、卫生事务。1910年（宣统二年），直隶巡警道在天津成立，同时调整天津各段巡警，改称直隶全省警务公所，辖东、南、西、北、中五大区，下设29个分区。

警察初办，制度不全，屈从于权势的案例多有发生，说明近代警察制度从一开始就与腐败及黑暗形影不离。当时报纸刊载的文章说："天津之办警察也，总之者然候补道曹家祥。其时承联军交还之后，循整齐画一之政治，规模秩然，有道不拾遗之风，以为中国所谓新政独此差强人意也。"但是，文章举例说，"今春间有荣禄之侄为直隶候补道者，其仆某与人斗于道，警察弹压之。仆不服，与警察兵斗，为所捕。其同党多人闯警察署欲夺回，与警察兵交哄，卒为警察所胜。曹道（即曹家祥）拟按章程办理，而该道之太夫人勃然大怒，诣督署力责直督严办该兵。直督皇恐谢罪，卒命将警察兵数名枷号，以儆其余，置该仆不问"。[①] 这是袁世凯自己屈从于贵族权势，严办警察而宽宥贵族仆役的一个案例。

编练新军方面，甲午战争清军失利，朝野上下纷纷议奏练兵。1895年（光绪

[①] 《天津警察败坏于豪奴》，《新民丛报》1903年第28期，第47—48页。

二十一年)1月,清朝开始编练"定武军",从天津、山东、河南等地招募兵士,在天津马厂练新军,总兵额4 750人。后移驻小站,并由袁世凯接掌定武军,更名新建陆军,其参用德国模式,利用老盛军营盘,聘用洋人为教习、教官,购买西洋武器,仿效西方操练。袁世凯到小站接任后,又扩招收步兵骑兵,总兵额达到7 300人。新建陆军基本采取德国陆军制度,军队分为步、马、炮、工、辎各兵种。翌年初,袁世凯建立武备学堂,后称讲武堂,专门抽调在职哨官学习,并设有学兵营,集中训练步兵操法。

新建陆军武器,全部由外国购进。炮兵装备德国炮,步兵装备德国枪,骑兵使用德国马枪和战刀,军官一律6响左轮手枪和佩刀,哨官兵号衣鞋袜一律黑色,军官服装有红色标志。袁世凯聘请了10多名德国军官充当教习,并成立教习处(后改洋务局)。新建陆军并设旧式军队所没有的参谋职能、电讯联系和军乐队。其训练法则有注重选募、厚给军饷、培养将领、严格训练等。其先进的建制装备和训练技术与封建统治、恩威并济的权术以及家兵家将的军阀旧习相结合,形成袁世凯的特殊制军方法。

天津小站练兵,是中国军队近代化之始,也是北洋军阀形成之本。在小站练兵起家的北洋军阀,后来升迁到督军以上的有34人,其中出了4个民国总统和1个临时执政,小站练兵及担任过北洋六镇官佐及亲信9人担任过17届政府总理。

袁世凯的"地方自治",注重在民间的咨询与宣传工作:"已设一间自治局,请有一班习过法政个学生入去试办。凡天津左近,地方上应办个事,归只个局内人,会同本处贤绅士试办。全个不用官差吏役。办有功效,就将许撮事印做浅白话说,分乞人看。尔想有障认真个办法,愈求定着愈有道理。"[①]也就是主张坚持不懈地推行地方自治。

第二节　日租界的持续膨胀

日租界划定后,不断向周边扩张。

---

① 《时事:打手打手天津试办地方自治了》,《潮声》1906年第12期。

一、1898 年划定其界址时租界面积已达到 1 667 亩

此后的近两年中,日本暂未在界内租借土地。以后则将北侧"预备租界"纳入正式管辖范围。

二、将南侧与法租界毗邻的一块沼泽地(今沈阳道与锦州道之间)纳入日租界

由于日租界以东是法国人此前擅自宣布为法租界扩充界的地区,因而日本驻天津领事郑永昌与法国总领事杜士兰私相授受,进行了确定日、法租界分界线的秘密活动。法国人同意日本人分沾一些利益,让日本人移动其东部的界限,并入约 90 亩土地。

三、1900 年,侵占天津的俄、法军队挟战胜之威,纷纷在当地抢占土地,日本也不甘落后,决定趁机拓展租界

在日军占领了日租界所在地、"预备租界"的所在地及议界时未能划入界内的闸口等繁华地区后,郑永昌于同年 12 月 28 日擅自宣布,天津日租界的北界系从天津南门以西 600 英尺处起,沿天津城河至闸口,再从闸口沿海河至法租界;东界法租界;南界墙子河北岸的围墙;西界从南门以西 600 英尺处做直线至该围墙的海光门以西 450 英尺处,即今南市地区约 2 500 亩土地划为扩张租界,强迫清政府认可,经天津海关道唐绍仪与日本总领事伊集院彦吉折冲,于 1903 年(光绪二十九年)4 月签订《天津日本租界推广条约》,其云:"中国政府允许日本政府再行推广租界";承认从朝鲜公馆(今北安桥附近)至闸口,东南城角再拐至多伦道约 400 亩的地域划为日租界之扩充界,其余部分及海河下游小刘庄码头暂时交还中国,但附有条件,即"日本租界将来如必须将租界推广之时,日本政府会商中国政府,将所有两项退还之地内可以再行推广,中国政府决不租与他国"。同时,日本又占据位于德租界东南、原来作为日本轮船停泊码头的小刘庄地区。这样,被日本强占的地段,已经远远超出日租界预备租界的范围。

《天津日本租界推广条约》规定:

第一款　中国政府允许日本政府再行推广租界,东界自朝鲜公馆起,沿

河上至闸口新道止,计长约114丈;南界自朝鲜公馆起,顺新道向西,计长1405丈止;北界自闸口起,顺新道水沟迤逦至天津旧城东南角水沟,再自东南角水沟向西十八丈止,共计长约一百三十丈;西界自北界西尽头起,顺新道外十八丈相沿至南界尽头,再向西南至海光寺后,顺东西路道外十八丈,西至南门新修大路东路边为止,计长约七百丈、其界内地亩共计约四百亩。

第二款 在推广租界内,中国人民悉应遵守租界规则,即准其在界内居住。……日本领事官随时会同中国地方官按照时价议订公平价值收买,该业主等不得稍有异议。①

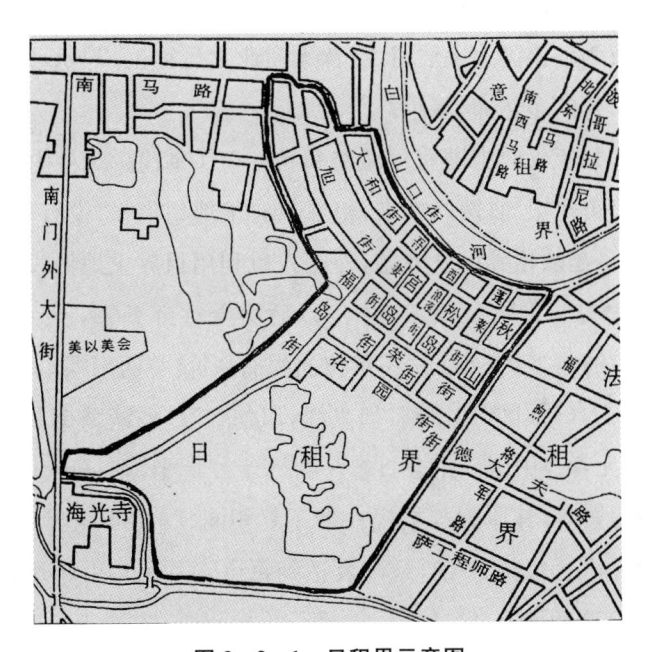

图 2-2-1 日租界示意图

资料来源:《天津通志·附志·租界》,前揭插页。

随后,日本又将墙子河以西数百亩地填平造军营,指使日本商民在六里台一带购地建房,并将非法蚕食的地区纳入日租界。1900年以后,日侨渐多。当时日租界多沼泽洼地,1902年日本总领事馆责成东京建物株式会社承办填土垫地、筑路及建屋等工程。经过二三十年经营,日租界渐渐繁华。在此期间,日租

---

① 《天津通志·附志·租界》,前揭第488页。

界当局继续用多种手段肆意扩张土地,如:擅自将墙子河(今南京路)以西的洼地填平,建造军官宿舍;冒用中国人名义在六里台一带码头购买大片土地,鼓励日本会社、银行、工厂、洋行等出面购买土地。扩张后的日租界,总面积2 150亩(据不完全统计,"七七事变"前,日本人在租界以外非法购买的土地当在1万亩以上)①,东临海河,西至墙子河;南界今锦州道与法租界接壤,北界自闸口起沿今和平路向南至多伦道,再向西抵南门外大街。

从天津九国租界总面积来说,共23 350.5亩,②相当于天津旧城的8倍。它控制了天津铁路、海河的交通要道。"各租界中,英法两界开辟最先,商务最为繁盛。日界虽经营较晚,而地连华界,距各界之上游,故表面繁华极占优胜。其余则距城较远,仅为各该国人民居留之所,无商业之足称也。"③这些租界的存在时间,短的17年,长的多达80多年。

租界本身,每年仅向中国官厅缴纳每亩1 000文钱。对界内居民所有之土地,征购时则每亩付银30两。本来,租界只有土地租借权,没有土地所有权,不能进行买卖。可是从租界设立开始,外国人就利用租界土地做投机生意。随着日租界建设的发展,地价猛增,1908年以后增至每亩1 000余元,最高者达到2 900元。人口的增多,带来了房屋单位面积的涨价。"西南隅本是一片荒野,今则辟为四条正街,曰须磨,曰淡路,曰兴津,曰住吉";"闻淡路街左右一带近日地价每坪有过百元者。中国一亩合日本一百八十二坪半,则每亩几届二万元矣";"旭街二面铺房繁盛,其原因与梨栈一带正复相同。"④由于租界畸型繁荣,土地价格不断上涨。"七七事变"前,最高者达到每亩4万元。租界开辟50年后,每亩最低也在5 000两以上。

日租界从地价增值中获得可观的收入。由于在租界建造房屋出卖或出租能获得利润,外国人纷纷创办房地产公司,如先农公司、仪品公司、德兴公司、兴隆公司等。仪品公司先前以每亩一二两白银的价格购进今劝业场对面由滨江道到长春道的一片荒地,后来售出时每亩价格高达2万两。1917年,先农公司得知

---

① 《天津租界》,前揭第84页。
② 《天津的九国租界》,前揭第16—20页。
③ 《简明天津指南》,前揭第34—35页。
④ 甘眠华:《新天津指南》,绛雪斋书局1927年版,第4页。按:1坪相当于3.3平方米。

英租界要改造墙子河外坑洼荒地的计划,便大量购进荒地,每亩价格 200~500元;到 1925 年,每亩上涨至 4 000—6 000 元。仅 1925 年和 1926 年,先农公司就在买卖土地上获利 120 多万元。先农公司还通过房产抵押放款、出租土地筑造房屋等手段,占有大量房产。1954 年,天津市政府接管时,先农公司拥有房屋1.5 万余间,占全市外国人房产的 44% 左右。①

为了争夺更多的土地,1934 年 9 月,日本财团法人天津共益会为秘密扩张界外土地,与南满洲铁道株式会社签订借款契约,规定甲方(满铁)贷与乙方(共益会)银圆 28 万整。贷款期限自契约书签署之日起算,以满 15 年为限。按照当时日方的说法,"在明治三十六年(1903)四月二十四日和清朝政府达成的日本居留地扩充商定书上规定,将来日本居留地需要扩充时,可在其退还地区内扩充"。尽管拥有这项条约上的权利,但该地区当时由于袁世凯的政策,在退还的同时就着手填平土地工程,加快建筑房屋,不到几年的工夫,就形成中国街闹市的枢要地区,致使后来已无法履行条约上的规定。"现在仅西南一角隔着墙子河只剩下老西开一边,亦即将来日本租界的扩充地区。由于三面闭塞,而只能在剩下老西开的一面制订扩充计划而别无他途。因此,民团当局以及共益会考虑到这种形势",已经收购了"一百一十六亩余(21 070 余坪)的土地"。

针对日本人在海光寺一带秘密购地事,1934 年 9 月 22 日民国天津市政府曾密令市财政局彻查:"案查前奉河北省政府覃酉密电,饬彻查日人收买海光寺一带土地情形等因。当经召开谈话会议,及将议决各情形,密令该局遵照严密办理并呈报在案。兹奉河北省政府第一四九一四号指令内开:呈悉。所议办法尚属妥适,正拟核令间。又准国民政府军事委员会办公厅函同前因,除据情转函办公厅查照,并转呈北平军政两会鉴核外,仰仍饬属详速查明确情,设法阻止具报为要。"

同年 10 月 15 日,日租界共益会理事长松尾丰实为扩充居留地拖欠债务事致东亚兴业株式会社的请愿书,赤裸裸地暴露出日本侵略中国特别是日本居留民团、企业、驻屯军与领馆当局在天津扩大租界的共同野心:"根据前 1934 年 5

---

① 罗澍伟:《天津史话》,社会科学文献出版社 2011 年版,第 64 页。

月14日贵函于本月中做成对上项债务偿还方法的财政收支估计表,欲事前征得贵社谅解。正当此时不料发生了(天津事变)意外情况,而不得不急速提出本恳请书。敝会对于原合同尽管事属不可抗力造成的后果使期限延长,但吾等仍深感内疚。不过,如蒙详察下面所陈情况,鉴于我们都承担着海外前锋角色的使命,吾等坚信定会得到贵社谅解和宽恕。"老西开土地收购问题"事属国家政策,归根到底还是与居留的日本人利害休戚相关的重大问题。且在驻屯军及官宪的热情推举和斡旋下,敝会鉴于本身也有海外冲锋的使命,认为挺身出来做出不懈的努力并做出牺牲,是在所不辞的义务。因此,决定请审查另页提出的敝会年度计划估计预算表,把敝会对贵社的债务定为从1938年到1941年分期偿还,恳请贵社认可,自本年度以后延期四年偿还"。

日租界开发委员会,是日本租界当局为开发日租界而建立的咨询和研究性机构,成立于1936年,实际上就是日租界扩充土地的专门机构。该委员会由日本的中国驻屯军、驻天津总领事馆、天津居留民团以及天津共益会各选出3名以内的委员组成,但居留民团及共益会推出的委员必须由日本驻天津总领事委任方可就职。租界开发委员会成立后,曾就日租界与法租界的土地纠纷、界外工地的管理,以及建立农场等问题进行过多次秘密磋商,提出具体意见,供有关各方参考。该委员会委员的任用,因内部矛盾重重,曾多次进行调换。

1936年6月8日公布的日租界开发委员会章程规定:

  第一条,本委员会的目的,是为了帝国的发展及为了增加居留民的福利,就租界开发的有关事项,接受天津居留民团及天津共益会的咨询并研究提供其实施方法。

  第二条,本委员会从中国驻屯军、天津总领事馆、天津居留民团、天津共益会中,各选出三人以内的委员组织之。天津居留民团及天津共益会委员的选任,由帝国驻天津总领事委任之。

  第三条,本委员会设委员长、代委员长各一人,从委员中互选产生。[1]

---

[1] 天津档案馆等编:《天津租界档案选编》,天津人民出版社1992年版,第208、212、214页。

日租界开发委员会历次会议记录显示了以下内容：

一是老西开开发整理委员会将当时墙子河西面的一块荒地作为调查项目。老西开为日租界垂涎已久,竭力想将其置于囊中并做出了具体规划,1936年6月—1937年7月的第一项确定整理土地范围;第二项关于警备;以及第三项关于铺设道路、上下水道及配电,均显示日租界与同样抱有野心的法租界为此进行了争夺。

二是对法国方面提交附有图纸的备忘录进行的研讨。该委员会备忘录主张的要点可归结为如下四点：

(1) 在老西开地区铺设公路,是谋求改善发展该地区的公路、下水、灯火、公路行政等的计划,系根据中方所有主与法工商局及公益会之间的契约实施的。

(2) 日本共益会既是在上述契约签定之后从地主获得租赁及抵押权的,因此对方无权主张。

(3) 既然共益会所持有的主张(指地契)经由法国警察监督的共益会里登记过,那么,对于根据其警察权及各国军队司令官所订协定的各国租界防御权而进行工作的老西开土地,共益会不能置于无顾。

(4) 日本共益会系私人团体,因此对老西开的现存事实及法国军队在其负责区域(在防御协议之范围内)采取适当的措施,无权表示异议。

共益会与法工部局交换老西开土地契约书(1937年8月)规定,法国工部局将所列土地让给天津共益会,共益会在保有一切权利的条件下予以接受。

中岛德次为事实扩充租界制定界外土地权取得者登记法的意见书(1936年)中,提到了当时中国土地制度的混乱与官场的腐败,导致在土地购买中土地所有权转移等问题上存在的困难。其称:"在中华民国的法制中,既有民法也有登记法,外表上稍微摆出法制体制,但事实上中国的土地制度极为混乱。特别是在其权利转移方面,甚至连确认权利从属上都很难做到";"我由于现任职务的关系,最近担任郊区土地收买工作的任务,直接体会到的东西实际超过了预料程度以上,此时若不研究出对策借以维护土地权获得人,则今后会给我日本人的发展带来诸多障碍。由于唯恐日后追悔莫及,故大胆披露此文,希望各位大力协助,促其实现。"

中岛德次关于《租界发展的第一阶段》的报告(1936年2月),谈到扩张租界区域的状况说:"自去年五月突然爆发华北事件(指1935年日军侵入华北)以来,经过许多曲折,终至成立了冀察政务委员会,虽然其前途尚难作出清晰的预测,也没有从调查时代向前迈进一步,但有一点是大家都确认的,即从当前以满铁为首的日本人经济逐渐扩展起来的形势来看,今后租界的发展,至少不会像放烟火式的只有一时热闹的虚假景气。与此同时,作为华北重要据点的天津日租界,现在的区域只有不到四十万坪巴掌大的地盘,显然无论如何是不敷用的。当前,居留民正为住宅困难而苦恼,甚至连满铁也由于租界内没有合适的房屋,不得不暂在外国租界开设事务所。这就是当前的现状。"

为此,共益会认为在利益冲突的局势下,必须千方百计阻止法租界的扩张,而造成对日租界扩张的有利态势,最终实现日租界地盘的膨胀。

"前驻屯军司令官梅津(美治郎)独具慧眼,很早就看出此点,于前年6月邀请领事官宪、民团、共益会首脑人物至其官邸,倡导了内容如下的一些事情。他说,日本租界三面皆已堵塞,不能往外发展,仅剩南面老西开方面一角,然而该地法国方面的扩张早已令人瞩目,如今若不加以遏止,我租界将被迫永远局促于瓮中,唯望各位同心协力,进一步加强合作扩展租界。

此后,由军部、领事官、共益会三方组织起委员会,自去年四月起,民团方面亦参加进来,逐一稳步地加以实施。它作为一个实施机关,旨在贯彻执行国策之一环。因此,需要尽量采取秘密主义,所以则省去由民会附议之类的烦琐,正在由共益会掌管其事。以下所述是迄今为止实行的结果。

(1) 通过收买土地,抑制法国方面扩张问题。这项工作已经完成。

(2) 收买的土地加上原收买的土地,共益会所有管外土地,总计达到53 544.008坪,其中旧收买地 21 368.008 坪(值 194 729 元 21 分),新收买土地 32 176.6坪(值 406 480 元 87 分)。

(3) 为此,由满铁又有新借款 28 万元,由共益会财政支出;收买费 126 480 元 87 分和土地填平费 57 152 元 17 分。"

意见书并说:"以上所述,只不过是迄今对管外土地工作的极其概略的经过。如前所述,从前的工作只不过是抑制法租界方面的扩张而已。因此,当前仅在以第一计划地的宫岛街南端对岸为起点,指向大仓农场六里台桥一线,从该处沿六里台运河至海光寺一线,再从海光寺桥沿排污运河返回起点所构成的三角地带内,就约有17万坪的面积。若欲完成这一带的街市计划,对填平土地、铺设道路、上下水道等工程,其所需经费浩大自不待言。就共益会而言,由于当时情况正首当其冲,已负担了将近30万元的会债。此外,还从困窘的财政中支出了约近20万元。当然,这些款项今后总会通过某些办法获得解决,可望会债得到转移,支出将会收回。但是当前这一重大事业,重复地说,从时局方面讲,属于燃眉之急的一项重大工作,仅由力量微薄的共益会一肩承担是否妥善?当然,军部及领事官宪方面亦都有所关怀自不待言,但对于我们这些首当其冲,只能静待当前形势发展的人来说,对事态将来的发展满怀忧虑。"

租界的将来。"现在如从周围形势来考察日本租界的将来时,可认为1936年是租界地位愈益重要的转折点。我坚信大概不会有人对这一点表示异议。因此,最为紧迫的任务是从实际上扩张租界",也就是积极推进日租界的扩大,占领中国更多的土地;"第一期工作无消说,不出数年自然又将有第二期、第三期的扩张。在工作没完没了的今天,痛感到绝对需要对此加以相当的考虑。另外,人们现在探询我驻屯军之扩张有无实现之可能,依其扩张程度,将对租界产生非常好的影响。因而不仅单单感到土地狭小之苦,随着人口增加而出现的设施问题尤其是有关教育的设施,已经不断地听到军部、满铁等要求加快新建中学的呼声,从而即可想见一般。诸如小学亦不再是空口议论的问题,使人甚至感到需要新建第三小学。现在在第二小学里是从现有学校的二十五个班级中抽出了九个班级。去年九月以后儿童增加,因此,1936年度准备设三十一个班级,第一小学除高等科外设二十二个班级,第二小学设九个班级,即急剧增加了六个班级。即使不成立第二小学,亦确实无疑地增加了五个班级。由此现实观之,不久将新建第三小学也不是凭空幻想。"[①]

日租界向外扩展,必然要与南面的法租界正面相遇,由此日租界主要的竞争对手就是法租界。

共益会认为:"法国租界当局认为当前社会上人们都把注意力集中在('满洲事变'等)重大时局上,此机不可错过,有机可乘。于是,再次显露锋芒,公然在敝会(指日本共益会)所拥有的土地境界上竖起三色旗的目标并拉上铁丝网,表现出威胁我方的态度。不仅如此,他们还以整理街道为借口,强制居民缴纳等于征

[①] 以上见《天津租界档案选编》,前揭第246、271—273页。

税的捐款,并且还逐渐把警察权也扩充过来,千方百计地想把老西开置于其势力之下。有鉴于此,在目前形势下如置之不理,则我租界将来的唯一发展地区,势必无情地被剥夺殆尽";"在此之前,我(日本)驻屯军司令部以及领事馆官宪早已看出这种形势的不利,一致认为目前与其采取与法国方面对抗的政策徒劳无功,莫如在老西开现地把一些重要地段收购下来,用实力来阻止其势头更为有利。于是我们把力量集中在筹措资金上。在陆军省及外务省两者的努力下,终于从南满洲铁道株式会社以小额借款方式成功地借到28万银圆。为了收购的方便,由敝会充当债务者之任,目前正在顺利地专心致力于土地收购工作。"

为了购置土地,共益会不得不向日本的南满洲铁道株式会社借来巨款。

1935年7月29日,共益会主席中岛德次关于在老西开与法国争相购地实施扩张经过的报告称:"当时,驻军司令官对法租界老西开情势之发展详加叙述,力主当今如不讲求对策,日本租界将完全陷于受包围之状态,甚至将来寸步亦难扩张。关于今后之对策,寄望于民团及共益会方面竭力协助此事。以此委托为开端,继而于七月五日,由栗原总领事就有关收买老西开土地之借款问题,业已收到本省(外务省)对满铁会社之交涉文件,以其预计可达成28万圆之最低借款一事,要求理事会方面就此项借款可否应予以决议。受此委嘱,当晚于理事会就此付诸审议,并对借款条件予以审议,全体一致认可上述借款。"[①]

日租界各种税目中以民团课金为主,其中包括营业税、所得税(此项只限于日本人)、土地税及房产税四种。此外还有不动产所得税、土地使用费、码头税、工巡费(即对独立谋生者所征收税)、卫生费、特别税(宴饮)、杂税(舞女)、手续费等。日租界当局所经营的公共事业(电力、自来水等)利润也相当可观。

管辖日租界的行政机构,主要是日本驻津领事馆。1871年(同治十年)清政府与日本订立《修好条约与通商章程》,此后两国互派使节。天津日本领事馆于1875年设立,第一任领事为池田宽治。但受各国领事轻蔑,最初设在美侨寡妇住宅里,两年后迁至英租界。甲午战争后,天津领事馆即实现其在天津开辟租界的部署。随着日租界的开辟,1902年升为总领事馆,第一任总领事伊集院彦吉。1909年迁至英租界荣街(今新华北路)。1915年总领馆大楼在宫岛街落成。

[①] 《天津租界档案选编》,前揭第209、213页。

图 2-2-2　日本驻天津总领事馆

资料来源：《故影遗存》，前揭第 15 页。

日本总领事馆机构庞大，除总领事外，尚有领事 2 人与副领事若干人，并有武官，下设 3 部（总务、经济、司法）、3 课（会计、电信、文书）、1 署（警察）。后增设朝鲜课，并有厚生省防疫驻在员。日本又在青岛、济南、张家口、太原等地设领事馆，统归天津总领事馆管辖。日本侵略华北历次事件都与天津总领事馆有关。

天津日租界的一切事务与活动都要受到日本驻天津领事馆的监督。义和团时，日本政府派警部 2 人、巡查 30 人来天津，在紫竹林日本领馆内设立了警察事务所，同时在日租界设一警察分遣所。1915 年，警察事务所随天津总领事馆迁至日租界宫岛街（今鞍山道）新址后，改称天津日本警察署，直属日本驻津总领事馆。此后，日本不断向天津派遣警官，并在日租界闸口街设警察分遣所。

表 2-2-1　日租界机构表

总领事	警察
	行政委员会—吏员—雇员

天津日租界的日本警察分为司法警察（实施治外法权，处理案件）、保安警察（掌管社会、消防等事务）和高等警察（即特务警察）三类。警察署下设警务、高等、保安、司法、行政、外务 6 课。警务课主要负责领事馆、民团事务所等机构的警备；高等课以进行特务活动为主，如配合日本驻军搜集军事情报，检查抗日排日书刊读物以及破坏中国人民的抗日活动；保安课掌管有关企事业、社会安全、

图 2-2-3　日本警察署
资料来源：《近代天津图志》，前揭第 65 页。

维护交通秩序，以及消防等事宜；司法课处理日租界的刑事民事案件；行政课负责警察署的行政事务；外务课实施治外法权事宜。同时，增设警察分署。到 1928 年，天津日本警察署已有警官 75 人，其中警部 3 人、警部补 1 人、巡查 8 人。警察署设署长 1 人，副署长 2 人，由警部担任。另有华籍巡捕。

日租界警察组织，与其他各租界不同。其他各租界警察，多归租界市政部（即工部局）统辖；如果不归市政部，即与市政部并立而归租界局长管辖。日租界警察不属租界局长管辖，作为一独立部分，而直接受领事的节制。依 1924 年预算，日租界警备费为 50 621 日元，其中薪俸占 32 384 日元。巡捕月俸共分 11 级，自 7—25 日元。薪俸的增加，照年资计算。巡捕及消防队员遇有死伤等事，由租界局给予恤金。巡捕有因公死亡者，给予埋葬费 20 日元，家族恤金百元，受伤者给予恤金及医药费百元。消防队员恤金较巡捕为高。如死亡给予埋葬费 50 日元，家族恤金 300 日元，受伤者给予 150—300 日元。①

30 年代以后，日本总领事馆以维护地方治安，保护日、韩侨为由，公然陆续在天津全市范围内增设了 5 个警察分署。最先设立的第一分署在日租界扶桑街（今海拉尔道），第二分署在日租界宫岛街（今鞍山道），第三分署在中国管辖地区三义庄，第四分署在塘沽码头，第五分署在东车站。抗战时期，天津日本警察署又在天津至山海关沿线设立了若干警察分署。这是对中国治安管理权的公然侵犯。

除警察外，日租界还有巡捕，隶属警察署，其职责以维护交通秩序、取缔无牌照车船和火灾报警等为主。巡捕一般由中国人充任，初时有 10 人，以后增加，

---

① 《天津日本租界居留民团资料》第一册，前揭第 63 页。

1907年在居留地行政委员会时期已达55名。以后依照警察公署的计划,更增加10人,达到65人。最多达到200余人。巡捕配备有警棍、帽章、襟章、手册、捕绳、呼子笛、雨衣、防寒帽、冬外套等。①

表 2-2-2 1902—1928 年天津日租界巡捕人数增长表

年 份	人 数	年 份	人 数	年 份	人 数	年 份	人 数
1902	10	1909	50	1916	84	1923	219
1903	19	1910	50	1917	96	1924	204
1904	31	1911	50	1918	96	1925	219
1905	43	1912	58	1919	109	1926	228
1906	45	1913	68	1920	124	1927	251
1907	55	1914	81	1921	143	1928	280
1908	80	1915	84	1922	190		

资料来源:《天津通志·附志·租界》,前揭第110页。

表 2-2-3 1909 年 4 月天津居留民团行政委员会决议巡捕每月俸给表

七级俸	20分	六级俸	30分	五级俸	40分
四级俸	50分	三级俸	60分	二级俸	70分
一级俸	80分				

资料来源:《天津日本租界居留民团资料》第一册,前揭第63页。

日本在天津进行特务活动由来已久。日本驻津领事馆建立之初,就明确以调查华北的政治、军事、经济情况作为重要任务,随后建立的居留民团等也分别以一定力量从事经济调查,并有日本人的专门经济调查机构,如天津兴信所、大阪市贸易调查所、名古屋商品调查所、熊本县华北产业调查所等。

天津是五方杂处的华北经济中心,也是北平门户,各方机构辐辏,各色人等庞杂,消息不断汇聚、传播。1931年3月,日本特务头子土肥原贤二大佐秘密来天津建立特务机构。"九一八"前后出现多个特务机关,包括大迫通贞主持的青木公馆、茂川秀和少佐主持的茂川公馆、驻屯军参谋长永见俊德大佐主持的松井公馆、高级参谋知鹰二中佐主持的和知公馆、驻华使馆武官柴山兼四郎的斋藤洋

---

① 《天津日本租界居留民团资料》第二册,前揭第179页。

行、驻屯军参谋三野友吉的三野公馆等,其任务各有侧重。天津特务机关初期由关东军领导,以后转由天津的日本驻屯军领导。日租界商业机构也是特务机构林立的地方。日租界内经营照相器材的坚村洋行、卖胶鞋的迩宫洋行、买卖古玩的野崎商店,都是日本特务的秘密地点。

1875年日本在天津设立领事馆后,即由共同运输会社(后改日清汽船会社)开始办理日本—芝罘—天津—牛庄的不定期航行业务,以后多家日本公司来天津设立支店。日领馆确定以调查华北的政治、军事、经济情况作为一项主要任务,并利用一些机构如租界局、居留民团等分别从事经济调查工作,还设立了专门调查机构,如天津兴信所,大阪、名古屋、东京各调查所更以调查华北经济为其专门业务,其对华北矿藏、农作物、土壤、金融、中国商界帮会均进行调查。1900年来津的特务古田新七郎(后任兴亚院高等顾问)是掠夺中国资源最早的策划人之一,负责"七七事变"后日本设立的华北纤维总会。

1937年7月以后,日本特务机关公开化。天津日本特务机关的具体活动有:(1)网罗我国朝野要人、巨商富贾情报。(2)在天津驻屯军参谋部操纵下,建立"三同会"(日本士官学校同窗会、留日学生同学会与中日同道会),参加者均为亲日分子。(3)建立中日密教研究会的佛教组织,宣扬"中日亲善"。(4)重视封建帮会。如建立安清帮普安协会。(5)豢养中国的民族败类,组织便衣队暴动。(6)收买金璧辉(川岛芳子)等后来的知名特务分子。(7)阎锡山在中原大战失败后来天津,受日方安置。(8)"九一八"后拉拢段祺瑞、张敬尧等。(9)"七七事变"爆发前,秘密接触韩复榘。(10)指使殷汝耕成立冀东防共政府。(11)建立外围组织搜集情报。日本特务活动的中心内容,是为日本大规模入侵中国、占领整个华北做准备。[1]

日本在天津进行特务活动的典型事例是挟持溥仪往东北。1924年11月,冯玉祥发动北京政变后不久,溥仪被日本特务挟持到天津日租界,住进宫岛町的张园。在张园时期,溥仪摆脱了紫禁城的清规戒律,感受到在新的寓所以及可以随便出入于天津市区的自由与惬意。1929年7月溥仪移居乾园(后改为静园)。静园,位于今和平区鞍山道与宁夏路交口的西北侧,1921年由陆宗舆所建。溥

---

[1] 林希:《老天津:津门旧事》,江苏美术出版社1998年版,第75页。

仪在天津一共居住7年,期间进行多项准备活动,为复辟帝制等待时机。1931年"九一八"后,日本决定在东北建立伪政权,11月8日天津日军即采取行动,策划天津事件。① 土肥原贤二组织便衣队对华界大肆骚扰,趁机将溥仪从日租界静园挟持出来,偷偷送到一家日本饭店。10日,驻天津日军司令部一面命令部队占领日租界外围线,一面发表声明,宣称"天津动乱有如日本国家之名誉",无理要求中国军队撤退,取缔抗日活动等。在日军策划下,由此掩护,10日晚溥仪被藏在汽车后备厢中运走,辗转抵达汤岗子对翠阁旅馆;后又坐上日军司令部军车,来到英租界码头,逃到大沽口,送上日本商船"淡路丸";13日到达营口满铁码头;1932年3月宣布伪满洲"建国",溥仪当上伪满执政,两年后又称帝,充当日本帝国主义侵略中国的傀儡。

中国在租界内的司法权受到侵夺。中国人涉案,归天津地方法院管辖,日本原告有观审权。日本人则享有领事裁判权,日本人犯罪不受中国法院管辖,只能

图 2-2-4 溥仪与家人在张园

资料来源:《知名人物100位》,前揭第149页。

---

① 天津事件:包括20世纪30年代日本侵略天津过程中所蓄意策划与制造的一系列事端。

由日方法院审理,以长崎地方法院为初审法院,以长崎的上诉法院与大理院为上诉和终审法院。

天津日租界也是驻华北日军的司令部所在。义和团运动后,《辛丑条约》签订前,八国联军指挥官会议协商规定,日军驻北京300人,驻天津450人。1901《辛丑条约》后,至4月,八国联军指挥官共同商定平时驻军8 200人为限。每个国家不得超过2 000人。保护使馆的驻军数,八国共2 100人,其中日军400人。但日本在北京建立华北驻屯军建制,就已经在北京驻军2 600人,首任司令官为大岛久直中将。《辛丑条约》后改称中国驻屯军,司令部移至天津日租界海光寺兵营,司令官由山根武亮少将继任。中国驻屯军直属日本陆军省指挥,师团级建制。此后20余年间,驻屯军人数不断调整。1924年有737人;1925年第一次国共合作期间,中国国内形势发展,日军司令官提升为中将衔;1927年达到1 347人;1930年底降为少将;1936年达8 000人;1937年司令官又为中将,驻军数有进一步增加。

图2-2-5　日本中国驻屯军司令部
资料来源:《近代天津图志》,前揭第65页。

日本在天津的中国驻屯军司令部除中将级司令官外,还有少将参谋长1人,高级参谋多人。司令部下设8部2班,即参谋、副官、经理、军医、兽医、翻译、兵器、经济调查部,调查、通讯班。属于天津驻军的部队有:(1)驻军旅团,下辖2个步兵联队、1个炮兵大队、1个工兵大队、1个电信兵联队、1个辎重兵大队。

(2)守备队,辖北平、天津、山海关3个大队及9个中队。(3)宪兵队,下设警察、特务、司法3系,管辖北平、天津2个步兵分队及天津东站、丰台、唐山、滦县、昌黎、山海关和秦皇岛分遣所。(4)骑兵大队,包括军部仪仗队。(5)山炮队两个中队。(6)坦克大队。(7)航空队3个中队。(8)汽车大队。(9)机械战队1个大队。(10)化学战1个大队及实验组。(11)军犬班,包括军用鸽。(12)无线电台,计第一、第二台。(13)军用仓库,计天津一、二库,大沽三库。(14)军用艇一艘。(15)电话室。

第三节　全面抗战爆发前的天津日租界

　　天津与中国近代史息息相关。从辛亥革命到全面抗战爆发前夕,天津的租界包括日租界呈现繁荣景象,也发生过多次重要事件。

　　天津的多国租界,客观上给革命党人的秘密活动提供了便利条件。辛亥革命爆发前,天津的革命党人已经积极行动。武昌起义的消息传到天津,各地革命党人从海外云集天津,其中以共和会影响最大。该会由北洋法政和北洋女子师范两校师生组成,天津成为北方革命派的活动中心。1911年武昌首义爆发后,11月13日,顺直咨议局通电主张"共和政体",接着各报纸也发表同情革命的言论,从而打破天津舆论界君主立宪论的一统天下。同年12月1日,中国同盟会京津保支部在天津成立。当时革命党人胡鄂公已于11月20日抵津,住法租界紫竹林长发栈,该处成为天津起义策源地。王熙普在上海参加起义后也潜来天津,隐藏在奥租界酝酿起义,被袁世凯派兵逮捕杀害。12月14日,各革命团体联合组成北方革命协会,由湖北军政府代表胡鄂公任会长。月底,协会派白雅雨前往滦州领导驻军起义成功。但是义军在进军途中遇到伏击,白雅雨等牺牲。在准备武装起义的同时,革命党人还成立了暗杀团。1911年6月,天津暗杀团团长薛成华等在新车站谋刺北洋巡防大臣张怀芝,未能成功,薛成华被捕牺牲。翌年1月27日,北方革命协会召开紧急会议,决定29日午夜起事,一举占领天津,再捣京城,又未成功。

　　1912年2月,宣统退位。袁世凯夺取革命成果,逼迫南京临时政府让步,孙中山辞职。袁世凯当上临时大总统,因不愿离开老巢到南京就职,指使天津镇守使张怀芝于3月2日发动天津兵变。当晚,天津驻军分路扑向繁华商业街,鸣枪呼啸,烧杀抢掠,流氓歹徒趁火打劫。一夜之间,天津受灾商铺多达2 200余户,损失银1 212万两以上。拂晓前变兵满载而去,警察拘捕在大街上携带财物包裹的市民,1小时内逮捕260多人,分3批杀了50人,一时间人心惶惶。3月5日,日、俄、德军2 000余人开到天津,仿佛袁世凯一南下,天津就会内忧外患接踵而来。南京临时政府只得再次让步。3月10日,袁世凯在北京就任临时大总统。

孙中山曾经三莅天津。第一次,1894年(光绪二十年)6月,甲午战争后不久,孙中山与陆皓东从上海坐船到天津,上书李鸿章提出改革,遭拒绝。第二次,孙中山让位后,应临时大总统袁世凯之请,1912年8月到天津,发表演说后翌日赴京。不久又由保定抵天津,又从山海关南下至天津。第三次,应段祺瑞之邀,1924年12月北上至天津,扶病前往北京。

1928年以后,北洋政府垮台,政治经济中心南移,天津进入曲折发展阶段。民国初年,经国民政府支持,在行政院下设实业部,裁厘改税、改订海关税则,颁布《工厂法》《矿业法》等法律。1929年世界经济危机后,西方国家对天津投资飞速增长。"九一八"后日本加速对天津经济扩张,如东亚毛呢纺织股份有限公司、永利化学工业公司等。

民国时期,各派势力在天津纵横捭阖,社会上有"北京是前台,天津为后台"的说法。自1912—1937年"七七事变",先后有500余社会名流寓居天津租界,其中包括北洋军阀46人、北洋政客30人。目前天津共发现近代建筑800余幢,仅名人故居就有100余幢。1928年,国民党北伐胜利,直隶省改为河北省,天津定为直属行政院的特别市。清末至北洋政府时期天津影响力某种程度上接近于上海,直到国民政府定都南京。此后,北京改名北平,其政治、经济地位衰微,天津经济地位提高,天津劝业场、仁立纺毛公司、东亚毛呢纺织公司应运而生,天津成为北方经济中心。

随着北伐战争的推进,军阀统治摇摇欲坠。1928年6月张作霖从北京撤回东北被炸死,引发了天津日租界的又一次混乱,租界当局趁机使用武力抓捕镇压。当时天津城内"市面大为恐慌,各租界所备之电网土袋立刻布置各道口,人心遂大不安,迁居租界者络绎不绝。至十日晚,即闻枪炮声。日租界于此时期调

图 2-3-1 天津日租界全景
资料来源:《珍品档案图录(1655—1949)》,前揭第 144 页。

查户口,发给通行居住证,于十二时后断绝交通。十一日,张宗昌、褚玉璞下总退却令,其时军士、便衣队、地痞到处抢掠、十二日,街面见青天白日满地红旗,张、褚始狼狈逃走,每人只带十余人随从,省公署乃高悬国旗党旗,复公举徐源泉为临时保卫总司令,街面稍为平定。十三日,便衣队又出骚扰,捕获枭首者十余人,枪决者数十人,铁甲车亦出攻打便衣队。白河发现由上游浮来之军民尸身,约百余具,无人打捞,顺流漂去,至为可惨"。①

由于受到都统衙门"归还天津条款"限制,天津及其周围 10 千米内不能驻扎中国军队,"九一八事变"后,天津中国驻军被迫改称天津保安队,仅有轻武器。

图 2-3-2 天津事件时的日军阵地
资料来源:《近代天津图志》,前揭第 41 页。

① 《国军莅津五日记》,《中国摄影学会画报》1928 年第 3 期。

日租界建立之后，便豢养一小撮武装匪徒，称便衣队，几次挑起天津事件，震惊一时。1926年开始，直到1935年，日本特务机关多次驱使这伙匪徒冲出日租界，鸣枪示威，冲击军政机关，借端寻衅。1926年3月第一次便衣队暴乱，奉系军阀李景林等组成直鲁联军，得到日本支持，攻打驻守天津的冯玉祥国民军。为配合李景林，潜伏在日租界的便衣队活动起来，冲出租界，分别占领了直隶督军办公署及河北一带、警察厅及河东一带。在便衣队出动的同时，日租界警察及日本义勇队武装待命，为便衣队做后盾。1928年又有一次。

"九一八事变"期间，1931年11月，在土肥原贤二操纵下，日军再次在天津挑起便衣队暴乱，将溥仪挟持东北充当伪满洲国执政，并迫使天津保安队撤出防地。在日军炮火掩护下，号称2 000多人的便衣队分路袭击中国警察机构、通讯机构、天津市政府及河北省政府。日租界军警宪特也全体出动，在租界边掩护便衣队进攻，并占领一个中国警察所，许多房屋商铺被毁，许多平民死于非命，造成又一次"天津事件"的惨案。这次惨案持续1个多月，给天津造成很大损失。事后，日本侵华驻屯军司令官香锥浩平中将给天津日本居留民团义勇队发去感谢状，感谢其在"九一八"前后"天津动乱勃发"期间的诸种勤务、所给予"保护租界"

图2-3-3　1931年"天津事件"期间，日军封锁英、法租界

资料来源：《故影遗存》，前揭第25页。

的日军以"至大援助""献身奉公"的"赤诚"。①

1933年4月,日军侵占热河,进逼平津,前锋抵达塘沽、通州。国民党政府代表熊斌、殷汝耕与关东军代表冈村宁次在塘沽进行停战谈判。5月31日,双方签订《塘沽协定》,规定日军撤至长城一线,中国军队撤至延庆、通州、宝坻、芦台所连之线以西、以南地区,以上地区以北、以东至长城沿线为非武装区,实际上承认了日本对东北、热河的占领,同时划绥东、察北、冀东为日军自由出入地区。日军侵占东三省和热河由此"合法化"。1935年5月,受雇于关东军特务机关的青帮分子,在天津日租界暗杀了两个亲日报纸的社长,日方随后向南京政府提出抗议,并胁迫北平军分会委员长何应钦签订《何梅协定》,取缔一切反日团体与活动,平津两市直接暴露于日军刺刀与大炮下。6月27日,代理察哈尔主席秦德纯,又与土肥原贤二签订《秦土协定》。两个协定的签订,将冀察两省主权大部分交给日本。11月,殷汝耕成立了"冀东防共自治政府",在塘沽驻设保安大队,日军并在大沽购置土地。

"七七事变"前,日本在天津加紧修建机场、营房、仓库等,完工后即将中国工人杀死,然后弃尸海河。据天津《大公报》报道,1936年4—6月,在大直沽闸口海河内发现浮尸300多具。1937年春,仅三周内又发现70多具,死者多是三四十岁的青壮年,成为轰动一时的海河浮尸案。

民国时期天津在华北的地位,从华北中共地下机构所在地也有反映。1927年6月,中共顺直临时省委在天津成立,彭述之任书记。临时省委的任务是振奋党的组织,从速成立正式省委,派特派员赴各地巡视工作,积极与各地党组织恢复联系,从而领导北方地下党的活动。顺直省委所在地的天津是中共领导华北革命斗争的中心,出版《顺直通讯》《北方红旗》等。

在日本帝国主义步步紧逼、华北危急、全国人民同仇敌忾要求抗日的局势下,中国共产党领导了平津地区的抗日救亡运动。北平市大中学校学生联合会成立后,决定以请愿的方式推动抗日救国。12月6日,北平15所大中学校发表宣言,反对华北"防共自治",要求国民党讨伐殷汝耕,动员全国对敌抵抗。此时传来"冀察政务委员会"将于12月8日成立的消息,北平发生"一二·九"运动,

---

① 《天津日本租界居留民团资料》第二册,前揭第367页。

大中学生6 000余人,在中国共产党领导下,举行抗日爱国示威游行,喊出了"反对华北自治运动""打倒日本帝国主义""停止内战一致对外"等口号。"一二·九"运动标志着平津和华北地区抗日救亡运动新的高潮。北平学生"一二·九"抗日运动爆发后,天津学生立即响应,同年12月18日举行了声势浩大的抗日游行。游行前,各校学生在河北公共体育场集合,游行开始后向市区进发,整个队伍有2 000多人,最后到达南开中学操场举行大会,通过了宣言和建立天津学联的提案。"一二·一八"游行冲破国民党"爱国有罪""抗日犯罪"的禁令,传播了中国共产党的团结抗日主张,对日寇的侵略气焰和亲日派国民党的卖国投降阴谋以有力打击。1936年5月6日,日本与"冀察政务委员会"秘密签订"华北防共协定"。面对日本步步紧逼和亡国灭种的危险,在中国共产党领导下,1936年5月28日,天津爆发以反对日本增兵华北、反对华北特殊化、停止内战一致对外、清查海河浮尸案为口号的工人、学生抗日救亡大示威。"五二八运动"在天津成功实现了由抗日救国转向抗日救亡新的斗争目标,也凸显了天津在华北抗日救亡运动中的重要地位与影响。

第四节　抗战期间的日租界

1937年7月7日夜,驻北平城外的日军借口一名士兵失踪,要求进宛平城搜索,遭到当地中国驻军第二十九军拒绝。日军随即炮轰宛平城和卢沟桥。第二十九军在中国共产党领导的抗日救亡运动影响和推动下,奋起抗战。8日,中共中央和中国红军通电指出华北危机,号召全民族抗战。

"七七事变"爆发后,日本一方面打着"就地解决"和"不扩大方针"的幌子,麻痹中国政府与军方;另一方面紧急向国内求援,增兵华北。7月11日,日本政府发表《派兵华北的声明》,颠倒黑白地诬陷在平津地区抵抗的二十九军挑起战争。日本参谋本部调动关东军前往华北,增援中国驻屯军。7月12日,香月清司中将出任中国驻屯军司令官,抵达天津后立刻召开军事会议,要求"一举歼灭中国第二十九军",要求驻屯军各部立刻完成战役部署。同时,日军分别强占了天津火车总站(今天津北站)和机场等要塞。7月下旬,大批日军增援部队陆续到达华北,做好大规模进攻的准备。7月26日,香月清司向二十九军发出最后通牒,要求中国军队立即退出华北。在天津人民的支持与声援下，翌日，二十九军军长宋哲元发表声明，严词拒绝日方无理要求。日军随即向北平的中国守军发起大规模进攻；而驻扎在塘沽的日军也迅速向天津市区开进，天津呈现战争状态，大战迫在眉睫。日租界内更是戒备森严，交通断绝。

为了避免坐以待毙，7月29日凌晨，守卫天津的二十九军部队奋起抗击，打响了抗击日军的战斗。在激烈的战斗期间，大批日军增援部队陆续抵达天津。中国军队经过10多个小时的浴血奋战，又遭受日军飞机的轰炸，损失惨重，孤立无援。从30日下午开始，中国军队被迫主动撤离天津市区，转移到独流、静海一带。30日夜，天津全城陷落，日军随即完成对天津的占领。在此前一日，驻在海光寺的日军炮兵第一炮打向天津市政府，第二炮打向南开大学。日军连续两天用飞机、大炮对南开大学的其余建筑物进行了轰炸。北洋大学也遭受日军洗劫。

图2-4-1 "七七"事变时日军进攻天津
资料来源：《天津旧影》，前揭第48页。

据当年天津市民的回忆，日本以武力侵占天津后，"1937年7月底，当时听见有人在胡同喊'谁家有三民主义的书，赶紧自己烧了，别留着！'""没有一两天，他们（指保甲长）就让家家插日本旗。实际都没插，老百姓家里哪有那么多日本旗啊？就用白纸糊个红色的圆饼子。我出了胡同，从苏州道往正西偏南一看，冒烟了，那就是南开大学被炸了。炸的那个思源堂和其他建筑。实际上这座被炸建筑，到了1950年的时候去看，断壁残垣还在呢。日本人占领八年没修，国民党接手以后，经济就完了，也没时间修"。[①]

在完成对天津的军事占领后，日本开始建立傀儡政权。扶植汉奸政府分3

---

① 郭文杰：《八年梦魇：抗战时期天津人的生活》，天津古籍出版社2016年版，第4页。

图 2-4-2 "七七事变"后,进入天津市区的日本军队
资料来源:《天津旧影》,前揭第 48 页。

个阶段:(1)伪天津市地方治安维持会阶段。天津沦陷后,1937 年 8 月 1 日,傀儡政权——天津治安维持会在日本华北驻屯军的操纵下、在日本特务机关的卵翼下建立起来,由高凌霨任委员长,日本人为顾问。其并不是真正意义上的政权机关,而只是过渡性的临时机构。(2)伪天津特别市公署阶段。1937 年 12 月 14 日,天津维持会宣告改组,成立伪天津特别市公署,受伪北平华北临时政府领导,高凌霨、温世珍、王绪高先后任伪市长。(3)伪天津特别市政府阶段。1943 年 11 月,华北政务委员会将伪天津特别市公署改为伪天津特别市政府。日本并在天津安插日本宪兵队(红帽衙门)与日本警察署(白帽衙门),并建准政权组织新民会,开展反共、奴化教育。

　　日本占领天津期间,形式上继续保留日租界作为日本侨民"自治"的独立区域,同时也保留其他各租界的存在。实际上,由于整个天津的租界外区域均被日军占领,日租界无论是否由日方"归还",其所在区域内外的状况均无实质区别,都是日本统治下的殖民地。其他尚存的各国租界情况不同,对日本的态度不同,也都受到日本的限制与围困。

图 2-4-3　伪天津市治安维持会成立

资料来源:《八年梦魇:抗战时期天津人的生活》,前揭第 41 页。

在占领天津期间,日本将天津作为"大东亚战争"的兵站基地,在海河东岸划地为界,强占土地 426 万平方米,历经 5 年,于 1942 年建成亚洲最大军用仓库"华北方面军货物厂本部"(俗称新仓库),军事编号 1820 部队。日军利用仓库周围有利环境,修建了 10 余华里的护库墙。沿墙每隔一段还有隐蔽碉堡。在库墙前,并挖护库河,宽 50—100 米,深 5—6 米,引海河水注入其中。该仓库共有库房 40 余座,库内并有铁路通天津东站。1941 年 3 月—1942 年 12 月,天津日伪当局进行了 5 次"治安强化运动",制造了一系列惨案,包括五美城惨案、花园惨案等。

日本对天津的军事占领,对当时天津的西方租界的安全造成威胁,与各国权益频频发生矛盾与冲突。为夺占英国在华利益、压制利用英租界进行的抗日活动,1939 年 4 月,以伪天津海关监督兼中国联合准备银行天津分行经理程锡庚被军统局天津站外围组织"抗日杀奸团"(抗日锄奸团)暗杀、英租界当局拒绝引渡杀人嫌疑犯为借口,日本当局于 6 月 14 日封锁天津英、法租界,再次挑起天津事件(又称天津租界事件)。7 月 24 日,英国被迫与日本签订《有田-克莱琪协定》,是东方慕尼黑阴谋的重要步骤。根据当时媒体的分析,"日方包围、封锁天津英租界的事件的发生,在表面上仅以藉口为引渡刺程案之所谓的恐怖分子,因遭英国拒绝,而致实施封锁租界。但若果真正明确是为解决恐怖分子的话,即又何必拒绝英国所提

图 2-4-4　日军占领旭街

资料来源:《八年梦魇:抗战时期天津人的生活》,前揭第 67 页。

举行谈判调解之建议?所以基于这点就可以很明显地窥测日本在想威胁和动摇世界列强在华的权益,压迫英、美、法对中国施予最大的压力,使他们妥协,实践其鲸吞中国的阴谋";"日本当前的外交政策,是响应德、意警告英国勿再接近苏联,至少的条件在压迫英国不把反侵略协定扩大到远东,所以他必须向英国进一步表示他的棘手。这是由于胁英的攻势而造成的封锁英国租界的主要原因"。①

至于法租界,与日租界虽曾有所交易,但是到抗战期间"法租界对日本的态度极为恶劣。开战的日租界和中国街之间很早就能自由通行了,但是日租界和法租界之间还堆着沙袋和拉着铁丝网,阻挡交通。夜里电车无法通行,除了最外侧的道路还都无法进出,通行必须绕一个大弯,到了早晨 8 点电车道才有电车驶来。早晨 8 点其他道路也都放行,但也只有一部分,另外一部分仍旧关闭"。而移居当时天津的形势,无论如何"没有必要如此谨慎";"保安队进攻天津东站,仅有我守备队在车站内防御,孤立无援,从桥的另一侧一直在眺望的日本人,一晚

---

① 石君:《日军封锁天津租界,是否向全世界挑战?》,《民力周报》1939 年第 2 卷第 18 号,第 4 页。

上都担惊受怕,焦躁不安。但是法国方面禁止日军通过万国桥到达该地,只能依靠飞机救援,才逐渐解除了危险";"不过法租界当局,对于界内居住的日本人,没有进行任何压迫和干涉"。①

第五节　日租界地域与人口

日租界所占之地,原先多为沽泽洼地。1900年整个天津日本侨民11户,88人,住城厢一带。1902年日本领事馆责成东京建筑株式会社承办平整土地和市政建设,整个工程分三期进行。第一期工程先将海河岸到荣街(今新华北路)之间约350亩泥洼地填平,修筑马路及下水道,至1904年4月完成。第二期工程是将荣街到春日街(今河南路)之间约320亩土地填平,修筑道路及沟渠工程,至1908年完成。第三期工程是修建春日街到墙子河之间的地段。它是终年不见地面的大片沼泽地。从1915年开始疏浚海河运淤泥进行填垫,至1920年填平。经过20多年经营,日租界逐渐繁华。1915年有日本商社150家,1921年增至363家,1926年又增至453家,比1915年增长3倍。当时下天仙、芦庄子一带已成为繁华地区,日侨也随之增加。到20世纪20年代,日租界自起于海河沿岸马家口,西至海光寺及东南城角,南接法租界,北至闸口,占地计2000余亩。界内著名大商店,都为华人及日人各占一部分经营。租界北部则为妓院烟馆聚集之区。②

为了巩固对天津的占领,日本方面对日租界的建设颇费心机。天津日租界"自伊集院总领事开始白河岸工事起,所有道路之建筑、沼泽之垫填、沟渠之疏浚,靡不悉心经营。其后设置学校,构造花园、通行电车,以及自来水电灯等等设备,筹维规划四十余年,乃成今日之现状。界内商业,以旭街最为繁盛";"西部多系住宅区域,一切建设,极为整洁。市政管理,有条不紊"。至1944年,"界内日本人约有3万余,界外杂居各处者约有千余人"。③

---

① 长野朗:《透视新天津》,载《津沽漫记——日本人笔下的天津》,天津古籍出版社2015年版,第171—172页。
② 《天津便览》,天津出版社1928年版,第4页。
③ 《接管天津各国租界》,天津特别市政府宣传处,1944年3月,第4页。

表 2-5-1 天津日租界人口表

年 份	日租界人口			
	日租界总人口		日租界日本人人口	
	户 数	人 数	户 数	人 数
1906	2 244	10 064	539	1 769
1910	2 290	9 177		
1911			607	2 049
1928	4 807	36 632		4 957
1937			6 243	17 811
1938	7 686	40 439		
1940				23 965
1943			26 742	73 562

资料来源:《天津日本租界居留民团资料》第三册,前揭第 285 页。

表 2-5-2 在天津各租界与特区日本人数统计表(1938 年 12 月末)

	男		女		合 计	
	大	小	大	小	户	人
日租界	8 708	2 198	6 309	2 091	4 600	19 306
意租界	70	11	23	9	37	113
法租界	47	6	23	9	30	85
英租界	52	17	39	6	36	114
特 一	807	185	389	210	412	1 591
特 二	181	18	42	12	170	253
特 三	880	181	630	169	598	1 860
特 四	240	77	175	96	135	588
华 街	2 406	521	1 270	580	1 235	4 747
合 计	13 391	3 214	8 900	3 152	7 253	28 656

资料来源:《天津日本租界居留民团资料》第七册,前揭第 288 页。

　　随着日本经济、军事的势力的推进,日租界人口大增。1925 年 10 月 21 日《益世报》载《日政府调查侨民人数》,称日本外务省令天津日本领事馆调查华北各地日本侨民人数,其中天津日本侨民有男2 814人,女2 570人。同年12月18日《益世报》载《日警署调查日侨人数》,称日租界1 219户,4 332人。在其他租界与华界亦有日本人。日侨总数较去年增加1 000余人。1935年,日本侨民居住在日租界的已有5 915人,居住在租界外的1 738人,居住在租界外的日侨只占日侨总数的22.7%。1938年,日租界人口增至7 686户,4.04万余人。1940年,居住在日租界的日侨2.39万余人,居住在租界外的日侨2.61万人,居住在租界外的日侨占全部日侨52.1%。在日本占领整个天津8年期间,日本在天津集中力量围绕军事需要进行建设。日租界建设变化不大,人口自1938—1941年一直稳定在4万人左右,1942年才增至5万多人。①

表2-5-3 天津日租界人口构成国别表

年份	总户数	总人口	中国人 户数	中国人 人口	日本人 户数	日本人 人口	朝鲜人 户数	朝鲜人 人口	西洋人 户数	西洋人 人口
1906	2 244	10 064	1 705	8 295	539	1 769				
1910	2 290		1 724	7 154	553	1 987			13	36
1928	4 807	36 632	3 206	31 466	1 520	4 957	77	325		
1930	4 866	32 850	3 135	27 053	1 611	5 416	116	372	4	9
1933	5 456	33 786	3 629	27 548	1 635	5 519	189	713	3	6
1935	3 063	34 346	1 062	27 203	1 675	5 915	323	1 224	3	4
1938	7 686	40 439	2 343	17 608	4 600	19 306	739	3 516	4	9
1940	7 756	39 949	2 277	15 984	5 279	23 965				
1942	9 504	50 238	1 805	23 542	7 699	26 696				
1943	15 095	50 556	3 010	19 502	11 247	28 539	838	2 516		

资料来源:李竞能:《天津人口史》,南开大学出版社1990年版,第276页。

表2-5-4 天津日租界内户口与人口数量统计表(1935年12月)

类别	户数	男	女	人口总数
日本人	1 675	3 141	2 774	5 915
朝鲜人	323	622	602	1 224

① 《天津人口史》,前揭第274—275页。

续 表

类 别	户 数	男	女	人口总数
中国台湾人	14	25	21	46
中国人	4 048	18 349	8 808	27 158
西洋人	3	3	1	4
合 计	6 063	22 140	12 206	34 347

资料来源：《天津日本租界居留民团资料》第四册，前揭第94页。

按照当时日本人的说法，日本租界位于天津城和紫竹林中间，初看颇为便利。但由于水运不便，加之地域狭窄，如果将白河沿岸比作建筑物出口，这个出口非常狭窄，只不过是广而无用的纵深。拥有30万坪广大面积的租界，一等地、二等地仅有五六千坪，大部分都为纵深地，租界发展比较困难。① 而日本租界的房屋都是砖瓦建筑，是大杂院风格，缺乏品位。据说这是东京建筑会社建造的，"现在仍有大量空房等待着前来创业的人"。其中一个原因在于黄金和白银的行情差异。"不过还有一个原因，就是商业家们的轻浮。他们即便到了海外，如果只打算挣点钱就回国，那么根本就不可能获得成功"；"不过其中也有像本地武斋洋行的竹内先生那样的人物，他来中国后经过二十年的独力奋斗，今天在英租界一角巍然矗立的大建筑物中，生意兴隆，可以说是这里实业界的第一人"。②

表2-5-5 1928年天津日租界内所有别宅地坪数表

种 类	坪 数	百 分 比	概 算
官有地	11 628.376	3.5%	1/29弱
集体所有地	93 177.039	28%	4/4弱
日本人所有地	72 219.151	21.7%	1/5弱
中国人所有地	151 133.877	45.5%	1/2弱
西洋人所有地	4 413.146	1.3%	1/77弱
合 计	332 571.589	100%	

资料来源：《天津日本租界居留民团资料》第二册，前揭第122页。

① 稻叶岩吉：《沽上集》，载《津沽漫记——日本人笔下的天津》，前揭第54页。
② 小林爱雄：《天津的两晚》，载《津沽漫记——日本人笔下的天津》，前揭第78—79页。

整个天津日租界分为若干区域,20 世纪 30 年代其租界内区划表如表 2-5-6。

表 2-5-6　20 世纪 30 年代日租界内区划表

租界内外	名　　称	区　　划
租界内	东　第一区	浪速街以南,荣街以东
	第二区	浪速街以北、福岛街以南、荣街以东
	第三区	福岛街以北、荣街以东
	中　第一区	荣街以西、明石街以东,浪速街以南
	第二区	荣街以西、芙蓉街以东,浪速街以北
	第三区	芙蓉街以西、明石街以东,浪速街以北
	西　第一区	明石街以西,宫岛街以南,住吉街以东
	第二区	明石街以西,宫岛街以北,淡路街以东
	第三区	宫岛街以北,淡路街以西,住吉街以东
	管外第一区	运河以西一图
租界外	河西第一区	特一区及以南
	河北第一区	黄纬路以西、金钟河以北、白河以东、新开河以南

关于天津日本居留民团所在区域的划分及区机构,1940 年 7 月《天津居留民团区制条例施行细则》规定:①

第一条　区内居留邦人的家庭主人作为区会员组织区会。

事务所、医院、工场、仓库等以其经营者、代表者或者管理人作为其所在区的区会员,但不包括官公衙、学校、神社、寺院教会堂。

第二条　区会为达到条例第一条的目的而实行以下事项:

1. 关于敬神及祭祀的事项;

2. 关于邻里团结互助的事项;

3. 关于自治协力与振兴的事项;

---

① 《天津日本租界居留民团资料》第八册,前揭第 196 页。

4. 关于强化铳后援护的事项

5. 关于警防卫生的事项

6. 关于敬老、庆吊、善行表彰的事项；

7. 关于修养及体位向上的事项；

8. 其他关于增进福祉的事项。

第三条　区长代表区会统理事务。

第四条　区长每年5月定时召开总会，作出事业状况、决算报告以及年度事业计划与预算的审定，必要时得召开临时总会。

日租界建立后，擅自将租界区域内道路的原名改为日本路名。其改动情况如下。

表2-5-7　日租界部分路名表

日租界时期路名	收回以后路名	目前路名
大和街	兴安路	兴安路
扶桑街	海拉尔道	荣吉大街
福岛街	多伦道	多伦道
伏见街	万全道	万全道
吾妻街	佳木斯道	佳木斯道
宫岛街	迪化道	鞍山道
浪速街	四平道	四平道
松岛街	哈密道	哈密道
蓬莱街	沈阳道	沈阳道
秋山街	锦州道	锦州道
山口街	张自忠路	张自忠路(北段)
闸口街	辽北路	辽北路
寿街	兴安路	兴安路
曙街	嫩江路	嫩江路
旭街	罗斯福路	和平路(北段)

续　表

日租界时期路名	收回以后路名	目 前 路 名
荣街	林森路	新华路(北段)
花园街	山东路	山东路(北段)
芙蓉街	河北路	河北路(北段)
吉野街	察哈尔路	察哈尔路
明石街	山西路	山西路(北段)
淡路街	甘肃路	甘肃路
兴津街	西藏路	西藏路
住吉街	南京路	南京路(北段)

第三章

天津日本居留民团的建立与机构

日本租界,位于天津各租界之西北,东南与法租界毗邻,南界墙子河,西北界南关,东北临海河,面积2 150亩。该租界扼天津交通要道,经过开发建设,成为日本在华北地区政治、经济贸易与教育文化活动的中心,租界西部则为民众居住区域。对于租界的统治模式,大体上有侧重于行政管理与居民自治两类。日本在其长期藩镇割据、大名称雄的特殊历史条件下,加上近代西方的影响,形成地方自治的传统,日租界也成了各国租界中自治色彩较为浓郁的一个。日本在日租界拥有行政管理权、警察权与驻军权,同时控制租界的司法权。相应地,居留民团形式上可以通过"由地方纳税居民组织居留民会,更由会中选举居留民团行政委员"的形式实现自治,[①]自主决定租界的市政、工商经济、教育文化、社会管理等事项。但实际上,与日本的封建天皇专制独裁的模式相适应,日本居留民团的活动仍然必须接受日本官方包括驻天津总领事馆的指挥与监督。

第一节 居留民团的依据

一、日本自治观念

地方自治是一种地方上的居民进行自我管理、自我治理的地方管理形式,是相对于中央集权制度而言的。在地方自治制度下,一定领土单位内,全体居民组

[①] 宋蕴璞:《天津志略》,第三编第三章"日租界",载天津市地方志编纂委员会:《天津通志·旧志点校卷(下)》,南开大学出版社2001年版,第110页。

成法人团体(地方自治团体),在法律规定的范围内,并在国家政权监督之下,按照自己的意志组织地方自治机关,利用自己掌握的财力,自主处理本地区内公共事务。

在近代,世界各国的地方自治制度最初形成于16世纪以后欧洲近代国家,包括以英国为代表的居民自治和以欧洲大陆为代表的团体自治两大类。这种自治制度以后陆续传播到东亚地区,成为近代以来君主立宪制国家普遍选择的地方政治制度模本,是国家政治近代化的标志之一。

历史上,日本在藩镇体制下的村落共同体,为近代地方自治打下了基础。在近代亚洲各国中,日本是唯一通过改革与吸收西方制度、成功摆脱殖民地与半殖民地束缚而走上自主发展道路的国家。日本在明治维新以后,各地都建立了具有早期自治团体色彩的地方民会,地方自治制度具有一定的典型性。日本在引进和模仿西方国家的同时,又受本国的分权传统和自治传统的特殊历史社会条件的制约。以1888年町村制、1889年市制、1890年府县制郡制的发布为标志。其中,明确了町村的地方团体性质,规定"町村在法律上具有一个人的权利,负担义务,凡町村之公共事务均接受官僚监督下自行处理";町村会选举议员;町村的行政由町村会选举并得到府县知事认可与监督的町村长和和町村助理各一名组成。相应地,市行政的执行机关为参事会,由市长1人、助役1—3人,以及名誉职参事会员若干人组成。在当时内务卿山县有朋命人起草的《市制町村制理由书》中指出"维新后政务集揽于中央政府,地方官遂各有其职权,但只不过是政府委任代之处理事务,在于省政府之繁杂、使人民尽其本务";"盖随着人民参政思想之发达,利用之在地方公事中练习,使之知施政之难易,渐渐养成任国事之实力。这是在将来立宪制确立国家百世基础之根源",明确了自治与分权的原则。

日本近代的地方自治制度同宪法一样,导入德国模式,更多地学习德国。19世纪末,随着自由民权运动的高涨,日本改革了地方府县制度和地方税制度,特别是经过1884年(明治十七年)的地方制度改革,实行了新的市制与町村制,并在与沙俄争夺中国东北的日俄战争后得到进一步的推进。处理好了中央集权与地方自治的关系问题、地方财政制度问题、市民的自我管理问题以及地方社会自主性问题,日本也由此成为非西方国家引进西方国家近代地方自治制度取得成功的典范。日本实施地方自治制度,标志着地方制度近代化的实现。实施地方自治制度后,分中央事务于地方,减轻了中央压力;成立地方议会,为国家的宪政运作提供基础与经验,一定程度上缓解了国家与社会的紧张关系,地方自治因而为日本近代民主的发展提供了舞台。

在日本自治体的行政机构中,有行政委员会,是由许多委员构成的合议制行政组织,与内阁等行政权主体保持一定的独立性,拥有规则制定权等"准立法"机能,同时兼有行政审判等"准司法"职能。采用这种形式,是为了防止首长过度介入并干预教育和选举管理、人事行政等需要确保"政治中立性"的领域。通过将负责政策领域的行政委员会设定为与首长并行的执行机构,"可以起到牵制首长权力的效果,并确保在该政策领域的政治中立性"。而国家对自治体行政机构的统制,则有组织上的、人事上的统制等。①

明治维新以后,日本迅速发展强盛起来。1894 年甲午战争期间,日本打败清朝;1905 年日俄战争期间,日本又打败沙俄,攫取了沙俄在中国东北侵占的权益。从此,日本从一个闭塞的岛国一跃而成与西方各国几乎平起平坐的帝国主义列强,并且通过不平等条约,在中国各城市建立了日租界,享受治外法权。以后,日本又不断扩展势力,特别是在"九一八事变"和"七七事变"、"八一三事变"以后,日本占领了中国内地大片国土包括许多城市。太平洋战争爆发后,日本又侵占了幅员广大的东南亚殖民地。在此期间,日本向所占领的中国内地多个城市大量移民,实行资本输出。其移民纷纷涌到日本所"开拓"的日租界从事经济社会活动,这样就面临着一个如何规范、管理日本移民的活动,以及通过什么形式统治租界内中国人的问题。此前,虽然在日本国内开始实行"自治",但是在日本的海外如何推行自治,并没有现成的经验。于是,日本就开始移植国内模式,在中国内地各城市的日租界中实施"自治"。天津作为中国北方的沿海都市,甲午战争以后建立起日租界,聚集了大批日本侨民。日租界当局进行了各种探索与设计,把地方自治制度从日本本土推广到日本在中国占领的租界之内。这就是日本居留民团的由来。居留民团就是日本在日租界实行自治的团体。换言之,日本试图把国内的"地方自治"模式移植到在租界内实施市政、经济、教育文化、社会管理等方面的"自治"活动中。

---

① 以上参考[日]义崎初仁等著:《日本地方自治》,张青松译,社会科学文献出版社 2010 年版;郭冬梅:《日本近代地方自治制度的形成》,商务印书馆 2008 年版。

当然,这种移植并非简单照搬日本国内的模式,而是一个在移植中努力适应具体环境的过程。因为在天津实行的居留民团制度与日本国内的模式背景不同、条件不同、目标也不同。主要表现在:

第一,建立背景不同。天津日本居留民团,是日本通过武力强占中国领土、划定租界以后建立的,这与日本国内的地方自治制度主要随着地方经济和民主制度的逐步出现,在当局的指导下自发地建立有所不同。

第二,建立的法理依据不同。日本居留民团主要是运用1905年《居留民团法》,而日本国内地方自治主要是依据颁布于1888年的町村制、1889年的市制、1890年的府县制郡制。

第三,日本居留民团必须服从日本驻天津总领事馆的指挥,与日本国内的地方自治以县、町、村各级行政的指导与制约有别。

第四,日本居留民团必须配合日军的行动,以搜集中国内地情报、实现租界的安全与巩固并且将租界作为进一步向中国内地扩张的桥头堡为重要目标,具有明显的军事性与政治性色彩,与日本国内的地方自治制度以本地经济、教育、文化、社会管理为目标不同。

第五,日本居留民团必须处理与天津地方当局、其他各国在天津的租界等方面的关系,这也是日本国内的地方自治无需考虑的关系。

应该说,与中国其他城市的日本租界的自治团体比较,天津日本居留民团的制度相对完备、运作相对规范,其在日租界的各项运作成果比较显著,对于近代天津城市的发展有一定效能,对于日本在华北的侵略活动起到了积极的配合作用,在日本在华各租界中具有典型意义与示范作用。这是上述模式移植及其运作的体现。

中国近代也受到日本式地方自治影响。1906年(光绪三十二年),政务处鉴于官员之请,提出奉直两省先行试办地方自治。直隶总督袁世凯命天津知府凌福彭等筹办。同年8月,天津府自治局开局。局设管理2人、参议3人。下置法制、调查、文书、庶务4课,每课用官、绅各半。首先选派曾经学习法政的士绅为宣讲员,到城乡宣讲自治法;接着,设立地方自治研究所,编印《立宪纲要》等书,由天津府所属7个州县选送士绅来学习,4个月毕业后回原籍筹建自治学会。袁世凯又从中选拔一些人,组成实情考察团赴日本考察,为期4个月,随后组成执行委员会,在政府的支持下模仿日本开展工作。同年9月,成立天津县自治期成会,由当地士绅、商会和自治学会,分别推举代表和省派4名官员组成,主要任务是草拟自治章程。1907年6月,试办天津县议事会议员初选开始,城厢内外和四乡选民依次投票,组成天津市议事会,又选出议长、副议长。此后,袁世凯令各州县以天津县为模范,也搞地方自治,期望三年有成。但投票人不多,自治选举被嘲讽为官办自治。①

二、在华各国租界管理体制

近代各国在华租界的行政管理体制,一般都受该国驻当地领事馆的制约与监督。

英租界可以分为公共租界与专管租界两类。在公共租界,由英国和其他国家共同管理。领事团一般不直接干预租界的日常行政,但是纳税人会议由领事召集,其决议或须经领事批准。由于领事团和公使团对当地事务只进行监督,其行政机构是市政委员会即工部局,所以公共租界被称为侨民"自治"租界。

而在英国专管租界,有立法权的选举人大会也兼有选举权和行政监督权,初由英国领事总理,其后英政府设立工部局,同时由地方居民公举董事4人,设有董事会,是英租界统治主体的决策机构。1866年(同治五年)11月,颁布《地亩章程》,规定纳税人每年举行一次会议,选举董事会,并选举工部局。在天津英租界,董事会最初由5人组成,1903年后增至9人,但规定其中必须有5个英国人、1个美国人,正副董事长必须是英国人。董事由界内纳税人选出。中国人纳捐银必须超过240两,拥有房屋的租价必须每年达到3 000两,才有选举权。能够达到这一标准的,只可能是少数的富商大贾、官僚门阀。工部局是董事会的执行机构,具体办理英租界的日常行政事务,直接受英国驻津总领事的领导与监督,间接受英国外交部的领导。办理情形,按期呈报。租界财政,则由居民选举查账委员监督之。工部局理事长为日常行政总负责人,工部局下设财政、工程、电务、水道等处和卫生医官,并设有警务处,是租界里的警察机构。总之,英租界的居民自治色彩比较浓厚。

---

① 《天津历史大事100件》,前揭第176页。

法国政府视天津法租界为自治区域,设立工部局,并由地方居民组织董事会为治理机关,以法国驻津领事为会长,管理一切事务,受法国驻华公使的直接监督,及法国外交部的间接监督。董事会议决案,如果法国领事认为越权违法,或有害公益时,可以申诉理由,提交复议,或撤销之。一切治理情形,按期由领事呈报监督机构。领事拥有较大的专断权。法租界的董事会虽然也由中外纳税人选举产生,但纳税人会既没有立法权,也没有行政监督权,其职能仅限于每年选举部分或大部分董事。法租界董事会由7—9人组成,法籍董事必须在5人以上,而且其余4人必须是具有3个不同国籍的侨民,以保证法籍董事对董事会的控制。天津法租界的行政权主要由法国驻津总领事掌握,日常行政由工部局负责。下设秘书、工程和警察3个部。局长由法国外交部直接任命,直接指挥租界的全部警察。以后其3个部门分别改组为公议局和警察局。行政权由当地法国领事直接掌握。租界设有工部局(或称公董局),工部局设有董事会,负责租界日常行政事务。

天津俄租界划定后,俄方即宣布该租界属于俄侨的自治区域。天津车站附近设立俄国工部局,内设警务、捐务、工程等处。沙俄开辟租界之初,便颁布有《天津俄国租界现行法规》,以行使其政治、经济、军事、警察等权力。沙俄虽标榜租界行政是自治性质,并设立一个委员会,由中俄两国居民中选出5人组成执行机构,但董事长一席须由领事兼任,并受俄国驻华公使的监督,因此一切权力实际操纵于沙俄驻华当局手中。这种情形接近于法国模式。

天津意大利租界成立之始,意大利政府派遣行政委员统治一切,遇有兴革事宜,须与意领事咨商办理。1923年,意大利政府特命租界立为自治区域。居住该地之意大利人,选举意国董事;而中国居民选举中国咨议委员,其只有建议权,由意国董事管理租界内事务,直接受意国驻华公使的监督,间接受意大利外交部的监督。办理情形,须按月呈报意大利公使,每年6月由公使署核报意大利外交部。无论何种规划,有与意大利国政策不合,监督机关得以撤废之。

天津比利时租界建立后,比国政府无意经营,于是保留其治理权而转售比利时银公司,通称为股票租界。该地自售给银公司后,比国政府仍负治理的责任,命令比国在津居民组织临时董事会,会商应行兴革之事,以比国驻华公使署为直接监督机构,比利时外交部为间接监督机关,按月呈报一切办理情况。1913年,比国国会对于该租界续议管理方法。第一次世界大战爆发,比利时不暇东顾,租界行政因而停顿。战事结束,稍稍恢复原状,于是成立工部局。

天津德国租界建立后,议决立为自治区域,由地方人民选举董事会,以德国驻津领事为会长,管理租界事务。第一次世界大战结束后德租界由中方接收,改为特别第一区,立市政局,设主任一人,总理一切事务,直接受天津市政筹备处监督,间接受直隶省长公署及内务部监督。官吏的任免,及一切兴革重要事务,均由天津市政筹备处长主持,每月呈送预算决算表册,年终并将办理情形呈省长公署,转报内务部。

天津奥匈国租界居民多为华人,其治理机关由奥匈领事指派中国理事6人组织理事会充任。经过改革,设立董事会,以驻津奥匈国领事为会长,董事由地方居民选举中国及奥匈国任命充任,就像德租界一样。董事议决案,奥匈政府有撤销之权。划为特别第二区后,立市政局,派主任一人总理,其监督机关及办事呈报手续,与特别第一区同。

由上可见,天津各国租界行政管理实际上分为两种类型。一种具有明显的行政专断色彩,虽然由居民组成董事会,但权力主要由该国驻津领馆掌握,如法租界、德租界、俄租界。另一种形式上由当地侨民加上具备严格条件的中国市民组成自治机构,议决市政、经济、教育文化和社会相关事宜,但仍须获得领馆批准,如英租界、意租界、奥匈租界、比租界。而日本租界,则通过建立居留民团的形式,选举居留民团管理人员,议决租界内重要事项。因此虽然日本的自治来源于西方,但天津日租界表面上具有较高的自治程度。

三、中国各地日租界自治

各国租界市政管理机构大致上分为两类,即权力机构与行政机构。权力机构为董事会,由纳税人选举产生,对于选举人的资格认定必须具有一定的资产;行政机构为工部局。

1905年3月7日(一说27日),日本政府法律第41号公布《居留民团法》。1907年9月1日,日本决定在中国各城市的日租界实施《居留民团法》,建立居留民团作为自治团体。居留于武汉的日本侨民随即成立汉口日本居留民团。翌年5月召开第一次常议会,选举行政委员,确定了民团事务所。同年7月,日本驻汉口领事馆将居留地事务的一切管理权移交民团;12月,居留民会召开临时议会。此后,每年3月召开常议会。1935年1月,汉口日本居留民团参事会成立。至1940年12月,居留民团包括日本人约8 600人。[①]

1907年9月,上海的日本居留民团在日本总领事监督下成立。其不同于日本国内自治制度,没有固定的行政权,而是在外务省机构代表上海总领事监督下的"自治团体"。9月4日,日本领事馆召开第一次特别行政委员会会议;10月,原日本人协会宣布解散,其经营的事业全部移交给居留民团。初期的上海居留民团由议决机关居留民会和理事机关行政委员会两部分组成。居留民团地区内"帝国臣民"或者具有事务所的"帝国法人",连续6个月"每月墨银2元以上"负担居留民团课金(所得税、营业税)的才有资格成为居留民会议员。行政委员会作为理事机关,在每年的居留民会例会上,从民会议员中选出行政委员15名、预备行政委员5名,并从行政委员中选出议长、副议长、会计主任等。每年3月,经日本总领事许可,由民团团长召集会议,以审查次年度预算及其他各项事务。必要时可召集临时会议。[②]

关于上海的日本居留民团与其他租界当局的关系,可以观察以下案例:日本居留民团曾向公共租界工部局提出教育政策的建议,此项建议内容有4条:(1)请该局放弃其管理及办理学校的现有制度;(2)请该局将教育费分配补助就地各国籍侨民所办学校。(3)此后每年应拨给的教育补助费,请以1934年度预算案所列数为标准,包括经常费与临时费在内。(4)各外侨学校补助费的分配,请以各该校学生人数,或向该局纳税各该国籍纳税人之数为比例。显然,居留民团的这个建议,是企图削减公共租界行政当局对学校的管理权,而将教育经费完全分配给侨民学校,由日本居留民团取得对日本学校的教育管理权。该方案是基于日本侨民人数多、学校与学生数量多的现状。但是工部局学务委员会开会讨论认为,日本居留民团所列各项建议,"性质猛烈";"如果实行,结果将使现行之教育政策完全反变";原先实行该局一面自设学校,一面补助私立学校的"二重制度",现在"实乃等于拟将现行之二重制度废除,并将此后之教育费,专充补助各国籍侨民所办学校之用",因而断然加以拒绝。[③] 这从一个侧面说明上海的日

[①] 袁继成:《汉口租界志》,武汉出版社2003年版,第246页。
[②] 陈祖恩:《上海日侨社会生活史》,上海辞书出版社2009年版,第78页。
[③] 《上海公共租界工部局公报》第48号,1934年5月。

本居留民团的某种自治性质,以及日本居留民团对于当地其他租界并不能施加影响。

苏州、杭州、重庆等地日租界被日本政府划为"未发达"的租界,未将它们作为实施《居留民团法》的区域,其行政体制分别由当地日本领事馆发布的《苏州居留民会规则》《杭州居留民会规则》《重庆居留民会规则》等加以确定。据此,居住在这些城市日租界及其附近的日本侨民,在租界内拥有土地、房屋的其他成年外国人,都可以作为当地日本居留民会的会员。苏州、重庆的居留民会不具备法人资格,职权仅为选举居留民会议员。在杭州日租界,居留民会议员则由日本领事指定。议员会的所有决议均需领事批准才能实施。因此这几个日租界名义上实行的是领事监督下的居留民自治制度,事实上其自治权相当有限。

天津、汉口两地日租界被日本政府称为"发达"的租界,分别于1907年开始实行《居留民团法》。根据《居留民团法》及其施行规则、施行细则的规定,居留于天津日租界及界外2里(1938年改为3里)范围内的日本侨民组成天津居留民团。这两个租界的行政体制被日本人称作是从"领事独裁"制稍稍向"自治"制度转变的体制,比较接近英租界"自治"制度。在那里,日本领事不独揽界内的行政权,领事掌握的主要是警察权。同时,领事、驻华公使直至日本外务大臣对界内的行政事务进行多方面的监督与干预,其主要体现在:居留民团团长助理虽由日常行政负责人居留民团团长推荐,但须得到领事及驻华公使的认可;居留民团会计主任虽然由居留民团参事会推荐,也必须得到领事的认可。这样,居留民团长助理和会计主任不仅是民团长的助手,而且在一定程度上得以代表官方监督、牵制由选举产生的民团长的行动。

在"发达"与"未发达"日租界的行政体制间作一比较,可见其差别十分明显。"发达"租界居留民团由选举人选举产生,拥有各种议决权与选举行政委员会(参事会)权,相当于英租界的选举人大会;"未发达"租界的居留民会仅有选举议员之权,别无其他职权,相当于法租界的选举人大会。"发达"租界的行政委员会(参事会)是日常行政的领导机构,相当于英租界的工部局董事会;"未发达"租界的议员会既是议决机构,又是执行机构,近似法租界工部局。但是,两类租界的共同点是领事具有很大的行政权,即便在所谓向自治体制过渡的天津日租界,决定权仍在领事手中。

《居留民团法》公布后,日本外务省以外务省令的形式颁行《居留民团法施行规则》,其规定,租界内兼有立法权和行政权的机构为居留民选举产生的居留民会(又称居留民团)。居留民会的议员不需比选举人有更高的财产资格。议员任期2年,其中半数以上必须是日本人。由议员互选产生的议长、副议长也必须为日本人。只有日籍议员占与会议员半数以上时,该会才能开会。居留民会除了选举行政委员会(1935年1月以后改称参事会)和民团长外,对民团的预算、决算、税务、教育、消防、义勇队、救济、卫生、交通等各种行政事务均有议决之权。负责民团日常行政事务的机构为居留民团行政委员会,由10名委员(1935年1月参事会成立后改为5名委员)组成。民团事务所是行政委员会具体完成行政事务的办事机构,以民团长为首的民团吏员、雇员驻所办公,领取薪金。《居留民团法》为日本在各地租界居留民团的建立与运作提供了基本规范。其一方面表明日本租界采取居民"自治"模式;另一方面也加强了日本政府对分散于中国各城市租界的日本侨民的操控。

第二节 居留民团的登场

一、居留民团的组建

1896年中日《公立文凭》第1款规定:"添设通商口岸,专为日本商民妥定租界,其管理道路以及稽查地面之权,专属该国领事。"这为条约中明确规定外国享有租界行政管理权的开始。

天津的各国租界设有董事会和工部局。董事会为租界权力机关,1862年英租界首先设立董事会。日租界没有董事会和工部局,而先后设有租界局与居留民团。

日租界划定之初,迟迟未进行开发,一切行政权力均由日本驻津领事掌握。1900年以后天津的日本侨民增多,开始建立市政管理机构。1902年,日本驻津领事馆升格为总领事馆,决定设立日本租界局作为日租界的行政领导机关,租界局的权力机关是行政委员会,由总领事指定在天津的日本银行、洋行的经理4人组成行政委员会,1904年增至10人,人选必须由总领事审定,主要负责租界内市政建设工程事宜。

表 3-2-1　1907 年前后租界局员名单

理 事	七级俸		西村虎太郎
助 手	十二级俸	土木主任	赤山今朝治
书 记	十三级俸	财务主任兼庶务主任	田中铸太郎
书 记	十四级俸	卫生主任兼庶务	牧尚一
书 记	十五级俸	财务	荻谷正雄
候 补	月俸 30 元	财务	前岛弥

注：另有中国人 3 名,财务 2 名,文案 1 名。
资料来源：《天津日本租界居留民团资料》第一册,前揭第 4—5 页。

租界局以及后来的行政委员会各课均负责一定的行政事务。

表 3-2-2　租界局各课职权表(1907 年)

庶 务	物品购入、收发文书、整理材料,日志、辞令、报告书、通知书、议案等的誊写与发送,有关消防事务,公告事务,外文翻译及口译,此外其他课主管的事务
财 务	现金接受、出纳、记账,课金使用费、手续费、原簿的记账并发送纳入告知书,关于水票的事务,船车等执照的发放,其他财务事务
土 木	测量、制图,道路、沟渠、护岸修筑工事的设计与监督,填埋工事的估算与监督,有关洒水事务,点灯事务,有关植树事务,其他土木事务
卫 生	清洁法施行事务,关于种痘事务,关于传染病预防与消毒事务,其他卫生相关事务
学 务	与学务相关的一切事务

资料来源：《天津日本租界居留民团资料》第一册,前揭第 20—21 页。

　　1907 年,天津日租界开始实行《居留民团法》。根据该法规定,废除行政机构租界局,而由居留于天津日租界及租界外 2 里(1 千米)(1938 年改为 3 里)的日本侨民组成居留民团,使之在形式上带有侨民自治色彩,居留民团成为日租界的权力机构,其性质类似于董事会。居留民团继承原租界局的一切财产、权利与义务。依据同年 9 月发布的领事馆令特第 1 号第 24 条("大日本租界局保管的一切所有财产均交由居留民团保管")、25 条("大日本租界局承担的一切债务与义务以及所作出的决议,均由居留民团继承"),临时由接受和处理旧居留地行政委员会事务的民团吏员接受行政事务,直至居留民会创建。[1]

---

[1] 《天津日本租界居留民团资料》第一册,前揭第 3 页。

第三章 天津日本居留民团的建立与机构

天津日本居留民团是20世纪初日本人设在天津日租界内的日侨团体,是日本总领事馆指挥下统治和经营日租界的机构,是一个具有强制力的公权力法人组织。居留民大会(制定法律)、行政委员会(执行机关)和民团吏员(在编人员)是居留民团三大组成部分。1908年,民团事务所迁至旭街(今和平路);1914年迁至福岛街(今多伦道)的新建所址,其中包括民团事务所、公会堂及商工会议等部门。

日租界设立之初,一切行政权力实际上均在日本驻天津领事(1902年领事馆升格为总领事馆)手中。租界局是日本领馆领导下的行政管理机构。即使居留民团名义上是自治组织,实际上仍然必须接受总领事馆命令,由总领事馆严格控制。居留民团有时甚至直接接受天皇与外务省命令,同时也接受政府贷款。民团的行政法规就是天皇敕令、外务省省令及总领事馆馆令。

1932年4月18日,天津居留民团行政委员会长上野寿、财团法人天津共益会理事长金井润三向日本内阁总理大臣犬养毅、外务大臣芳泽谦吉、大藏大臣高桥是清上《天津邦人业务复兴低利资金借贷请愿书》。[①] 同年9月,日本外务大臣与日本驻天津总领事代表、领事太田知庸向财团法人天津共益会代表金井润三下达命令书,就天津居留民团因1931年"天津事变"遭受"经济打击"而陷入"事业困难",提出由政府贷与其3 600贯银两,并且提出了命令书中规定的条件。[②]

居留民团设会长、副会长。1936年居留民团改制后,由臼井忠三为第一任民团长。臼井久居天津,号称中国通。自1918年即任民团行政委员会委员,曾两度任会长。此人外貌慈祥,人称"老婆婆",但在侵华活动上却穷凶极恶。他出任民团长后,对义勇队加紧战备训练,又组织有200多名朝鲜人参加的"日本义勇队别动队"。"七七事变"爆发,臼井忠三即以民团长身份,对在津日侨进行总动员,并在义勇队之外又组织了兵事班、工务班、配给班、邮便班、卫生班、庶务班、保净班7个班。在臼井忠三指挥下,居留民团及其义勇队,与日本警察署一道,直接参加了日军侵占天津的战役,因此受到日本军部赞扬和外务大臣的特殊奖赏。天津伪政权成立后,臼井忠三被日本陆军特务机关任命为伪市公署的高

---

① 《天津日本租界居留民团资料》第二册,前揭第422页。
② 《天津日本租界居留民团资料》第六册,前揭第192页。

级顾问。[1]

"自租借以来,日本政府即命令,为居留民团自治区域(按日本外务省告示,凡日本租界地及其境界线外二里以内居住之日本臣民,皆为居留民团之分子)设立租界局,并由地方纳税之居民组织居留民会,更由会中选举居留民团行政委员管理一切事务,顺次受日本驻津领事、驻华使馆及东京外务大臣之监督。其办事情形,按期呈报监督机关。该租界为日本在中国北部贸易之中心,扼天津交通要道,西部为人民居住区域,岁入盈余,作公共设备修筑之用。"[2]

1941年9月1日,天津居留民团创立34周年。当日上午8点在公会堂有臼井忠三民团长的训话,"回顾了邦人(指日本人)跃进的意义",并且简单叙述了居留民团建立34年来不断扩充实力的历史。其中声称:

"本居留民团于明治四十年(1907)九月一日建立,与上海、汉口的居留民团共同设立,当时的邦人有496家、1 592人。民团预算(一般会计)仅58 757元42分。吏员数有理事一、技手一、书记二的四人,以及华人佣人四人。十年后的大正六年(1917)邦人为927家、3 255人,大约为过去的2倍。民团预算(一般会计)634 374元,吏员数为邦人15人、华人3人。又经过10年到昭和二年(1927),有1 539家、5 861人,民团预算(一般会计)960 910元、吏员数邦人55人、华人16人。

再经过10年即昭和十二年(1937),有邦人4 610家、16 215人。民团预算(一般会计)1 055 009元。吏员数邦人93人、华人9人。到十三年,邦人进出强势,达到8 729家、34 731人。民团预算(一般会计)也有3 163 957元,吏员数达到180人。在昭和五年(1930)分离的财团法人天津共益会在同年8月1日亦还原也是原因。

1941年的邦人数为15 214家庭、57 884人,吏员数超过400人。这是此两年半来的飞跃。"[3]

二、居留民团会议与议员

居留民团会议(或称居留民团大会)名义上是居留民团的立法机构,有权按

---

[1] 政协天津市委员会文史资料委员会:《天津抗战见闻录》,天津人民出版社2015年版,第517页。
[2] 《天津租界及特区》,前揭第5—6页。
[3] 《天津日本租界居留民团资料》第八册,前揭第602页。

照一定议程制定与通过居留民团的法规与议案,选举居留民团行政委员,决定居留民团事务。

居留民团会议由居留民团议员组成,其由符合规定条件的租界内居民选举产生。日本人凡居住在日租界并向居留民团纳税6个月以上的成年人,均具有选举权;凡有选举权的25岁以上男子具有当选为议员的资格。议员名额60名,1934年减为32名(一说议员人数30人,1936年改为32人),任期2年,其中日本人必须占半数以上;否则,以落选的日本人中得票较多者替换当选的中国人中得票较少者,直到日籍议员超过半数为止。只有日籍议员占与会议员的半数以上时,居留民会才能开会。居留民会议的议长、副议长必须由日籍议员担任。

在日租界中,居留民会的议员不需有比选举人更高的财产资格。凡是日本人具备下列资格者得为居留民会议员:(1)居住居留民团之地区内曾负担6个月以上之居留民团课金者;(2)凡设有事务所之日本法人居住居留民团之地区内,曾负担6个月以上居留民团保金者。以上两项,其所负担之课金须6个月以来每月纳课金1元5角以上者。遇有非日本人民、非日本法人,而有议员资格者数超过日本人民及日本法人议员的总数时,则自纳税额最高者起,顺次及于纳税额低者,定为议员,但其数以与日本人民及日本法人议员之数相等为止。

有下列情事者,不得为居留民会议员:(1)曾被剥夺公权者或停止公权者;(2)曾受破产之宣告而未曾宣告复权者;(3)受禁锢以上刑罚之宣告者;(4)在受租税及公课之滞纳处分中者;(5)在受留禁止之命令满期后未经过2年者。

"日本租界,名义上限制中国人不能取得租界内立法机关之议长";"但中国人在该租界内立法机关之议员资格,是否可以取得,则又未曾明白规定"。[①] 这实际上几乎剥夺了中国人当选议员的资格,遑论当选议长。

议员名簿编造后,通知各议员并加以公布。居留民会议员各项簿籍,则备置于居留民团事务所,5日以内可供各相关者参阅;有异议时得于参阅期间,具呈领事请求改定。倘不服领事裁判,得直接请求上级官厅处置。

---

① 顾器重:《租界与中国》,上海卿云图书公司1928年版,第15页。

这种由日本人绝对控制的居留民大会握有广泛的行政权,包括决定居留民团各方面的事务,近乎英租界的选举人大会。其下分别以1909年、1925年居留民团会议议程为例,可见其所讨论与通过的事项。

表3-2-3　1909年日本居留民团会议议程

会议及日期	所议项目	结果
第一次会议 1月16日	1. 白河护岸工事预算 2. 民团课金征收内规 3. 公设市场细则修改案	委员委托 延期 通过
第二次会议 1月27日	1. 民团课金征收双规 2. 图书馆评议员选定案 3. 营业课金等级表增补案 4. 吏员任免案	通过 通过 通过 通过
第三次会议 2月19日	1. 关于居留地土地转让案 2. 关于自用人力车执照费给付法国工部局照会案 3. 白河护岸工程案 4. 课金负担等级决定案	委员委托 再议 通过 通过
第四次会议 2月25日	1. 吏员任用案 2. 杂类课金规则修改案 3. 1908年度岁入出总数预算追加案 4. 督促手续费条例案	通过 修改通过 通过 修正通过
第五次会议 3月1日	1. 1909年度岁入出总预算案	修正通过
第六次会议 3月8日	1. 杂类课金规则修改案 2. 取得课金规则修改案 3. 营业课金规则修改案 4. 共立小学堂补助费增加请愿案 5. 预备费支出认可申请案 6. 营业课金负担等级决定表 7. 取得课金负担等级决定表(3月9日传阅) 8. 大和公园费支出事后要求承诺件 9. 临时土木费预算外支出付事后要求承诺件	通过 通过 通过 否决 通过 再议 通过 通过 通过
第七次会议 3月13日	1. 居留地内官地案 2. 营业课金负担等级表 3. 总领事馆移转请愿案	可决 修改可决 可决
第八次会议 3月30日	1. 议长、代理议长、会计主任选举	

续　表

会议及日期	所议项目	结　果
第九次会议 4月11日	1. 行政委员会事务分担案 2. 慈善基金规则案 3. 关于慈善的评议员选定案 4. 预算更正案 5. 关于传染病室诘巡捕案 6. 茶园课金等级决定案 7. 清朝艺伎课金等级决定案 8. 民团出纳规程改正案 9. 租界局分课并处务规程追加案 10. 行政委员会定日案	通过 通过 通过 通过 通过 通过 通过 缓期 修正通过 通过
下略		

资料来源：《天津日本租界居留民团资料》第一册，前揭第61页。

根据1925年度天津居留民会会议(3月24日于公会堂举行)议事录，第一日议事日程涉及财政、市政、交通、消防、电力、教育等方面，计有：(1)居留民会会议规则改正案；(2)1923年度居留民团岁出入决算案；(3)1923年度特别会计电气岁出入决算案；(4)1923年度特别会计官有地拍卖准备金岁出入决算案；(5)特别会计电气变压所及地下高压线及低压架空配电线建设费决算案；(6)特别会计道路及下水道建造工费岁出入决算案；(7)车辆执照费条例修改案；(8)花园街旧消防队器具置放场拆毁案；(9)公设市场家屋拆毁案；(10)日本租界公设市场规则废止案；(11)天津共立学校补助金案；(12)天津少年义勇团补助金案；(13)天津日本青年会补助金案；(14)私立天津高等女校补助金案；(15)天津在乡军人分会非常用枪支入费补助案；(16)1924年度居留民团岁出入追加预算案；(17)1925年度居留民团岁出入总预算案；(18)1925年度特别会计电气岁出入预算案；(19)1925年度特别会计官有地拍卖准备金岁出入预算案；(20)修正居留民团法施行规则第18条行政委员会委任事项案；(21)废止居留民团实行规则第18条行为委员会委任件案；(22)修改临时财源调查会章程案；(23)修改课金法调查会条例案；(24)修改课金调查委员会条例案；(25)修改设置事业资金筹措国库补助请愿委员会件案；(26)修改事业调查委员会设置件案；(27)废止寿街、扶桑街开修工费征收规则案；(28)废止寿街开修工费特别会计条例案；(29)废止扶桑街开修工费特别会计条例案;(30)民团理事规程案;(31)民团会计检查委员人员案;(32)行政委员会选举;(33)预备行政委员选举;(34)民团会计检查委员选举。①

1938年3月日本驻天津总领事崛内干城发布的《居留民会规则》规定：

第一条　本领事馆管辖居住的帝国臣民,按照一定的区域和本规则规定,组织居留民会。关于居留民会的设立、废止、分合,以及其区域的变化事项,须得领事官的许可。

第二条　居留民会在领事官的监督下,处理教育、公共卫生等居留的帝国臣民的公共事务。

第三条　领事官可以就监督居留民会发布必要的处分。

第四条　居留民会设立执行会务的评议员会。

第五条　居留民会就有关评议员会的组织、职务、权限等事项,以及居留民会的财产、负债、建筑物、经费的税收及会计事项,按照本规则取得领事官的认可。

第六条　在居留民会的区域内居住的帝国臣民,以及在该区域内有其他设施的帝国法人,拥有共同使用居留民会财产与建筑物的权利,并分别履行义务。

第七条　评议员会由组织评议员进行选举。

评议员的定额在5人以上25人以下,在居留民会确定,并由领事馆认可。

第八条　以下人员具有评议员的选举权：

(1)在居留民会区域内居住的帝国臣民中已负担六个月以上居留民会赋课金的成人;

(2)在居留民会区域内拥有事务所等设施的帝国法人并且负担六个月以上的居留民会赋课金者。

第九条　以下人员没有评议员选举权：

---

① 《天津日本租界居留民团资料》第十册,前揭第144页。

（1）禁治产者及准禁治产者；

（2）破产者尚未复权者；

（3）被处以惩役或者禁锢以上刑罚处分，自刑罚执行完毕三年内以及刑罚执行缓刑中者；补缺评议员的任期尚在前任者剩余任期内者。

第十条 依据本规则有评议员选举权者年龄在25岁以上男子，有评议员被选举权。

第十一条 以下人员有评议员被选举权：

（1）在职官员；

（2）居留民会的有酬事务员；

（3）神官、神职、僧侣与其他各宗教师；

（4）在外制定学校的教职员。

第十二条 评议员为名誉职务。

评议员任期二年。

第十三条 评议员的选举分等级，以无记名单记投票的方式进行。

等级的划分与选举速记录应得到领事官的认可。

决定当选者的时候应报告领事官。

第十四条 评议员出现缺员时，缺员为定额的四分之一以上或者领事官认为有特别的补缺必要时，进行补缺选举。

补缺评议员的任期为前任的剩余任期。

第十五条 评议员会议决事项如下：

（1）关于居留民会诸规程的制定、废止、变更事项；

（2）关于认可岁出入预算与决算报告的事项；

（3）关于基本财产的设值管理处分的事项；

（4）关于居留民会事务员的任免、给与的事项；

（5）认为居留民会事业及事务中的重要事项。

第十六条 评议员会得以议决将属于其权限的一部分事项委任给居留民会长。

第十七条 评议员会得以召集居留民会长，以会长为议长。

评议员会非以现在定数的半数以上出席，不得召开。

评议员会的议事必须得到过半数的通过,同意或者反对数相等时由议长决定。

第十八条　居留民会设会长、副会长与会计主任各一名。

会长、副会长与会计主任为名誉职。

会长、副会长与会计主任由评议员会互选,并经领事馆认可决定。会长副会长与会计主任任期二年。

第十九条　会长代表居留民会与评议员会议决,以及所委任的事务员的指挥监督,处理居留民会的事业与事务。

第二十条　会长因故时,由副会长代理。会长副会长共同因故时,从评议员中推选临时代理者代行会长职务。

临时代理者的选举直接向领事官报告。

第二十一条　会计主任掌管居留民会的出纳与其他会计事务。会计主任因故时,由评议员中选举临时代理者,选定后直接向领事官报告。

第二十二条　会计年度为四月一日开始至翌年三月末结束。

第二十三条　预算决算书应按期向领事官报告。

第二十四条　居留民会应预备如下簿册:(1)居留民会规则及相关各规程原簿;(2)公文收发簿;(3)评议员会议事录;(4)居留民的户口台账;(5)使用金与手续费征收簿;(6)现金出纳簿;(7)财产台账。[①]

规则所称评议员,即居留民团参事会成员,相当于行政委员。

天津居留民团在日租界福岛街有公会堂,建筑颇宏伟,专供居留民集会之用,日本侨民随时可以租借。凡欲借用公会堂者,须将开会目的、方法、时日及所占室号通知租界局或行政委员会,经认为"不妨害公益时,始可借用"。每次租费,计大广间10—50元,贵宾室2—10元,议场5—20元,委员室2—5元,自第1号室至第8号室1—3元。"使用公会堂时须得保全一切用具,并须保守清洁,否则处罚。其以公共利益为目的借用公会堂者,可酌情减轻或豁免其租费。依1924年预算,公会堂租费可得1 500日元"。[②]

[①] 《天津日本租界居留民团资料》第七册,前揭第184页。
[②] 《天津租界及特区》,前揭第81页。

图 3-2-1　日本公会堂

资料来源：《故影遗存》，前揭第 15 页。

关于公会堂的使用与管理，1939 年 7 月《公会堂使用条例》规定：

第一条　公会堂的借用与使用以口头或书面说明使用的目的、方法与日时，申请使用一日加付 5 元，但在特别认可的情况下免收申请费。

第二条　公会堂使用目的或方法不适当的，不允许使用。

第三条　接受公会堂使用许可的人，在使用的前一日缴纳使用费。

第四条　公会堂的使用费，每次在 5 元以上 50 元以下的范围内，由居留民团团长确定。经同意在已有电灯外增加电灯数，或者安装特别设备的，依据特别规定征收临时灯料费。

第五条　为公众或公共利益使用的场合，得以减免嵌条的使用费。

第六条　公会堂使用中造成建筑物、设备与其他物品减失毁损的，由借用人赔偿。[①]

三、居留民团会议议程与资料

1938 年，日本驻天津总领事崛内干城发布的居留民会规则规定：

[①]《天津日本租界居留民团资料》第四册，前揭第 27 页。

第一条：本领事馆管辖居住的帝国臣民，并按照一定的区域和本规则规定，组织居留民会。关于居留民会的设立、废止、分合，以及其区域的变化事项，须得领事官的许可。

第二条 居留民会在领事官的监督下，处理教育、公共卫生等居留的帝国臣民的公共事务。

第三条 领事官可以就监督居留民会发布必要的处分。[①]

1941年3月，天津日本居留民团经驻天津总领事馆批准事项有：

13日，业务复兴资金出借审查委员会委员补缺的承认申请案，获批准；

13日，水灾复兴资金出借审查委员会委员补缺承认的申请案，获批准；

19日，居留民会日程决定并呈报召集发令方申请案（3月19日告示第19号），获批准；

20日，春日小学校设置认可的申请案（3月25日批准）；

25日，预备费支出方申请案（3月27日批准）；

25日，预备费支出方申请案（3月27日批准）；

26日，在外指定学校名称变更的认可申请案（致文部、外务两大臣），获批准；

31日，第34次居留民会议决事项认可申请案，获批准。[②]

在行政委员选举方面，行政委员由日本驻津领事在每年3月开居留民大会时，于居留民会员中选举之。在选举会举行前，由领事馆当局于上年12月31日前调查该年12月领事馆批准事项，包括选举与其他事项。其中如1940年12月：

17日，参事会员选举结果报告及其认可申请案，当日获领事馆批准；

17日，会计检查委员会当选者决定认可申请案，当日获领事馆批准；

18日，第56次居留民会临时会议决事项认可申请案，当日获领事馆批准；

22日，居留民团长再选报告并认可申请件案，12月23日获领事馆批准；

[①] 《天津日本租界居留民团资料》第七册，前揭第182页。
[②] 《天津日本租界居留民团资料》第八册，前揭第422页。

22日,第57次居留民会临时会议决事项认可申请案,12月23日获领事馆批准;

28日,预备费支出方申请案,12月30日获领事馆批准。①

《民团事务报告书》,是记录天津居留民团事务的档案资料。根据日本政府《居留民团法》及《领事馆法》的有关规定实施,居留民团于每年年末向领事馆作年度报告,每年一种,以时为经,以事为纬,所记内容依据民团所设部门业务的工作情况依次展开。从1909年起,每年一册,分为庶务、财务、学务、土木、卫生等部。以后又先后出现了金融、电气、调查、保净、义勇队、港口、邮务、公园、建筑、业务、医院、图书馆、临时经济、天津兴亚奉公会等部,并把庶务改为总务、土木改为工务(但所增加者并非每份报告都列)、民团财产明细书等部分;每部分下为若干项内容。

经天津市图书馆搜集整理,汇编成《天津日本租界居留民团资料》,共13册,由广西师范大学出版社于2006年出版。

其中,第一册为1909—1924年报告书,缺个别年份;第二册为1925—1933年报告书;第三册为1934—1938年报告书;第四册为1939—1941年报告书;第五册为1943—1945年报告书;第六册为1930—1935年共益会报告书;第七、八册为1938—1942年居留民团月报;第九册为1908—1919年通常民会议记录;第十册为1923—1928年通常民会记录;第十一册为1929—1931年间记录;第十二册为1932—1937年间记录;第十三册为1938—1942年间记录。

具体而言,其中:

第三册包括第一部(总务、财务、工务、业务、卫生)、第二部(学务、图书馆、电气、邮务、金融、公园、建筑、体育、卫生、会计)两大部分。

第五册,1943年包括第一总务部(庶务课、厚生课和秘书室),第二财务部(计理、税务、会计、用度课),金融部学务部(天津日本图书馆、天津日本教育增物馆),翼赞部(防护团、练成课、区政课、天津协励会),工务部(土木课、建筑课、公园),业务部(水道课、电气课、埠头课),卫生部(时疫、保健课、天津日本疗病院、

---

① 《天津日本租界居留民团资料》第八册,前揭第341页。

天津日本公共病院)、河北出张所等部分。1944年包括总务、经济、河北出张所、财务部、金融部、学务部、翼赞部、防护部、工务部、卫生部等。

第六册为1930—1935年共益会事务报告书,附共益会财产明细书,包括庶务、学务、会计、电气、卫生、金融等部。

第七册为1938年与1939年天津居留民团月报(1至12号),分为公告、条例、辞令、人事、官厅认可事项、财务、建筑、保净、上水道、码头、卫生、社会、汇报、杂报等部分;以后又增加调查、防护团、土木、金融、邮务、体育、公园等部分。

第八册为1940—1942年月报。包括领事馆认可事项、会议(参事会、委员会)、图书馆、金融、工务、业务、病院、翼赞课等部分。

第九册为1908—1919年居留民会事务记录。居留民会的常规例会叫通常民会议,在每年3月举行,一般连续举行3—6回(其中或有间隔)。也有第一、二、三、四、五回临时民会事录,是在通常民会事录以外的临时会议记录,临时会在3月以外的月份举行,每次一或者二三回。

第十册为1923—1928年的通常民会事录。第几回会议改第几次会议。1926年起改第19次居留民通常会事速记录,同时有第7—22次居留民临时会速记录。

第十一册为1929—1931年第23—24次居留民通常会事速记录,也有第24—29次临时会议事速记录。

第十二册为1932—1937年第25—30次居留民团通常会议事速记录,以及第30—42次临时会议事速记录。

第十三册为1938—1944年第31—37次居留民团通常会议事速记录,以及第43—68次临时会议速记录。当时临时会议举行较多,多时一年4次。

民团事务报告各部又分若干项,如1930年,学务部包括天津高等女学校、天津寻常高等小学校、天津幼稚园、图书馆等4个部分,财务部包括出纳检查、民团课金使用料征收状况、民团课金杂类课金及工巡费负担者数,各种捐助金,课金调查委员会、土地家屋台账地籍图相关事项等20个部分,土木部包括土木、建筑、水道、公园等4个部分,电气部包括主要电路工程、发电厂工程、建筑、发电电力统计表、设备移动等5个部分,卫生部包括传染病、保健与防疫、出生相关事项、死亡相关事项、犬类相关事项、医院相关事项、保洁相关事项 7 个部分。①

1931 年,民团行政委员会颁布与修改的规则包括:《土地课金条例》《家屋课金条例》《取得课金条例》《营业课金条例》《杂类课金条例》《特别课金条例》《车辆牌照费条例》《不动产取得税条例》《天津医院药价其他诸费条例》《民团事务处务规程》《民团理事给与规程》《宿直内规》的修改;《码头规则》的颁布;《码头使用暂行规程》《下水暗渠及道路筑造工费特别会计条例》《冷藏用冰块配给暂行规程》的废止;《天津共立学校增筑费积累资金特别会计》的通过;等等。②

需要指出,以上资料中记载的居留民团与日租界相关制度与活动,往往带有替侵略者粉饰的成分,并不一定反映真实状况。

居留民团的规范为行政法规,主要有三类。

一是条例。如 1942 年天津居留民团总务部庶务课制定:《居留民团立幼稚园保育费征收条例》《福安医院诸费用条例》《天津日本保养院诸费用条例》《天津居留民团食堂条例》《天津居留民团酒税条例》《天津日本保养院条例》等。条例相对具有较高的效力。

二是规程、章程、细则。其效力等级低于条例。如 1942 年通过:《天津日本图书馆处务规程》《天津日本图书馆处务细则》《天津居留民团食堂条例施行细则》《天津日本教育博物馆馆则》《天津日本教育博物馆处务规程》《传染病预防救治费给与规程》《不健康业务费支付规程》《居留民团吏员职务薪金支给规程》。

三是内规。只在居留民团内部管理有效的程序性规定,如同年通过的《公伤病处理内规》《助役事务分担内规》等。③

四、居留民团财政

早期如 1910 年,天津居留民团年预算如下:

---

① 《天津日本租界居留民团资料》第二册,前揭第 270 页。
② 《天津日本租界居留民团资料》第二册,前揭第 360 页。
③ 《天津日本租界居留民团资料》第五册,前揭第 3 页。

表 3-2-4　1910 年天津居留民团年收支总预算表

年收入	银 68 313 元 56 分(经常部预算) 银 5 391 元(临时部预算) 合计：银 73 704 元 56 分
年支出	银 66 342 元 76 分(经常部预算) 银 7 361 元 80 分(临时部预算) 合计：银 73 704 元 56 分

资料来源：《天津日本租界居留民团资料》第一册，前揭第 92 页。

根据天津居留民团的说法：日租界年收入增进之财税，"使该租界得从容致力于发展。其主要之税收，系土地税、房产税、未开辟地税、营业税及所得税。土地税率为 5%，房产税率为 2%，未开辟地税率亦为 2%，营业税视公司或个人营业之大小而分为 26 等，自月 6 元以至月 1 万元，所得税亦根据各人进款之多寡，而分为 13 级。岁入在 1 000 元者取其 1.1%，至万元者取其 2.9%。近数年来，收入与支出逐年增长"。①

表 3-2-5　1917 年与 1923 年天津居留民团收支盈余表

年　份	收　入	支　出	盈　余
1917 年	419 600 两	263 968 两	165 632 两
1923 年	589 823 两	549 823 两	40 000 两

日租界财政管理权在租界局会计课与财政委员会，捐税由巡捕征收，预算表由文案编制，交董事会审查，须于年会会议通过，始能成立。

表 3-2-6　1924 年天津日租界预算表　　　　　　　单位：日元

项 目 别	1924 年预算	1923 年预算	比　　较 增	比　　较 减
收入总计	536 035 元	616 974 元		80 939 元
(甲)经常门总计	492 978 元	501 419 元		8 441 元
1. 日本侨民学生	123 200 元	122 300 元	900 元	
2. 杂税	30 182 元	30 542 元		360 元

---

①　《天津租界及特区》，前揭第 105—109 页。

续 表

项目别	1924年预算	1923年预算	比较 增	比较 减
3. 特税	14 572元	15 319元		747元
4. 使用费	117 780元	110 528元	7 252元	
5. 手续费	102 414元	90 300元	12 114元	
6. 财产出生收入	3 420元	3 400元	20元	
7. 助学金	3 675元	3 450元	235元	
8. 杂项收入	24 735元	25 580元		845元
9. 特别会计盈余	73 000元	100 000元		27 000元
（乙）临时门总计	43 057元	115 555元		72 498元
1. 前年度盈余	27 900元	97 150元		69 250元
2. 道路建筑捐	1 981元	1 981元		
3. 公地出租利息	3 925元	4 885元		960元
4. 暗沟捐	9 251元	11 539元		2 288元
支出总计	536 036元	661 481元		125 445元
（甲）经常门总计	343 920元	315 463元	28 457元	
1. 办公费	82 972元	60 581元	22 121元	
2. 会议费	2 700元	3 100元		400元
3. 典礼费	4 770元	4 670元	100元	
4. 建筑费	79 789元	69 980元	9 809元	
5. 水道费	74 327元	51 075元		3 748元
6. 教育费	44 365元	45 817元		1 452元
7. 卫生费	9 183元	8 650元	533元	
8. 救济费	100元	100元		
9. 警备费	50 621元	50 522元	99元	
10. 图书馆费	4 562元	3 457元	1 105元	
11. 公园费	4 642元	5 175元		533元
12. 收集捐税费	1 457元	1 540元		83元

续 表

项 目 别	1924年预算	1923年预算	比　　较 增	比　　较 减
13. 税项	340元	300元	40元	
14. 杂项支出	2 500元	6 424元		3 924元
15. 预备金	8 592元	3 802元	4 790元	
（乙）临时门总计	192 117元	346 017元		153 900元
1. 办公费	4 695元	5 157元		462元
2. 建筑费	44 514元	160 808元		116 294元
3. 水道费	5 810元	17 777元		11 967元
4. 公园费	900元	900元		
5. 警备费	1 300元	23 357元		22 057元
6. 卫生费	3 896元	5 110元		1 214元
7. 公债利息	109 652元	97 716元	11 936元	
8. 救济费	15 850元	16 000元		150元
9. 购地费	500元	9 192元		8 692元
10. 调查费	5 000元	10 000元		5 000元

资料来源：《天津租界及特区》，前揭第105—109页。

天津居留民团财产，见表3-2-7：

表3-2-7　1944年12月底天津居留民团财产目录

内　　容	数　　量	金额（日元）
土地	511 873.741 1坪	12 400 854.29
建筑	4 699.574坪	15 975 003.27
上水道及在库品		462 584.33
备品及在库品		2 698 288.09
变电及电气供给设备及在库品		1 226 695.58
图书馆及巡回文库图书		257 911.95
复兴资金（出借债权）		246 378.42
业务复兴资金（出借债权）		1 293 836.78

续　表

内　　容	数　　量	金额（日元）
有价证券、银行存款及现金		
1. 股票（天津济安自来水公司）		11 000.00
2. 存款证明		5 000.00
3. 银行存款		9 913 096.18
4. 现金		500.00
合　　计		44 089 148.89

注：另有负债合计 10 400 266.51 元。
资料来源：《天津日本租界居留民团资料》第五册，前揭第 462 页。

第三节　居留民团行政委员会

一、行政委员会的选举与职权

1902 年 8 月设立的租界局，为当地日租界权力机构。租界局的行政机构是行政委员会，名额初为 4 人，1904 年增至 10 人，其人选由总领事审定。任期 1 年。行政委员会议长，是日租界局的行政首领。居留民团建立后，每年由日本领事召集日本居留民大会，选举行政委员，组成居留民团行政委员会。居留民团行政委员会近似英租界的工部局董事会，是执行民团日常行政事务的机构。

1907 年 9 月实施《居留民团法》，据同法施行规则第 71 条，当年由日本总领事指定，选出行政委员会。首次会议选举日本委员为议长、议长代理者及会计主任各一人，并委派必要的官吏，规定其额数、职务、任期、报酬，及关于惩戒事项，但必须经领事认可。此外，规定议事的时间，磋商一切兴革的事务。会议时如议长及议长代理者均因故不能到场，由日本委员中推举临时议长行使议长职权，总理会议之事，维持议会的开会闭会及会场的秩序。行政委员非有 5 人以上出席，不得开会，但临时有紧急事项、不及凑满规定数出席者，不在此限。开会时，先由议长报告进行状况及应对讨论的事件，然后正式表决。议案以出席委员过半数通过，方为有效；同数时，依议长的主张决定。除秘书会外，租界局理事、技师、书记，皆得列席旁听。

关于居留民团行政委员的选举。到了选举时，由居留民会议员，以不记名连记投票法选举行政委员及预备行政委员。投票时将被选举人姓名记载于封缄之上，并将本人姓名别呈交议长，进行投选行政委员直到满额为止；然后顺次而定预备行政委员的定额数。遇有票数相等时，取其年长者；年龄相等时，则以抽签决定之。如规定的行政委员、日本委员名额不足半数，居留民会议长为使日本委员超过半数起见，由当选的其他国籍行政委员中取其得票最少者顺次降格，编入预备行政委员中，而以当选的日本预备行政委员中取其得票最多者，顺次提升编入行政委员中，以达日本人员过半数时为止。选举终结后，由居留民会议长，将各委员姓名及所得票数呈报领事，请其认可。其中有不得认可者，或认可后临时出缺时，依预备行政委员票数高低顺次补充之，日本人仍须过全数之半。

有下列情事者不得为行政委员：（1）在职官吏；（2）居留民团内的有俸吏员；（3）神官神职、僧侣及其他诸宗教的牧师；（4）学校教员；（5）未成年者、女子、禁治产者、准禁治产者，及不合居留民会议员资格者。

凡上年12月临时总选举当选的行政委员，本年月任期满者，进行改选。

关于中国人议员资格，1922年4月4日《益世报》载《日租界行政委员加入华人》：日前侨津日本居留民团通常民会，选举租界行政委员，该界华商会运动加入。选举结果，华人方面，只有一人被选举为预备行政委员（选举结果，正选行政委员10人，皆为日本人，预备行政委员5人，其中1名华人王印川，前河南省长）。

显然，关于中国人也可当选行政委员的规定只用以装点门面，实质是一种殖民地性质的不公平的议员与行政委员选举方式。

表3-3-1　1907年居留民团行政委员会名单

议长	安川雄之助（1907年9月就任，同年12月辞职）	代理议长	小松林藏（1907年9月就任）	会计主任	武内桂次郎（1907年9月就任）
行政委员	井上一男（财务）、西本茂吉（卫生）、加藤定吉、米田俊德（卫生）、武内桂次郎（财务）、村龟（学务）、冲田介次郎（学务、卫生）、安川雄之助（学务）、小松林藏（土木）、皆川广益（财务、土木）、内田兼吉，共11人				

资料来源：《天津日本租界居留民团资料》第一册，前揭第3页。

1908年居留民会议（3月25日开始）选举议长，结果如下：

出席总数：112,投票总数 90 票,弃权总数 22。其中米田俊德得 43 票,安川雄之助得 42 票,无效票 5 票。

依据民团法施行规则第 26 条,以出席者或者代表议员的过半数投票有效,最后米田俊德当选议长。①

表 3-3-2　1910 年行政委员会名单

议长	铃木敬亲(1909 年 3 月就任,1910 年 3 月期满、重任,5 月辞职) 菊池季吉(1910 年 5 月就任)	代理议长	菊池季吉(1909 年 6 月就任,1910 年 3 月期满,同月重任,5 月专任) 森本启太郎、铃木敬亲(1910 年 10 月就任)	会计主任	福山义春(1909 年 10 月就任,1910 年 3 月期满、重任)
行政委员	安川雄之助、丰田稽吉、西村博、铃木敬亲、菊池季吉、森本启太郎、大田万吉、川畑竹马、福山义春、武内才吉、森本启太郎、安川雄之助、西村博、西本茂吉、菊池季吉、大田万吉、丰冈保平、吉田房次郎、福山义春、铃木敬亲、小幡勇治、冲田介次郎(其中有继任)					
临时财源调查委员会成员	行政委员：福山义春、铃木敬亲、菊池季吉、长峰信一、吉田房次郎 民会议员：上野寿、铃木藤藏、川畑竹马、中户川忠三、富成一二,共 10 人					

资料来源：《天津日本租界居留民团资料》第一册,前揭第 84、121 页。

表 3-3-3　1919 年 3 月居留民会议选举行政委员得票数

小林和介 157 票	中根斋 152 票	铃木敬亲 137 票
岛金之助 131 票	石泽民卫 120 票	富成一二 115 票
阪本信一 103 票	冈田三郎 101 票	菅野与物治 88 票
西本茂吉 88 票		
		以上 10 人当选为行政委员
吉田房次郎 81 票	远山猛雄 80 票	秋田贞吉 65 票
三宅圆 61 票	藤田语次郎 48 票	
		以上 5 人当选为预备行政委员

资料来源：《天津日本租界居留民团资料》第九册,前揭第 360 页。

依据日本外务省一再改订的选举制度规定,行政委员会至 1934 年改为参事

---

① 《天津日本租界居留民团资料》第一册,前揭第 43 页。

会,由居留民会议的议员中选举产生。同时,1936年外务省下令将居留民团参事会改为居留民团长制,由个人独揽,以适应战时体制。这一改变,不仅使民团长权限扩大,民团行政机构亦由原来的三部扩大为五部,民团的行政人员也达到了102人(较改制前增加32人)。

1936年11月12日于公会堂举行的第38次临时民会,选举了居留民团长,臼井忠三以17票当选。会议议事日程还有:(1)天津居留民团长助理规程案;(2)修改民团条例与规定案;(3)通过民团长薪金案。

同年12月9日于公会堂举行的第39次临时民会议事日程有:(1)居留民会议长选举,远山猛雄以31票当选议长;(2)居留民会副议长选举,龟泽省朔以30票当选副议长;(3)参事会员选举:中村三雄、早濑精一、原田万造、大内专、植前香、佐佐木清一、小泽升当选;(4)名团会计监察委员会选举,八木忠良、上田茂、伊丹关次郎当选。[1]

二、行政委员会主要机构与人员

行政委员会根据随时适宜开会的规定,1909年4月决议,自后每月5日及20日举行例会,并酌情召开临时会议。同年内,行政委员会开会25次,其议事数百件,包括通过、传阅、再议、委员委托、延期、否决等结果。

行政委员会的职权为处理居留民团之一切事务,具体包括:(1)执行居留民团议决之议案;(2)管理财产及营造物事项;(3)监督会计事项;(4)保管证书及公文书籍;(5)征收居留民团之课金、使用费、手续费及加入金等赋课;(6)执行以其他法令及条约属于行政委员会权限之事项。

在天津,行政委员会起初由10人组成。在行政委员会指挥下完成各项行政事务的,是以民团长为首的民团吏员、雇员。他们领取薪金。

按《行政委员会执务章程》第八、九条,行政委员会议长,不但对于居留民团一切事务,得依该委员会之议决,为执行之总理;事出紧急时,还可以不等该委员会议决,即专断处理(事后仍须由委员会追认)。其权限几乎广大无极,除召集行政委员开会为该会主席外,并得任免雇员、监督吏员之勤务,处理价值500日元

---

[1] 《天津日本租界居留民团资料》第三册,前揭第145页。

以下之事务。

关于行政委员会吏员,1907年10月发布的《民团吏员规程》规定:

第一条　天津居留民团设置如下吏员:

理事长1名,理事2名,技师1名,书记若干名,技手若干名。

第二条　理事长接受行政委员会指挥,掌握居留民团事务。

第三条　理事辅助理事长处理事务,或者在理事长因故缺席时代理主持理事工作。

第四条　技师根据理事长命令处理技术事务。

第五条　书记、技手根据理事长、理事或者技师命令分别处理相关事务。

第六条　吏员由行政委员会任免。

第七条　吏员月薪分为50至500元共15级。[①]

按《居留民团法施行细则》第43条,居留民团遇必要时,得置吏员附属行政委员之下,主持与处理行政委员会日常事务。该项吏员之数目、任免、职务、任期、薪给及惩戒,均由行政委员会决定,经总领事同意。其区别于行政委员的,吏员为有酬职,而行政委员为无酬职。吏员包括:(1)理事长。日租界局设一理事长,接受行政委员之指挥,掌理居留民团事务,月俸280日元以上。(2)理事。理事2名,辅助理事长,处理一切事务。理事因故缺席时,得由理事代其职务,月俸140日元以上。(3)技师。技师3名,承理事长命,掌管关于技术事务,月俸与理事同。(4)书记及技士。书记及技士数名不定,承理事长或技师命,分掌各种事务,月俸50日元以上、300日元以下。此类吏员有中国人在内。

此外,行政委员会议长得委任或免除雇员及佣人。雇员及佣人受民团吏员之指挥执行事务。其俸给:雇员月俸150日元以下,佣人每日3日元以下。至于警察权则直接受总领事指挥,行政委员会只能于巡捕死伤议恤而已。

[①] 《天津日本租界居留民团资料》第一册,前揭第19—20页。

表 3-3-4　1938 年天津居留民团职员资格种类人员数

职员种类	人数	职员种类	人数	职员种类	人数
民团长	1	助役	1	会计主任	1
主事	2	技师	4	主事补	3
技师补	1	书记	6	技手	4
书记补	13	技手补	5	雇员	41
临时雇员	8	临时嘱托	4	临时佣人	2
嘱托员	3	合　计		99 人	

资料来源：《天津日本租界居留民团资料》第七册，前揭第 9 页。

表 3-3-5　1938 年 7 月居留民团应聘工作人员录取人数表
（应聘 151 名,录取 73 名）

事务员	11	翻译	12	司机	3	杂务	47	合计	73

资料来源：《天津日本租界居留民团资料》第七册，前揭第 140 页。

表 3-3-6　1917 年选出民团役员名单

理事长	天野健藏	理事	田中铸太郎、黑泽兼次郎	技师	贝塚正
书记	空闲实、西山锐雄	技手	三条奥十郎、川岛纪久	事务嘱托	松村利男
雇员	内山甚吉、薄井荣一、山田历治、恒藤朝二、藤井兵三、山下觉太郎并雇佣中国人 3 名				

注：1922 年 3 月，改选臼井忠三为行政委员会议长。
资料来源：《天津日本租界居留民团资料》第一册，前揭第 232 页。

表 3-3-7　1939 年 12 月末居留民团职员名单

职务	姓名	职务	姓名	职务	姓名
民团长	臼井忠三	助役	宫家寿男	会计主任	上原珍二
秘书室长	桑原治雄	总务部长	（助役兼任）	总务课长	中村利三郎
文书课长	木下权四郎	学务课长	小林博	厚生课长	吉野盛行
工务部长	大泉一	土木课长	尾崎保	建筑课长	大野定秋
业务部长	前田正三	水道课长	（部长兼任）	埠头课长	平木太市
电气课长	花村时雄	财务部长	（助役兼任）	税务课长	柳泽久雄

续　表

职　务	姓　名	职　务	姓　名	职　务	姓　名
计理课长	市侨卯太郎	会计课长	小岛一郎	金融部长	小濑岩
放贷课长	沚泽逸朗	卫生部长	樋口润二	保净课长	岛本雄二郎
考查课长	松田勇	疗病院长	樋口润二	公立病院长	石三谦郎
实费诊疗所长	井上正雄	图书馆长	中野义照		

资料来源：《天津日本租界居留民团资料》第四册，前揭第 44 页。

1935 年将行政委员会改称参事会，增强了集权性质。民团、总领事馆和驻屯军成为日租界三大权力机构。1937 年，日本外务省又下令居留民团参事会改为居留民团长制，以适应战时变化。这样，民团长的权限扩大，民团行政机构由原来的三部扩大为总务、工务、卫生、业务、财务五部。民团的行政人员也增加到 102 人，较过去增加 32 人。

行政委员会办事机构为民团事务所，所址初在旭街（今和平路），1914 年迁至福岛街（今多伦道）新建所址。事务所设有庶务、调查、财务、工务、电气、港务、卫生、保净等课。由于租界的警察署并非民团事务所的下辖部门，因而天津、汉口的民团事务所都类似于上海、汉口等地法租界工部局（警察署与工部局并行，直属于领事），而与英租界工部局（下属机构有巡捕房）有所不同。而庶务课专事制定民团法规条例及预决算；组织居留民会议员的选举；民团文件的收发与保管；负责民事诉讼和调解以及祭奠仪式。其余先后设置的各课包括：

财务课，负责现金的收纳、支出，民团的财产管理，以及征收各种赋税进而处理其他财政事务。

工务课，负责租界道路、桥梁、码头、护岸、上下水道等工程的施工和检修，租界内的规划、测量与制图，建筑施工的审批与验收，公园与绿化管理等。

电气课：电力设备的建设和供电管理。

卫生课：管理医院、诊所和传染病的预防等。

保净课：制定清洁法规、法令，负责道路卫生和垃圾处理。

学务课：中小学教育和社会教育的管理，课程和教材的审定。

调查课：协调和监督调查委员会工作。

至1944年,民团机构又有变化。

表3-3-8 1944年9月天津居留民团机构

民团长	助役		总务课	秘书系、庶务系、人事系、监查系
			经济课	企划系、配给系、生计系
			河北出张所	
		财务部	计理课	团价系、财产管理系
			税务课	个人事业系、勤劳系、法人系、间税系
			会计课	主计系、会计系、征收系
			用度课	企划系、购买系、物品系
		金融部		
		学务部	学务课	学务系、职员系
			保健课	庶务系、企划系、学校体育系
			教育博物馆	
			图书馆	
		协助部	庶赞课	庶赞系、区政系、军人援护系
			炼成课	炼成系、体力系、协励系
		防护部	防护课	庶务系、企划系、训练系
		工务部	土木课	庶务系、技术系
			建筑课	庶务系、技术系
			造园课	庶务系、技术系
			水道课	庶务系、业务系、技术系
			电气课	庶务系、业务系、技术系
			埠头课	庶务系、收纳系

资料来源:《天津日本租界居留民团资料》第五册,前揭第252页。

日本居留民团的华北出张所,是1942年4月开始设立的在天津的民团分支机构,初设于华北运输株式会社北站临时水运事务所内,1944年12月移至大经路228号。其在民团当局的支援下和日本侨民的协力下,主要事务是生活必需品的配给,与其他民团及各方面进行联络,并就各地居留民的厚生、教育、卫生、翼赞、防护、"日华善邻"事务与相关部门协作,开展相当的活动,改善设施,强化联络。1944年,该会召开有河北地区正副区长常会(2月22日、5月28日、7月

19日),关于"河北国防会馆"建设用地问题的常任委员会会议(7月5日)、"日华善邻常会"(5月1日)、"日华防空训练恳谈会"(7月15日)。主要处理事项有:民团在华北地区预定地的购买,关于河北上水道买水配给设施案,关于巴士运行交涉案等。[①]

三、行政委员会所属咨询机构

行政委员会下设委员会作为咨议机构,是因某种特定事项而由行政委员会临时设立的。日租界先后设立一些临时性的调查委员会作为咨询机构,其中包括临时财源调查委员会、课金法调查委员会、课金调查委员会(常设)、教育调查委员会、民团法调查特别委员会(常设)、大典纪念事业调查委员会(常设)等。

表 3-3-9 居留民团临时性调查委员会表

名　　称	设 立 年 份	撤 销 年 份
临时财源调查委员会	1911年3月	1926年3月
课金法调查委员会	1916年3月	1926年3月
课金调查委员会	1921年4月	(常设机构)
教育调查委员会	1921年3月	1926年3月
事业资金筹措和国库补助清配委员会	1921年3月	1926年3月
低资收买土地处分调查委员会	1925年4月	1926年12月
码头筑造调查特别委员会	1925年4月	1926年12月
码头筑造用地及房屋收买调查特别委员会	1925年4月	1926年12月
民团法规调查特别委员会	1925年4月	(常设机构)
教育补助调查特别委员会	1925年12月	1926年12月
大典纪念事业调查委员会	1928年3月	(常设机构)

按类别分,日租界委员会有3种:调查会、委员会和特别委员会。此三种组织大略相同,唯其性质稍有差异。各会组织颇为严密。其中部分组织情况如下(所据资料不同,名称有所变动,不一定与表3-3-9一致)。

---

① 《天津日本租界居留民团资料》第五册,前揭第277页。以上亦见中岛德次《租界发展的第一阶段》的报告(1936年2月),见《天津租界档案选编》,前揭第275—279页。

(1) 临时财源调查会。此会宗旨为经营及调查一切必要之财源。有调查委员 10 名，半数由行政委员充之，半数由居留民会议员选充之。设会长、副会长、书记各一人。调查委员均为名誉职，任期无定，经费由居留民团供给。

(2) 课金法调查委员会。此会以调查课金方法，谋其改良为宗旨。有调查委员 10 名，半数由居留民会议员充之，半数由居留民会选举行政委员时得票多之选员充之。设正副会长及书记各一人。其选举权限、任期及经费均与临时财源调查会相同。

(3) 课金调查委员会。此会之目的：一为审查决定地税房税货税等项，二为调查并决定所得税额等项，三为审查决定水道使用费并使用水量等，四为审查决定买卖土地等价值是否公平，五为调查民团之课金使用是否适宜，规定是否近理，并调查捐税征收是否合乎常情等项。关于赋税问题，均由此委员会调查之。委员名额为 10 人，均为行政委员会所派选。设正副委员长各一人，委员之任期均为 1 年。当调查完毕时，须将结果报告行政委员会。行政委员会得派遣代表出席该调查委员会会议，陈述意见。该会经费由居留民团担负。

(4) 教育调查特别委员会。此会目的在调查教育之现况，有会员 10 名，设有会长及副会长各一人。其组织大纲与临时财源调查会相似。

(5) 财政委员会。此会目的为遇经费支绌时，预备向日本国政府请愿，求得国库津贴。委员 15 名，其中 10 名由行政委员担任、5 名由行政委员会自居留民会议员中选出之。

(6) 事业调查委员会。凡日本侨民在租界内关于市制、设备、事业以及生计感觉经济困难时，由此事业调查委员会筹备讨论，然后要求日本政府予以国库之补助。有委员 20 名，半数由行政委员担任，半数由行政委员会自居留民会议员选出之。

第四节　共益会与居留民团的并存

一、共益会的成立及其原因

天津日租界在居留民团以外，一度另置共益会。

在 20 世纪 20 年代末 30 年代初中国国内形势巨大变化的背景下，为了弥补居留民团作为公法人体制机制的不足,发挥私人财团在经营管理方面的优势,以与其他列强在天津的租界争夺土地资源,"保护天津日本侨民的利益",天津日本居留民团除了继续保留外,一度还另外采取私人财团的形式,建立共益会。共益会为天津日租界的日本财团法人组织,由日本驻天津总领事加藤外松、日租界行政委员会会长臼井忠三、日租界居留民团理事中岛德次于1927年策划组建,报外务省审批,建立于1930年。共益会主席中岛德次,理事长钟村贯治。

1936年2月,天津共益会主席中岛德次在《租界发展的第一阶段》的报告中,对居留民团与共益会各自的背景、性质、作用及其两者关系作了较为全面的阐述。报告中,中岛德次强调共益会建立的背景,及其与民团性质的不同。"直至昭和五年(1930),财团法人在津共益会创立之前,租界之行政机关只有天津居留民团,直至昭和四年编纂民团二十年史工作结束前,组织完全未变。然而,进入昭和五年,财团法人在津共益会突然创立。在外界看来,其出现尤为突兀,而实际三年多以前,就已开始筹备。余虽不肖,作为当时民团理事,亦曾与当时之行政委员会会长臼井忠三氏经常进出设立于紫竹林之总领事官邸";"为起草现在共益会之捐款活动方案费尽脑汁。及至将其呈报我外务省,经过审议,以至最后获得批准,正是在昭和五年"。①

那么,共益会创立之前租界形势如何?中岛"试举以下二、三统计资料,可认为最能反映出其盛衰之标志"。

表3-4-1　1927—1930年居留天津日本人数及在校学生人数调查

项目 \ 年度	1927	1928	1929	1930
日本人人口(包括日本人、朝鲜人、台湾人)	—	6 053	6 401	6 642
小学生数	586	618	658	711
女校学生数	99	123	125	129
幼儿园幼儿数	76	80	95	118

---

① 中岛德次:《租界发展第一阶段》,见《天津租界档案选编》,前揭第256页。

表 3-4-2　1926—1929 年民团收入与支出表

年　　度	收入额	支出额
1926	1 103 959.91 元	487 350.43 元
1927	1 350 623.16 元	561 576.44 元
1928	1 517 952.95 元	630 495.41 元
1929	1 511 243.90 元	613 561.76 元

注：上述收入额中，不包括上年度的结余和特别会计的转入款项、会债的借款等，乃按纯收入计算。

表 3-4-3　1928 年度、1929 年度居留天津日本人人均负担民团收入额

	1928 年度	1929 年度
人数	6 053 元	6 401 元
人均负担额	250.78 元	236.09 元

由于当时学生人数增多，需要增加小学的数量及面积。"所以决定建设第二小学是从下述原因出发的：即预计每年增加儿童 10 名，至昭和十五年将约有 1 300 名学生入学，这是很简单的观察。同时，现在的校园面积对于正规的学校而言，是太不够了，这自然要给儿童的保健带来恶劣影响。基于这种起码的理由，如果现在校舍哪怕有接近于正规学校面积的校园，也许已经会拆除伏见街上的教员宿舍来增设教室。因此，我甚至有所疑惧，唯恐第二小学的建设有些过于积极。"

因此，当时的背景是：随着日租界的扩大，租界内小学生数量迅速增加，已有校园、校舍面积不足，租界的财政收入增长比较缓慢，逐渐无法适应发展的要求，可能需要求助于中方。因此，"创设共益会之最为根本的原因，就是必须创设某种机关，以俾万一产生上述不幸结果时，亦不让中国人有丝毫之染指。要达到这一目的，必须有足够的资产。为此对于原来属于民国所有的不动产电力事业等，也就是民团乃公法人，而将私人所有的财产分开"，用经营与捐款的做法使其合法地成为"旨在保护、增进旅居天津日本人的共同利益，以经营祭祀、教育、卫生及其他必要的事业为目标的"私法人组织。

显然，成立共益会的第一个目的，是为了加强企业化经营，维持日租界的各种活动所需经费，特别是日方对租界内学校等公共事业的控制。

共益会建立之前，天津日租界内一切设施由居留民团掌管。当时的中国正处在大革命高潮时期，中国民众要求废除不平等条约，天津比利时租界已经开始收回，英租界收回亦在交涉，各地要求收回租界的呼声日益高涨。日租界为了保持其地位和利益，"不让中国人染指"，将社会公共团体与私人经营企业分离，以私法人的面目掩盖日本公法人的本质，从而转移中国革命的打击目标，于是筹建新法人组织。这就是说，在居留民团外再成立一个共益会，就是针对20世纪20年代末20世纪30年代初中国局势的动荡与发展，除了公共法人的渠道，再开辟一条私法人的渠道与之并行。

"民团与共益会被从形式上一分为二，而掌管机构无任何实质变化。这从当前的国势或外交形势来看它们两者之间的关系时，会使人立即想到它创立了一个无益的机构，并且实际上也有人仅从今日的结果来观察，而对之加以责难。但从打算创立共益会当时的国际关系或我国的对华外交来看，人们甚至会认为它的创立是刻不容缓的。毋宁说，我们曾对外务省迟迟不予批准表示过深刻的愤慨。之所以这样说，按现在论，并非不可称之为保守外交或软弱外交，当时是坚持国际协调主义的所谓币原外交时代。另一方面，中国的国情已完成了不完全的革命，南北已实现统一，乘势要求废除先前的不平等条约和收回主权的呼声有如燎原之火，举国舆论沸腾的时代，英国率先归还了汉口租界。在天津，比利时租界亦被收回。当时，就连平时对此呼声无所畏惧的天津英租界，也传闻正在预作准备，以便随时把租界归还中国。在这种形势下（当时只有法租界泰然自若，似乎把它只当耳旁风）。日本租界对大势的趋向，亦不知何时将发生如何变化。万一出现彻底废除治外法权、收回租界之事态，怎样处理多年来含辛茹苦建立起来的教育本国子弟之教育机关才妥当呢？恐不能把重要之日本人的教育行政委于中华民国的行政之下。"

因此，成立共益会的第二个目的，在于维护日本在天津日租界的权益，避免被中国人民收回，减少其受到反对帝国主义侵略与掠夺的中国革命浪潮的冲击。虽然建立共益会这种方式近乎掩耳盗铃，并无多少实质意义。

二、共益会的性质及其与民团的区别

《天津日本租界居留民团资料》中收录有共益会事务报告书。1930年7

月财团法人共益会成立后,居留民团将部分财产捐赠给共益会,就出现了民团与共益会并存的局面。共益会报告分为:庶务、学务、会计、电力、卫生、金融6部分。

居留民团与共益会虽然一度并存,但两者具有明显的不同。

根据1936年2月共益会主席中岛德次的说法:(1)居留民团与共益会是在不同背景下分别成立的。(2)居留民团一般地体现日本在日租界的统治,此外一概宣布与己无关;共益会则比以往更加强调自己是旨在增进旅居天津日本人的"幸福"(特别是学校的设立方面)。"昭和十年(1935)度后半期飞跃发展的租界现象",如上所述,昭和五年以后,租界的行政机构同时存在民团与共益会两个机关,一是作为具有强制力量的公法人;一是作为私人性质的财团法人,"为公共目的服务"。

换言之,"以前一切设施皆由公共自治团体之居留民团掌握。共益会创立之后,其管辖事务将一分为二,但事务量并非会有特别增减,唯从形式上把机构分开而已。而且此处所谓形式上之一分为二,乃从事务上的角度观察者";"按实际情况严格论之,民团属于具有强制力之公法人,而共益会只不过是私法性质之财团法人"。这两句已经揭示了居留民团与共益会的不同性质,"故从机关之实质看来,可谓行政上出现之一大改革"。

共益会作为私人财团法人,进一步淡化了行政色彩,带有企业经营性质,更加强调投入产出的比例即经营的效率。共益会设立的事务所及其事务员,由于其与民团的不可分离的关系,其征收事务一切委托民团。因此实质上说,共益会只是居留民团行政管理的另一种形式,其与居留民团并存,反而造成了机构重叠,效率低下。

共益会成立后,居留民团以捐款方式让与共益会一笔财产(包括债务)。这样,共益会便以此为资本,推进租界内的日本国民教育和租界公用事业的必要发展,保护旅居天津的日本人共同利益。此外,秘密协助日本驻天津总领事馆及日本驻屯军收买土地,扩张租界。

共益会的资产包括:土地、建筑物及备品、图书馆用图书及其备品、发电及电力供给所必要的设备;该会设立之日起50年内天津日本专管居留地内发电及电力供给事业的独占权,但为经营居留地内的电车电灯公司的电车轨道用电力供给事业除外；债权、资金、基金。须经共益会理事会决议及须由天津领事同意的事项有：(1)为保护及增进在天津日本人共同利益的祭祀、教育、卫生等的必要事业的事务；(2)为实现此目标而进行的电气与其他适当的事业；(3)制定建设事业的必要的规则；(4)既定预算的追加与变更；(5)预备费的支出；(6)继续费的设立；(7)特别会计的设立；(8)不动产上权利的得失为目的的行为；(9)基本财产的设置、管理与处分；等等。

表 3-4-4　财团法人天津共益会财产目录(1930 年 8 月)

项　　目	数　　量	银(元)	银(两)	金(圆)
土地	101 024.978 坪	4 498 680.67		
建筑物	73 栋	510 767.48		
备品	10 713 点	60 585.51		
图书馆图书	12 176 册	24 352.00		
发电与电力供给设备		913 230.29		
实业复兴资金(借贷资金及借贷债权)		135 006.47	89 362.25	100 000.00
各类交接金		163 392.15		1 088.2
合　　计		6 306 004.58	89 362.25	101 088.2

资料来源：《天津日本租界居留民团资料》第六册，前揭第 12 页。

表 3-4-5　1931 年天津共益会岁入决算表

岁入(经常部)	预算额	决算额	增减比较 增	增减比较 减	增减事由
第一款　使用费	117 330	109 206.34		8 123.66	
1. 公会堂使用费	1 300	3 091.66	1 791.66		使用者多
2. 土地贷付费	115 200	105 103.68		10 096.32	受天津事变影响
3. 墓地使用费	10	25	15		
4. 火葬场使用费	820	986	166		死亡者多的结果
第二款　财产增加	600	389.27		210.73	预金额少的结果
1. 利息	600	389.27		210.73	

续 表

岁入（经常部）	预算额	决算额	增减比较 增	增减比较 减	增减事由
第三款 教育费国库补助金	金 32 890	30 747.96		2 142.04	
	11 220	10 922.81		297.19	
1. 国库补助金	金 32 890	30 747.96		2 142.04	比预定交换银额多
	11 220	10 922.81		297.29	货币行情下跌的结果
第四款 课程费	8 200	7 813		387	
1. 课程费	8 200	7 813		387	休退学等的结果
第五款 特别会计电气拨款					
1. 拨款额	338 000	288 000		50 000	因天津事变电气收入激减的结果
第六款 杂收入	8 920	8 990.12	70.12		
1. 房屋出租金	1 920	480		1 440	免除俱乐部房屋出租金的结果
2. 杂收	7 000	8 510.12	1 510.12		过年度收入多的结果
共 计	金 32 890	30 747.96		2 142.04	
	484 270	425 321.54		58 948.46	

资料来源：《天津日本租界居留民团资料》第六册，前揭第 167 页。

关于共益会与居留民团两者之间的关系，中岛站在日本侵略者的立场上，认为两者应该发挥各自优势，加强合作，声称："迄今为止如对民团有什么相求或民团提出某些要求，大都通过公文，就像身着不合体的武士坎肩一样，使各种大事都不能协调，（双方）各自坚持自己的权限，强调自己的理由让公文旅行，能办的事情也办不了。现在必须下决心：冷静地推心置腹，把两家看做一家。用此心情处理当前紧迫的有关共同利害的重大事情"；"我认为只要充分理解共益会已分立及当前仍须使共益会存在下去的情况，所谓各自的什么独立权对于试图帮助发展日本人利益、开发繁荣租界这个大目标来说，乃是一些微不足道的小问题。若这样从大局来考虑事态,那么办法总是能找到的。例如,假设要在租界外紧急铺设一条公路,碰巧共益会没钱而民团多少可以通融的话,在这种情况下,民团在主管外土地铺设道路存在着法律上的困难,但我想,可以经民会决议并获监督官厅的批准后,以向共益会捐助所需要款项的方式让共益会去具体实施,谅亦未必不可。只有从所谓高级政策的角度着眼,上自监督官宪,下至各机关,团结一致,同心协力,才能实现。而现在的时局,当然亦必须这样做。我认为只有这样,方能完成我们站在海外第一线的前驱者的任务。"

共益会的机构远不如居留民会那样复杂重叠。共益会理事会设理事与监事,理事10人以内,监事3人以内。理事会互选1人为理事长,1人为会计主任。理事长与会计主任因故不能履职时由理事会内互选代理者。理事与监事成员须经驻天津领事委任。理事及监事的任期各1年,可连任。理事组成理事会处理会务。理事长统领会务,会计主任掌管本会出纳及其他会计事务,监事监督本会财产及业务执行情况。共益会又置主事一人,主事根据理事会的指挥处理会务。本会根据需要设置事务员及相关定额、任免、服务、任期、给予及赏罚的规定,由理事会规定。①

共益会第一届职员:理事:金井润三等10人;监事:山上逸等3人。

表3-4-6 1930年7月选出的第一届财团法人天津共益会役员表

理事	金井润三、伊东爱吉、岸田菊郎、牧尚一、上野寿、吉田房次郎、臼井忠三、田村俊次、石川通、胜田重直
监事	山上逸、大泽大之助、武田守信

资料来源:《天津日本租界居留民团资料》第六册,前揭第11页。

三、20世纪30年代形势变化带来的问题

然而,居留民团与共益会两者的并存,带来了一系列问题,特别是两者之间的关系。由于两者并立,自然会出现协调不够的情况。中岛德次说:"由于机关的同时并立已不再是形式上的,而逐渐变成了实质性的,所以给处理事务也带来种种困难,同建立共益会当时比起来,彼此事务分量都有所增的事实是很明显

---

① 《天津日本租界居留民团资料》第六册,前揭第4页。

的,相应的人费增加则更显著,此亦弊端之一。"同时,两套机关并立,关于人事上的待遇,参事会根据参事会的想法,理事会则按照理事会的考虑来处理各自方面的事,其结果自然会出现待遇上的差距,这是不容忽视的事实。"这么一来,一方高兴,而他方抱不平,此系人之常情。这些似乎都是些琐屑小事,但结果必对工作效率产生重大影响,固已自不待言。举出这一些来,也是我之所以主张两机关更进一步紧密协调的重要原因之一。"

特别是,"自昭和六年(1931)以后,以满洲事件(指'九一八事变')为转折点,国运飞跃发展"。所谓共益会创立的根本原因已如梦幻一般完全消灭。所以"九一八"以后两三年间,出现了共益会无用论,也就是要求恢复居留民团一家的主张在一部居留民中议论纷纷。以国内地方自治的观点而论,尚可认为这是至为正当的。但对于像天津这种经常难免因外交上的波动而遭到特大影响的特殊地区,尚不能说时代已经逆转,共益会自然应立即消灭而恢复民团。"这是因为方今前途虽然尚难预料,而华北政权正如吾辈所望愈益巩固,日中关系纵然不会发展成日'满'国交的程度,而在亲善关系将日益加深的情况下,如同在满洲废除治外法权之类的事情,说不定在华北也会实行。这一点只要注意到经常带来微妙变化的外交动向,有谁能说预想不到呢!"

"前几天,在日前有满铁教育课来人,据说由于满铁治外法权的废除,使今后邦人教育处于困境,他们听说天津在这方面创立了理想的机关,希望允许他们对其组织方法等方面进行调查。从这一点来看,我对那种认为时代既然发生了变化,就应立即取消业已创立起来的共益会机关的浅薄见解,更要三思而后行。"

因此,虽然共益会与居留民团并存带来的种种弊端显而易见,但是在20世纪30年代前期动荡的形势下,日方绝对不愿意放弃其在天津的权益,对共益会是否应当取消,仍持审慎态度。

"然而进入昭和十年后半期,入学儿童数超过了每年递增10名的预计,增长率出现了令人吃惊的飞跃发展,几乎是每月平均增加10名。旅居在津的日本人人口在昭和十年(1935)末已近9000人。综观这一事实,痛感时代发生了如此巨大变化的同时,又窃喜断然使建设第二小学的计划落实了。"

"最近10年间,每年度约增加8%至11%左右,但从最近数月间的趋势推算,到明年度第一学期(6月底)末,预计每年增加8%外,尚会增加10%,并据此制定了昭和十一年度的年级编排。以上，不过是人口及小学入学儿童急剧增加的事例之一。那么，民团及共益会的财政是否与上述人口增加率有了相应的增加呢？回答是否定的。多年来的不景气，更加深了这一严重性，居留民被限制在高关税和缺乏购买力的偏僻地区，几乎都处于萎靡不振的状态，唯有搞走私贸易者、旅店业及花柳界正得良机，呈现一片繁荣景象。"

因此，到20世纪30年代中期，日方的观念又有所变化，认为在天津的日本人数急剧增长、经济状况却不容乐观的局势下，需要强调居留民团公法人组织，实行统一管理。这样，共益会渐渐不灵了。

"这种情况，在1930年共益会创立之后亦无变化，唯掌管机关一分为二，并无实质性的大差别。尤其在1931年底，由于突然爆发天津事变，民团、共益会都遭沉重打击，致使像电费收入之严重减收一直影响至今。到1934年底，即经过整整三年后，才终于恢复到事变前的状态。虽经如此跌宕起伏，但由于这些都是偶发的异常事件，总的看，仍可认为它还是逐渐地向前发展，多少呈现出自然增收之势的。"[①]

四、共益会的取消

事实上，居留民团与共益会的并存，解决不了任何实质性问题，反而会产生一系列的矛盾与摩擦，很难协调。"在两机关实际上处于对立的状态下，若再推行下去，其隔阂会日益扩大，亲戚关系岂不终将变成外人"；双方不能互相合作，利益不能融合，对巩固日本在天津与华北的权益十分不利，"共益会是巧妇难为无米之炊，心有余而力不足，正处于一筹莫展之际，民团则正好在袖手旁观（尤其在内部不做任何工作的民团袖手旁观也并不足奇）"。

这样，随着20世纪30年代日本占领中国东北并且不断向华北蚕食，日本在中国北方的势力迅速扩大，从而认为已经不需要更多顾虑中国的民族革命问题。同时，学校规模也有所扩大，初步解决了学生入学问题。因此，日方开始认为民团与共益会应该和睦共存。而到1937年全面侵华战争爆发，日本在其所占领区实现了殖民统治，更多地则是实行统一指挥的集权，以适应日本全面侵华战争的

[①] 以上引文见《天津租界档案选编》，前揭第257—265页。

要求。居留民团的存在与延续已经不再受到中国方面的威胁,共益会出现的原因不复存在。

中岛最后的结论是:"以上大致陈述了我的看法。直率地说,对现行制度痛痒相关,有切肤之痛。随着时局的转变而更加痛切,因而不能不有所陈述。这决不是我诅咒现行制度,也并不认为将来一定要变革。我不过是考虑到以下一点:即对于天津来说,面对着即将出现的一划时期转变的形势,是墨守以前的常规不越雷池一步呢,还是在不违背现行制度的范围内,千方百计地想出妥善处理办法以不落后于时局的发展呢?在天津曾一度出现过于相当激烈的党派感情,这是事实。那一时期,不管事情是非曲直,都成了麻烦的议题。这些,今天已几乎全部消除,变成了过去的梦中故事了。然而若受过去追忆的驱使,想象现在仍有这样一股猛烈的暗流,可认为确实是缺乏认识的一种表现。特别值此需要所谓举国一致的重要时刻,即使多少残存着上述色彩,相信为租界、为国家,亦应光明磊落地向着正确、完善的目标迈进。""我重复地说一遍,如绪言中所述,不肖是现任共益会主事,对于我来说,同时要负责管外土地的直接责任。鉴于将迅速发展的租界现状,特别是管外工作处于半途而废的现阶段,没有钱也无可奈何!如果共益会只是守在共益会的框架里便认为我的任务已足,那是无论如何想不通的"。因此,对日方来说,关键问题是居留民团与共益会双方都要认清形势,为了巩固日本在天津的租界利益,摒弃一方私利而实现双方的合并。"重要的是两机关当局摆脱分立割据的气氛,从大局着眼,注意观察事态的发展变化。只要有这种心情,两机关的统一即可垂手而成。"[①]

于是,到日本占领天津以后,1938年8月,天津日租界的共益会重新编入居留民团。

[①] 以上引文见《天津租界档案选编》,前揭第255—279页。

第四章

日本居留民团与天津市政

日本在天津建立租界以后,在不断扩张的同时,在城市基础设施的近代化方面后来居上,由居留民团对租界进行了道路、水电、邮政、桥梁等市政的规划与建设。这种建设,在各租界中比较突出,客观上在市政方面促使天津从一个传统型城市逐渐转变为一个近代型城市,为日租界各方面的发展进而巩固日本在华地位打下了基础。而周边华界的市政建设,不但是与租界互相影响的结果,也与租界形成了道路、交通、水电、电报、邮政等的网络,为租界的建设与扩展提供了必要条件。

第一节 住宅道路建设的显著扩张

日租界建立初期,已经有某些发展。早期日租界土地开发工程由日本驻天津总领事馆委托东京建物株式会社承办,1900年(光绪二十六年)垫平工程开始,首期是修建日租界范围内的海河护岸,然后将河岸至荣街(今新华北路)之间的土地垫平。二期工程将荣街到春日街(今河南路)之间土地垫平。所用土方取自荣街到墙子河之间。工程用了整整2年。后来又用海河淤泥以及卫津河以西的土回填,才把这里的深坑填平,建筑房屋。

不过,日租界的环境并无优势,当时日租界建设比西方其他国家的租界还差得多。"现在(1900前后)的紫竹林,法国居留地占据首位,永兴、立兴、仪品公司、法国电灯房等各洋行都是三层楼或四层楼建筑,街道配有中国巡查,维持风纪,两侧栽植树木,电灯也在各处安装,饮用水水管铺设遍布全市。东方氧气公司继之,英国人、美国人也在此设立银行、会社、洋行等,争相建设宏大的房屋,居留地一片繁荣,大有漠视北支平原之气势。总之,紫竹林宛然可以让人们想见欧洲城市。占据最为便利的水运条件的是法租界,另一部分为英国居留地。"

日本居留地位于天津城和紫竹林之间的位置,"乍一看颇得地利。但由于水运不便,加之地域狭窄。如果将白河沿岸比作建筑物的出口,这个出口非常狭窄,只不过是广而无用的纵深。拥有三十余万坪广大面积的日本居留地,一等地、二等地仅有五六千坪,大部分都被称为纵深地,居留地将来发展的条件,日租界现在还无法和法租界繁荣时代所具有的各种条件相比。第一作为私人事业,日本人无法期望有传道会社那样的大设计,政府也无法将其作为国家事业来开发;第二日本没有给予超过法租界及其他租界的优惠便利;第三现在中国的智力和财力已非昔日的中国人可比";"仅这三方面,租界的发展就比较困难"。而且在初期,日租界西部地区与法租界类似,甚至更糟,因为该地区大部还在水中。根据 1916 年绘制的日租界地图,在旭街以西的整个西部地区,几乎有 1/5 标注为深蓝色水域。日本租界局的计划主要是趋向迅速兴起的租界西部地区,以及对电力需求的扩大。面对这种状况,日本人"预测天津的未来没有多大希望,因此主张应该省去这方面的设施经营,将其转移到秦皇岛或牛庄方面是比较适宜的"。①

直隶总督兼北洋大臣袁世凯到天津后,天津开始作为直隶省省会。由于城厢地区已遭八国联军破坏,城东南海河两岸便于发展的地区被占作租界,袁世凯决定开发海河上游以北地区——河北新区。1903 年(光绪二十九年)2 月,袁世凯批准工程局制订的《开发河北新市场章程十三条》,在海河至新车站(北站)之间规划建设新区,并且规定了新区的四至,包括在新区建车站、修道路桥梁,开设电话局、兴办实业、兴办各类学堂,许多官邸、衙门纷纷迁至新区,使新市区迅速发展。2 年后,又颁布《开发河北新市场变通现行新章十三条》,限定区域内的业主在三年内一律修建房屋,政府机关要迁到河北新区办公。于是房地产商争相

---

① 稻叶岩吉:《沽上集》,载《津沽漫记——日本人笔下的天津》,前揭第 54—55 页。

向天津县承租土地、建筑房屋,使河北新区有"天津新世界"之称。上述规划的用意是以租界为摹本,吸收近代城市建设经验,以振兴中国城区,与租界抗衡。不过,华界的建设无论是硬件还是管理,在当时仍然囿于传统风格,只是一种旧式市镇的扩大,无法与租界的发展相提并论。

各国租界的出现引进了一种全新的道路建设和管理模式。19世纪70年代末,纵贯租界的中街(维多利亚道,后称解放路)建成,道路两旁栽树;马路用碎石铺筑,夜晚有街灯照明。与海河平行的中央大道贯穿租界区,与多条横向道路交叉,形成开放式道路网,公园、林荫道、运动场,欧洲城市式的新式城区初见规模。1912年,英租界首先在大沽路铺筑柏油碎石路。

华界以及其他租界对天津的建设方案在一定程度上刺激了日本对租界的开发。由于日本本土距离天津近,而天津距北京更只有咫尺之遥,日本在天津与华北具有"特殊利益",因而更加重视在天津的投资与攫夺。与其他租界相比,日租界的市政建设因而投入多,很快迎头赶上。

进入20世纪不久,日租界就开始实施迅速发展的计划,修筑道路,铺设下水道,并按照对未来发展需要的预期制订总体规划。日租界的道路建设与土地开发同时进行,1902年在第一期土地填垫工程中,首先规划和修筑了山口街(今张自忠路北段)、旭街(今和平路北段)、荣街(今新华北路)、花园路(今山东路北段)、福岛街(今多伦道)、宫岛街(今鞍山道)、秋山街(今锦州道)等9条纵横交错的干线。其中,福岛街与旭街后来又相继延长,分别和南门外大街、东马路相连,成为日租界的主要交通干道。1905年(光绪三十一年),日、法租界开始修建旭街(今和平路)从南马路到锦州道段,规划将其作为繁华路段。其建成之初,日租界当局规定街两侧开设的商店,均要建成3层以上楼房。恒利、物华、三宝三大金店,瑞兴隆、瑞和隆电唱机专售店,下天仙、同庆、天津等戏院纷纷落户。同时,公园、市政厅、学校、运动场以及其他公共设施都已规划好,并立即投入建设和进行维护工作。由于道路连接,旭街北半段迅速变成毒品集中贩运地,也是天津上、中等妓院的聚集处,妓院之多仅次于南市,鼎盛时期挂牌挑灯的有二三百户,妓女和从业人员数百人。

就街道来说,日租界街道均由碎石铺砌,两边砌石成渠,以便排水。唯有头等路与二等路的区别。头等路为旭街,其铺设的方法,以灰石做成路基,覆以方八分至二寸五分之碎石,厚三四寸许,加注黑油,令其结合坚固,再用机器碾压即可用。1919年在旭街上铺设750余米的柏油路面。二等路为福岛街、松岛街、寿街,其铺设方法大致与前相当,只是不注黑油。路宽阔的,如旭街约宽五丈五尺;最狭者为蓬莱街、秋山街,约宽一丈二尺。其最宽者,除人行道停车处外,尚有二行车宽度,并双规电车宽度,行车通畅。即其最狭小的,也大多以人力车为标准行车宽度,便于通行。道上微有坡度,路旁皆栽有树木。旭街有宽9尺的水泥人行道,其余各路均无人行道。

表4-1-1 1931年天津日租界道路修补面积表

路　　名	修补面积(平方尺)
芙蓉街	537.45
宫岛街	9.89
秋山街	58.90
福岛街	1 741.62
山口街	1 150.03
寿　街	1 004.79
新寿街	373.06
合　计	4 875.74

资料来源:《天津日本租界居留民团资料》第二册,前揭第397页。

日租界在初期就铺设了阴沟,此后不久,整个租界区遍布混凝土的下水道网。日租界排水设施采用雨水、污水分流制埋设沟管,管材以混凝土圆管为主,口径大于80厘米的多用矩形管。根据卫生制度规定,利用化粪池处置的污水不得直接排入下水道。租界南部和旭街以西地区的排水入墙子河。为提高排水能力,在墙子河北岸松岛街(今哈密道)和兴津街(今西藏路)主干管汇流处,建有水泵站一座,设有60马力水泵2台,排水量0.76立方米/秒。租界北部和墙子河以东地区的污水主要排入海河,在海河右岸今北安桥附近也建有一座泵站,泵站内装有3台水泵,用以提高福岛街(今多伦道)、山口街(今张自忠路北段)主管道的排水能力。

到1920年代,西部地区"已经完全垫平,修筑了道路、铺设了下水道";"大部

图 4-1-1　20 世纪 30 年代日租界旭街

资料来源:《天津旧影》,前揭第 79 页。

分土地上都已建起了住宅、工厂和仓库",墙子河边租界边缘的地方建有网球场和棒球场。① 在第二期土地填埋工程之后,于 1909 年(宣统元年)开始又修建了春日街(今河南路)、明石街(今山西路)、须磨街(今陕西路)、淡路街(今甘肃路)等 10 多条道路。到 1928 年,日租界共修筑道路 40 余条,基本形成完整的道路系统。日租界还对一些原有道路进行改善,如芙蓉街(今河北路)、福岛街(今多伦道)、住吉街(今南京路)等都铺为水泥混凝土路面。按 1924 年预算,全年道路建筑费为 1 220 日元,修治费为 54 385 日元。② 到 1933 年日租界主要街道都铺设了柏油。淡

图 4-1-2　福岛街(今多伦道)

资料来源:《津沽旧影·老照片》,前揭第 91 页。

---

① 《天津租界史(插图本)》,前揭第 316 页。
② 《天津租界及特区》,前揭第 78 页。

路街(今甘肃路)、石山街(今宁夏路)还使用石灰,在石灰土基层上铺上柏油面层。

在道路街灯方面,日租界街灯分两类。第一类在旭街者,电杆为圆形铁柱,敷青色油,分立路两旁人行道上。电杆之上均有电灯,灯的外罩为白磁制之天茄式。每一电杆上设灯两盏,电线由电杆内通于地下,两杆距离约10丈。灯与地面相距约1丈2尺,灯光明亮而不闪烁。但由于灯距地面过近,导致光的散布面积不大。第二类在其他各路的,电杆均为方形铁柱,上架以线,只设立于路之一旁,灯架亦铁制,但甚短,灯罩为寻常白磁蝶式,两杆距离平均约十丈,灯与地面距离约一丈八尺,灯光明亮,散布面

图 4-1-3 20 世纪 30 年代日租界安装路灯

资料来源:《天津旧影》,前揭第 72 页。

积也比较广。1907 年,各街配置的电灯数总数 180 盏。依 1924 年预算,全年街灯费为 8 500 日元。①

表 4-1-2 1907 年天津日租界各街道路灯数量表

山口街　26 盏	寿　街　16 盏
曙　街　18 盏	旭　街　39 盏
常盘街　16 盏	荣　街　18 盏
秋山街　 8 盏	松岛街　 7 盏
宫岛街　 6 盏	福岛街　36 盏

资料来源:《天津日本租界居留民团资料》第一册,前揭第 13 页。

在街树种植方面,至 1906 年(光绪三十二年)12 月末的调查,日租界内街道两侧树木总数为 1 111 株,如表 4-1-3 所示:

---

① 《天津租界与特区》,前揭第 79 页。

表 4-1-3　1906 年天津日租界树木总数表

山口街　59 株	旭　街　214 株
寿　街　116 株	福岛街　107 株
宫岛街　93 株	松岛街　97 株
秋山街　116 株	荣　街　118 株
大和街　75 株	无名街　126 株

资料来源：《天津日本租界居留民团资料》第一册，前揭第 13 页。

到 20 世纪 30 年代，日租界道路改造工程大多完成，多为平整的柏油混凝土路面，给排水系统基本完备；除日、法租界的边缘地区外，自来水已经入户，街道路灯彻夜长明。相对而言，华界城区及其道路建设速度极慢，依然是老式、落后。

日租界的建设费用，主要由居留民团从税收中负担。同时，居留民团可请中国方面的市公署出钱。1941 年 1 月 20 日，天津伪政府市长温世珍致函天津居留民团长白井忠三，回复该民团 1940 年 12 月 26 日关于修筑综合运动场"道路事业"的建设费用问题："经过市公署、建设总署天津工程局及居留民团各派技术人员缜密研究审查决定，市公署已定计划之路线，一部分略予变更之。关于修筑道路一切费用，由各方面分担之：(1) 收买用地费用，建设总署负担；(2) 道路修筑费用，由居留民团及建设总署平均担负；(3) 养路费用由市公署担负。以上经费之分配办法，已经各方面商议决定，附图清查照等，因准。"[①]

第二节　市内交通网的粗具规模

天津日租界随着道路建设，具有殖民地色彩的近代各类交通工具也开始出现。

清末由日本经上海引入人力车，亦称东洋车、黄包车。在天津，初在外国侨民中使用并很快流行开来，分包月车和散车两种。捐税有年捐者，每年大洋 9 圆；有月捐者，每月约 1 圆。

建造有轨电车的计划在八国联军占领天津期间提出。1900 年（光绪二十六

---

① 《天津特别市公署公报》，1941 年（总第 95 期），第 25 页。

年)8月,都统衙门收到在天津的欧洲人和日本人的申请,请求授予他们在老城区和租界之间铺设电车的权利。当时电车是新技术,而且是垄断经营,市场潜力很大。最早提出申请的是欧洲人,随后日本领事代表日本政府出面申请。1902年,世昌洋行获得在天津设立电车电灯公司的专利权。但是世昌洋行没有投资能力,便将专利转让给比国通用银行财团。比利时人梅雅德和德璀琳首先在都统衙门备案。最终由比利时财团投资的比利时天津电车电灯公司获得天津电车和城区供电的垄断经营权。公司原名天津电灯车路公司,后改为天津电车电灯公司,1902年在香港注册。1904年(光绪三十年)4月,袁世凯派天津知府凌福彭等与比方谈判,重新签订《天津电车电灯公司合同》27条;1927年11月又经直隶督办褚玉璞批准,补签合同6款。

比商通用银行财团获得承办专利后,立即着手筹备,拨银25万英镑。公司董事6人,洋人与华人各3人,德璀琳为董事长。但不知何故,电车公司未能如期施工。1902年8月,都统衙门向清廷代表袁世凯移交天津,在移交协议中,都统衙门要求清政府必须承认和执行都统衙门期间签订的所有合同,包括与天津电车电灯公司的协议。两年后,天津海关道唐绍仪、候补道蔡绍基与世昌洋行经

图4-2-1 1906年建成的环城有轨电车

资料来源:《天津旧影》,前揭第74页。

理海礼以及比利时驻津领事嘎德斯签订《天津电车电灯公司合同》，其中规定，天津电车电灯公司获准垄断经营天津的电车与电灯，范围是以鼓楼为圆心、半径6里的区域内，经营期限50年，公司开办资本25万英镑。公司董事包括外国3人，华人3人，时任天津海关税务司的德璀琳出任公司董事长。

  天津是近代中国第一个拆城墙的城市，1900年根据《辛丑条约》规定，由都统衙门组织拆除，并沿城墙基址铺筑了4条道路，为建设电车系统提供了条件。翌年开始铺设电车轨道工程，不久建成环天津老城的第一条电车路线。这是全国最早的有轨电车。1902年3月，中国第一条有轨电车首先围绕这4条马路开始运行。电车通行区覆盖老城区和奥、意、日、法四国租界以及部分俄租界和老龙头车站（即东站）。直到第二次世界大战后电车才被中国政府收回。到1908年（光绪三十四年）以后，又陆续开辟红牌、蓝牌、黄牌、绿牌、花牌电车。各路均由北大关起，分别以老龙头车站、海关为终点。每日可收七八十万枚铜圆，占全市流通铜圆的50%～60%。1912年左右全部收回投资。20世纪30年代，天津城市人均每年乘坐电车52次，高于北平与上海。天津沦陷期间，1943年，日军接收天津电车电灯公司，改称军管理天津电车电灯公司。1944年电车改由满铁株式会社经营，并与天津交通株式会社合并，改称天津交通公司。1949年9月，改名天津市电车公司。1948年底，天津共有电车线路8条，长25千米，日均乘客14万余人。①

  公共汽车在天津出现较晚。1903年李鸿章进口17辆汽车，其中2辆呈送慈禧，其余供官员乘坐。这是汽车在天津最早出现。长时期内汽车只是私人拥有。1920年代初，天津出现租赁汽车的汽车行。1925年，同兴汽车公司进口几辆旧汽车，在万国桥（解放桥）至河东大直沽之间运行。这是天津第一条公共汽车线路。此后又有几家汽车公司经营公交汽车。1927年，从法国花园（今中心公园）至英租界大营门一带经营汽车的就有4家，行驶汽车10余辆。由于电车公司属于垄断经营，当时的公共汽车只能在不行驶电车的道路上运行。

  1937年日本占领天津后，将同兴公共汽车公司、公共客座汽车有限公司及行驶于日、英、法租界的所有公共汽车强行收买，于1938年正式成立天津交通股

---

① 《解读天津六百年》，前揭第94、96页。

图 4-2-2 1940 年代公共汽车

资料来源：《天津旧影》，前揭第 74 页。

份有限公司，实行公共汽车事业统一经营。该公司设于河北大胡同南头转角处（今东北角长途汽车站），拥有车库 4 个，仓库 1 个，车辆 111 辆（最多时达 121 辆），开辟运营路线 11 条（最多时 13 条）。1938 年以前，日租界内行驶的公共汽车线路有从大红桥到海光寺和从马场道至福岛街（今多伦道）两条；1938 年，日伪成立华北汽车公司，下设天津公共汽车部，后称天津交通株式会社，强行收买各租界内所有公共汽车统一经营。以后，公共汽车线路调整为从北站至中原公司（今百货大楼）和从大和公司（今八一礼堂）至东局子两条。后又有变化。经调整后的公共汽车线路 11 条。由于燃料不足，车辆破旧，抗战胜利后国民政府接收时，只剩少量车辆维持运行。

沦陷时期，日伪当局曾制定《大天津都市计划大纲图》和《天津市都市计划大纲》。《大天津都市计划大纲图》规划由蓟运河口向西平行海河至天津市区东部程林庄附近开挖一条 400—500 米宽的运河，使之成为带形港，同时在天津与塘沽之间建铁路、公路，沿海河与新开的运河两侧各布置约 1.5～3 千米宽的工业地带。《天津市都市计划大纲》规定天津市的城市性质为华北一大贸易港口，最重要的商业都市与大工业地及通向华北和蒙疆的门户。规定 30 年后母城人口发展到 250 万人，用地扩大到 250 平方千米，子城塘沽人口发展到 30 万人，用地扩大到 40 平方千米。母城以三区（原日租界）为中心，沿海河两侧均衡发展，市区以东保留 300 平方千米扩建用地，交通以放射路与环状路相结合，海河两岸以桥梁隧道连接，疏浚海河与其他河流，使之称为运河，北宁路（今京山线）改线北移，在市区东部和塘沽各设机场一处。这两个方案最显著的特点是将天津市与塘沽作为一个整体加以考虑，明确天津市的发展方向为沿海河向东发展。

日租界内有不少近代名人故居。例如,北洋政府时期国务总理段祺瑞故居,在今和平区鞍山道 38 号,建成于 1920 年,原为陆军总长吴光新的私产,后让于段居住,为日租界最豪华私人公馆式住宅;曹汝霖,曾任北洋政府交通总长、财政总长,是"五四"时期受到舆论指责的三个卖国贼之一。其故居在日租界秋山街(今锦州道)与明石街(今山西路)拐角处。占地 2 亩,为 3 层砖木结构红砖小洋楼,2 楼顶有宽敞平台。楼下有餐厅、会客厅、小舞厅。整座建筑多罗马式雕刻,带地下室;阎锡山,号称"山西土皇帝",在民国政坛上几度沉浮,曾任国民革命军第三集团军司令、陆海空军副总司令、山西省政府主席、行政院长。其在天津的故居位于日租界须磨街(今陕西路 55 号),为 3 层仿西洋古典式尖顶砖木结构,建于 1920 年代。该宅邸有东、西两个雕花铁栅栏门。该建筑 3 层,2 层、3 层都有大通阳台,形成整座建筑下大上小的梯形建筑结构。建筑的外檐有柱式雕花装饰,并带半地下室。日本当局还曾宣称要修建一些文化福利设施。如:准备在日租界建一大型的公立医院,在大和公园(今八一礼堂旧址)内建立天津教育博物馆,在六里台大仓农场附近建筑一个 30 万平方米的综合体育场,并将建筑棒球场、市民广场、儿童游艺场等定为第一期工程,但均未能落实。[①]

第三节　水电与邮政的肆意强推

天津老城区的自来水供应从 1901 年(光绪二十七年)开始筹划。当时经营洋货的中国人芮玉堃、买办马玉清,联合美国人田夏礼、德国瑞记洋行等筹集 28 万两筹建中外合资的自来水公司,定名天津济安自来水股份有限公司(简称济安公司),设在南运河南岸的芥园,先后在南运河及子牙河取水。其所供自来水颇受欢迎,供水范围除了老城区,逐步扩大到各租界。1900 年以后,老城区借助于拆除城墙和填垫城壕,改建排水明沟为砖砌暗沟,解决城内排水问题,形成以鼓楼为中心的排水系统。到 1910 年(宣统二年),济安公司的自来水管道已经遍布老城内外主要街道。当时不可能实行独户水龙头,一般都在居民密集区设立"井口"(共用水龙头)。随着城区人口迅速增加,自来水用户大量增加,济安公司到

[①] 罗澍伟主编:《近代天津城市史》,中国社会科学出版社 1993 年版,第 675 页。

1920年代开始实行承包制,将水龙头承包给个人,让他们在井口所在地方投资开设水铺,自行售水给居民。居民多在水铺买水,改变了传统的饮用河水或井水的生活方式。这个系统在多年后仍然在发挥作用。

在租界,19世纪末建立的天津自来水公司改为英租界工部局的公用事业,由当局经营,扩大了规模和供水范围。20世纪初,开始治理海河。当时在租界当局干涉下成立海河工程局,影响最大的即裁弯取直工程。过去天津人生活用水大多取自海河或者运河。租界建立后,水处理技术和自来水传到了天津。但是由于不同国家租界存在的现状,自来水在天津的发展形成了相互隔绝的两套系统。自来水供应最初从英租界开始,1899年(光绪二十五年)天津第一家自来水厂建成供水,供水范围包括英、法租界的老界地区,主要是洋行集中的街区。1923年英租界工部局收购这家企业,成立工部局水道处,从此租界地区的自来水供应由商业方式改为公用事业方式经营。到1941年太平洋战争爆发前,英租界工部局水道处共有4处自来水厂,8眼深井,管道铺设长度50千米。到1949年,市区共有水铺629家,供水人口110万人。[①]

至于日租界,1904年(光绪三十年)9月,居留民团与济安公司签订供水合同,即为解决供水问题。合同签订后,居留民团在这一年内,用银5 800余两在旭街(和平路北段)一带铺设6英寸输水管道,安装5条公用水管,以后又逐年扩大供水区域,居留民团曾有自己开辟水源建水厂的方案,但未找到合适水源。因此第一次合同期满后,再次与济安公司签订合同。

由于用水量已比签订第一次合同时增加近30倍,在签订新合同时,考虑了增加水量的可能性。为了避免供水方式不当,居留民团行政委员会于1915年同济安公司订立合同规定,由该公司集中将自来水供给租界局,每1 000加仑价日金4角5分;再由租界局转售给用户,住家用者每1 000加仑价计8角5分,工厂用者价计7角5分,浴堂用者价计6角5分。依1924年预算,水价可得日金61 920元。[②]1924年、1934年再续签,直到1945年日本投降,日租界一直由济安公司供水。

[①]《解读天津六百年》,前揭第95—98页。
[②]《天津租界及特区》,前揭第83页。

表 4-3-1 1939 年 1 月,天津日租界给水用户数表

	户　　数		
	日本人	中国人	合　计
给水使用户数	2 525	597	3 122
给水废止户数			129
给水装置总户数			3 251

资料来源:《天津日本租界居留民团资料》第七册,前揭第 309 页。

日租界由居留民团管理供水。1934 年 8 月居留民会议通过的《水道使用条例》第 1 条规定,日本租界内根据上水的区别,供水包括:专用栓、共用栓和消火栓。使用上水者应根据本条例向居留民团提出请求,中止或者废止亦同。[①] 由于供水量逐年增大,每年铺设管道的投资均超出全年水费收入。居民用水多独立安装水表,也有部分居民是公用水管。1908 年,日租界使用自来水居民 21 户,1927 年 1 291 户,1945 年发展到 3 793 户。

表 4-3-2 天津日租界自来水给水量表

年　份	给水量(加仑)
1907	6 568 560
1908	10 698 390
1909	12 204 940
1910	13 277 270
1911	19 410 170
1912	23 923 610
1913	31 003 920
1914	38 195 940
1915	33 624 786
1916	37 759 460

资料来源:《天津日本租界居留民团资料》第一册,前揭第 220 页。

---

① 《天津日本租界居留民团资料》第十二册,前揭第 142 页。

表4-3-3 1932年天津日租界自来水供水量及用户表

月 别	使用水量(加仑)	使用户数
1月	13 339 100	1 939
2月	12 805 660	1 932
3月	12 453 700	1 943
4月	14 004 510	1 991
5月	16 183 030	2 015
6月	18 144 580	2 025
7月	19 501 260	2 045
8月	19 829 160	2 061
9月	17 978 890	2 078
10月	15 432 060	2 082
11月	14 219 240	2 066
12月	13 242 720	2 056
合计	187 133 910	

资料来源：《天津日本租界居留民团资料》第三册，前揭第50页。

1902年，天津最早的发电厂在法租界建成，最初发电量不足100千瓦。接着，天津最大发电企业比商电车电灯公司建立，除供给电车用电外，还向中国城区及意、奥、俄三国租界供电。1906年发电量1 000千瓦，到20世纪30年代该公司发电量增至1.28万千瓦。各租界也先后建立各自的发电厂，中日合办天津电业公司发电厂，资本800万元，厂址河东六纬路，设计发电能力3万千瓦。[1]

日租界最早使用电力在1902年，当时日本驻军建有一小型发电所，供日军使用。1906年，租界当局给予天津工业组合以办电特许权。1907年6月，由东京建筑会社承建发电所和输电设备，10月开始向租界供电。起初只有50千瓦直流发电机2台，几年后又购置300千瓦直流发电机1台。日租界向居民的电力供应开始于1911年，一家日本电灯公司取得了10年的特许经营权。其间，由

[1] 《解读天津六百年》，前揭第104页。

于居留民团经常对天津工业组合经营方针表示出不满,因而在特许经营权到期时没有再延续下去。同时,居留民团与法国电灯房达成协议,由该电厂向日租界集中供电,再由租界局将电转售给用户。由于经营不善,天津工业组合勉强维持到1921年特许期满。

图4-3-1　1936年开办的中日合资天津电业公司
资料来源:《近代天津图志》,前揭第146页。

在电车经营中,日租界于1904年与日商自办的天津电灯电车公司订立行驶电车合同31条,规定轨道电线及电杆安置、行车速度,及电车公司每年应纳的捐税等。电车公司依约,每年应将其余利之一部作为捐税。依1924年预算,电车公司约纳捐5 000日元。电灯电车公司后因营业不振,只能停办。

租界局所定电价分为两类。计电灯电价,用户每月用电在10单位以下者,每单位银2角9分;在250单位以下者,每单位2角;在250单位以上者,每单位1角8分;电力电价日间每单位5分,夜间每单位1角。依1924年预算,电业盈利7.3万日元。[1]

---

[1] 《天津租界及特区》,前揭第84页。

表 4-3-4　天津日租界 1937 年、1938 年发电量

年　份	发　电　量	单　位
1937 年	658 400	千瓦/时
1938 年	838 888	千瓦/时

资料来源：《天津日本租界居留民团资料》第七册，前揭第 392 页。

表 4-3-5　1923 年日租界拥有电表　　　　　　　　单位：个

电　表	共 2 526
3(安培，下同)	2 214
5	182
10	64
15	11
30	43
50	10
100	2

资料来源：《天津日本租界居留民团资料》第一册，前揭第 387 页。

1921 年日租界的电力供应改由居留民团直接负责经营，首先关闭发电所，接着投资兴建配电所、配电电缆及架空线，与法商电灯股份有限公司签订了供电合同，从此日租界用电均购自法租界电厂。由于日租界发展较快，所需电力日增月进，每月用电达 12 万千瓦，为数甚巨。

1926 年，日商决定自建发电厂，向日本三菱公司购买了两台 950 千瓦汽轮发电机，并于第二年 10 月建成发电所（在今南京路鞍山道口），开始自行发电、供电。1936 年 8 月，日本兴中公司在日租界当局支持下迫使天津市政府同意，双方签订契约，成立中日合办的天津电业股份有限公司。该公司吞并了天津市电业经理处，并收购日租界发电所及其设备。公司成立后，立即着手建设河东新电厂（今第一热电厂），1938 年 8 月建成，投入 1.5 万千瓦汽轮发电机 2 台，架设 4 条 2.2 万伏电线和 4 条 5 000 伏配电线，其供电范围包括市区除英、法、比商公司营业区外的区域，以及郊区用电。此后日租界一直由河东电厂供电。

图 4-3-2　日租界发电所,1906 年建成发电

资料来源:《近代天津图志》,前揭第 146 页。

表 4-3-6　共益会 1933 年特别会计电气岁出表(经常部)　　　　单位:日元

科　目	预算类	决算类	比较 增	比较 减	增减事由
第一款　事务所费	71 379	71 199.34		179.66	
1. 俸给、津贴	35 571	37 247.90	1 676.90		支付数名职员退职慰劳金
2. 后备人员工资	23 895	22 611.21		1 283.79	储人减员
3. 备品费	1 596	1 461.19		134.81	备品比预定买入减少
4. 修缮费	1 770	2 079.97	309.97		事务所模样替工事的实施
5. 消耗品费	740	496.43		243.57	购买煤炭比预定少
6. 印刷费	720	801.85	81.85		
7. 旅费	1 000	932.34		67.66	
8. 宿舍费	2 880	2 907.50	27.50		

续表

科　目	预算类	决算类	比较 增	比较 减	增减事由
9. 保险费	1 716	1 437.35		278.65	
10. 被服费	991	895.10		95.90	
11. 杂费	500	328.50		171.50	杂用品比预定买入少
第二款　修补材料费	7 800	3 223.72		4 576.28	
1. 发电材料费	5 000	2 112.36		2 887.64	汽罐水管及耐火炼瓦购入少
2. 配电材料费	2 800	1 111.36		1 688.64	电柱涂替延期及变压器油购入少
第三款　发电费	79.170	71 498.07		7 671.93	
1. 煤炭费	75 600	68 861.25		6 738.75	单价下落及发电量少
2. 供水费	1 170	1 013.35		156.65	
3. 供油费	1 600	784.46		815.54	使用安价的结果
4. 杂费	800	839.01	39.01		
第四款　电费	3 000	354		2 646	
1. 电费	3 000	354		2 646	购入电力少于预定
第五款　一般会社转入金	440 000	430 000		10 000	
1. 调拨金	440 000	430 000		10 000	缺少必要调拨
第六款　预备费	4 651			4 651	
1. 预备费	4 651			4 651	年度预算 36 151 元预算更正减为 31 500 元
共　计	606 000	576 275.13		29 724.87	

资料来源：《天津日本租界居留民团资料》第六册，前揭第 331—332 页。

租界内安装、移动电表须得天津市当局批准。1943年,伪天津市长王绪高曾致函天津居留民团,称"贵团关于左开任命现住之地域因为本居留民团建设教员宿舍所预先声(申)请搬家,今拟将原使用之电表一并移至新住所,业经本人及本居留民团分别向天津电车电灯股份有限公司申请迁移许可。唯中国方面须有贵署发给之证明书。兹请贵署惠赐便宜酌量情形,速为发给证明为荷。特此函恳,即希查照等因,准此该华人等迁移电表,应由本署许可之装修电气内线注册商店,先将内线装设完竣,填具申报表来署,经本署派员检验合格后,再向电灯公司接洽装表,以符手续而重安全。相应函请查照转知从速办理,更验发证明"。①

晚清,西方力图攫取在天津设立电报的特权,遭到清廷拒绝。光绪间,李鸿章移驻天津。从防务紧急需要和阻止外国染指中国电信主权出发,于1877年(光绪三年)6月,从总督衙门(今金钢桥西)至天津机器局,试设了电报线,不久又建成天津至大沽炮台、北塘炮台的电报线。这是继台湾电报线之后,中国大陆的第一条电报线,成为其后建设津沪、南北洋两大电报干线的发端。

1880年(光绪六年)10月,设立了津沪电报总局。是中国第一家电报局,李鸿章亲任总裁,在沿线紫竹林、大沽口、临清、济宁、清江浦、镇江、苏州、上海等8处设立分局,并设78处巡房。全部经费湘平银21万两。1881年开始建设,由丹麦大北电报公司承办,同年12月竣工,全长3 075里,对外开放营业。每分钟可拍汉字20—25个。1882年,总局改官办为官督商办,后改为中国电报总局。两年后总局迁往上海。以后,清朝又先后建设各线电报,都由津沪电报总局承建。

1866年(同治五年)12月,海关总税务司赫德与总理衙门达成协议,由海关兼办邮政,翌年开始筹办。1876年(光绪二年),赫德指派津海关税务司德璀琳以天津为中心,在5处海关开办。1878年3月,近代送信机构海关书信馆产生。此为官办邮政机构,收寄华洋公众信件,标志着中国近代邮政发端。海关书信馆设于天津海关大公事房内(今营口路与张自忠路交口)。但是中国商民习惯于向民信局交寄邮件,为了竞争,同年6月,在天津三叉河口开办了第一个邮政代办机构——华洋书信馆。翌年12月,赫德向各地海关通令,说明邮务总办事处暂

---

① 《天津特别市公署公报》,1943年(总第217期),第44页。

设天津,天津于是成为海关邮政的总汇。同年,海关书信馆改名海关拨驷达局(音译,意即邮政局)。1894年(光绪二十年),津榆(山海关)铁路竣工,开始利用火车运邮;1896年,邮政推广至沿海、沿江的19个城市。1897年2月,拨驷达局改名大清邮政局,位于今解放路111号,仍由天津海关税务司负责,当时有邮政专职人员14人。①

图 4-3-3 天津的日租界邮政总局

资料来源:《近代天津图志》,前揭第143页。

日本驻津总领事馆于1892年8月设立日本邮局。日租界设立之后,来天津的日本侨民增多。1901年(光绪二十七年)7月,日本于闸口街(今辽北路)设立了租界邮局办事处;翌年9月,在日租界旭街的邮政总局开业,设有海上、陆上邮递专线,同时将闸口街办事处关闭。同年10月,将英租界中街日本领事馆内的邮局改为支局。此外,还陆续在法租界日商武斋洋行设立代办信柜1处,在日租界寿街、宫岛街各设代办售票处1处,在日租界内分设7个信箱。日本邮局经办各种邮件、包裹、汇兑、代订报纸等业务,寄件者多为日侨及与日本和东三省通信的中国人。运邮方法除委托中国邮局利用天津直达上海、天津至烟台航线及京奉、津浦铁路运输密封邮袋外,还利用天津经烟台至日本及天津经营口、大连至日本的日本轮船自办邮路,而且擅自在山海关至营口铁路上,以伪装旅客携带随

---

① 《历史大事100件》,前揭第72—73页。

身行李的方法运送邮件。投递范围也超越各租界区域,非法在中国地界内投递邮件。1903年,中日邮政协定签订后,中日双方可以各自以本国邮费进行交换递送。此外,日本还在塘沽等地设立邮局,归天津日本邮局管辖。

国际会议讨论撤销列强在华擅自设立邮局的"客邮"问题时,日本故意一再拖延,因迫于太平洋会议决议,于1922年12月将天津、塘沽等地日本邮局撤销,但以后又私自收寄运送邮件,继续侵犯中国主权。1934年年初,天津日租界内曙街(今嫩江路)4—15号前日本邮局负责邮件运输工作的尾崎寅吉经营名为"赤帽社"的转运公司,秘收私运邮件。河北邮政管理局除函津海关税务司注意截获外,并函大连汽船株式会社按照邮政公约及与中华渔政订定的合同条款密切注意私运邮件情事。1936年11月,日本军部操纵的"民营"惠通航空公司开通天津至大连航线,以货运为名收寄日本人寄往大连、热河等地的邮件,并将空运至津的邮件交由日租界共益会投递收件人。天津沦陷后,日方又在旭街"客邮"局原址设立"战线军事邮便局",直至抗战结束。[①]

1879年(光绪五年)5月,上海海关造册处印出一批邮票寄给德璀琳,自上海运抵天津。这是中国最早发行的邮票,称"海关大龙",有5分、3分、1分三种共100万枚。

1899年(光绪二十五年),电报官局兼办只供衙署官邸使用的电话。这是中国电话之始,庚子年间被毁。同年,丹商擅自在天津成立电铃公司经营电话电报,侵犯中国电信主权。北洋大臣袁世凯委派日本技师吉田正秀勘察架设电话线。1904年9月,由天津电话局总办自北京架至天津总车站,与城区电话衔接。这是中国自建的第一条长途电话线,也是天津电话局的发端。不久由中国电报局将电铃公司接收管理。1907年8月,天津电话局与电报局同在一处办公。1909年(宣统元年)8月,邮传部委派杨毓璋任天津电话局总办,从此不再由电报局总办兼任。天津电话总局建成后,改装共电式若干交换机4 000门竣工通话,1918年电话用户达到3 000余户,1921年又在英租界建成电话南局。1925年,天津电话局开始实行更换自动机计划。以后又在意租界建成天津电话东局(后改称四局),这是中国自建的第一个自动电话局。到1929年11月,天津电话局

[①] 天津市邮政局史志编辑委员会:《天津邮政志》,天津社会科学院出版社1998年版,第22—23页。

有二、三、四、五、六等5个分局,交换机总容量1.56万门,其中自动机9 000门,自动电话发展居全国之首。①

天津租界公用事业多垄断,攫取高额利润。最早开办的公用事业是英租界的天津煤气公司,年利润率高达25.58%。1908年建成的比商电车电灯公司是规模最大的公用事业,1913年该公司盈利35.8万元,利润率高达14.01%。这家公司开办30多年,在天津获得的利润总数至少在5 000万银圆左右,均由比利时设在中国的华比银行汇回国内。②

第四节　铁路与港口的迅速连接

铁路在天津始于开平煤矿对外输出的需要,以后开通客运列车,对于租界对外联系、租界外国人的旅行亦有重要作用。

1881年(光绪七年)在唐山与胥各庄间修建的长仅9千米的窄轨铁路,是中国最早的实际投入运行的铁路,由英国工程师制造的第一部蒸汽机车"中国火箭号"牵引。由于李鸿章大力推广,铁路不断拓展,并成立了中国天津铁路公司。1888年(光绪十四年)11月,铁路修至天津,是天津的第一条铁路,称唐津铁路。1894年(光绪二十年)该路修至山海关;以后又向西修到北京,又修到了沈阳,称京奉铁路。与此同时,津浦铁路完工通车,并于1911年11月与北宁铁路接轨。京奉、津浦铁路相交的天津成为最重要的铁路枢纽,从前以河道流域为网络,演变为以铁路为网络,拥有发达的港口和作为铁路网络枢纽的天津,更加成为华北的商贸中心。③

1880年(光绪六年),李鸿章为开平矿务局运煤需要,也从军事上考虑,聘请英国人金达为技师,于翌年修建了一条从唐山到胥各庄的铁路,长11千米,宽4尺8寸,是日后路轨标准宽度。这是中国早期最长的一条铁路。但是铁路建成后,清朝怕机车震坏皇陵,不准运行,只准用骡马拖带,经过一番周折才获准使用机车。1886年,李鸿章又把唐山胥各庄铁路延伸到芦台,全长32千米,建筑费

---

① 《历史大事100件》,前揭第70、163—164页。
② 《天津史话》,前揭第64页。
③ 《解读天津六百年》,前揭第82页。

用 13.5 万两银。同时，铁路脱离矿务局而另设开平铁路公司经营。不久又把唐山芦台铁路续修到大沽和天津，不仅利于开平运煤，而且为北洋海防调运军队和军火。[1] 1903 年（光绪二十九年）2 月，在河北新区的北头、京山铁路线上，建成启用了河北新车站（今北站）。

图 4-4-1 早期天津火车站

资料来源：《天津历史大事 100 件》，前揭第 104 页。

1904 年 3 月，开平铁路公司改名天津铁路公司（又称津沽铁路公司）并且加以扩大，负责筑路，此即外国人所说"中国铁路公司"，是中国最早的铁路公司，伍廷芳主持公司事务，金达为技术监督，官督商办。此公司招商股 10.85 万两，其余大部分由李鸿章筹集，总计耗资 150 万两。1888 年（光绪十四年）8 月，当津唐铁路由芦台向塘沽、天津展修时，朝廷请来德国工程师鲍尔。不料鲍尔与金达发生争执，于是詹天佑被推荐为中国铁路公司工程师，主持了塘沽至天津的铁路铺设工程。同年唐山至天津铁路全线竣工，时称北洋铁路，即津唐铁路，并修建了天津火车站。这是中国第一条运营铁路。1897 年，津唐铁路由天津延伸到丰

---

[1] 《天津历史大事 100 件》，前揭第 103 页。

台,接着又通到永定门外马家堡。同年10月,京津(马家堡至天津)铁路通车,由此构成以天津为中心的京山铁路。

开埠以前,天津的"官路"(公路)主要有通往北京以及直隶省城保定、德州和山海关等城市的驿道。由于天津地势低洼,出现了同时具有通行和防洪双重功能的道路,即所谓堤道、埝道和叠道,如乾隆间修筑的马家口至东大沽的海河叠道(后来的大沽路)和西沽叠道(连接北京的驿道)以及海河北岸的北埝道。到19世纪,随着邮传制度的衰落,原有的道路渐渐失修,有的驿道改为铁路路基,有的变为一般性的交通"商路",其中通往北京的道路以及通往大沽海口的道路日益重要。通往腹地的交通除了火车之外,大多还是河陆并用,没有形成快捷的道路系统。

天津近海,市内多河,港口与桥梁是交通的重要条件。尤其是海河两岸,近代建造了多座桥梁。

日租界东邻海河,有较长河岸线。1904年夏,在海河护岸工程完工后,修建了一个长300英尺的海河码头。因1902年法租界修建老龙头铁桥,阻断了海轮驶入日租界航道,为此日租界将该码头建成简易砖木结构栈桥式,只能停靠驳船和木船。

从1887年(光绪十三年)到20世纪30年代,天津先后新建、迁建和重修6座铁桥,大多为开启桥。其中,在南运河院门口建造的能开启的金华桥,俗称老铁桥,是天津第一座开启式老铁桥。1905年(光绪三十一年),建设了新的开启式金华桥,原来的老铁桥移建于金钟河上,改名金钟桥。1918年金钟河废弃,金钟桥迁建于南运河,仍称金钟河。以后金华桥移建于北大关。

1920年以后,日租界为使向墙子河外扩张,陆续在墙子河上建造了鞍山道桥、锦州道桥和万全道桥,只是木结构,承载量很小。1926年,老龙头铁桥拆除,法租界主持建成以座开启式新桥,名万国桥,该桥开启后,2 000吨海轮可以直接驶入日租界。翌年,日本政府投资将原来的租界码头改建成钢筋混凝土码头,并增加了仓储和装卸设施。万国桥,位于海河中游老龙头车站附近,北接老龙头车站(今天津火车站)。1902年(光绪二十八年)12月建成,因为桥的右岸是法租界,所以是法国要求请政府修建的。桥右岸的今解放北路,是金融街。由于流量拥挤,所以在其上游不远处筹建新桥,老桥于1927年拆除。当

图 4-4-2 1888 年天津第一座开启式铁桥金华侨,俗称老铁桥。后移建,称金钟桥
资料来源:《近代天津图志》,前揭第 127 页。

年 10 月,新桥由法租界工部局主持修建,俗称法国桥。桥长 97.64 米,是旧时海河上四大开启桥之一(另 3 座为金华桥、金钢桥、金汤桥),1949 年 1 月改名解放桥,迄今能用。

第五章
日本居留民团与天津经济

明治维新以后,资本主义经济在日本得到长足发展。同时,近代中国也逐步具备了发展资本主义经济的土壤。1899年9月,日本人内藤湖南到达天津租界,从车站通过船桥渡过白河进入日租界。他描述了天津日租界的景象:"此处甚为杂沓,于烟尘蒙蒙之间,推推搡搡而行;由车窗眺望左右,平芜接天,墁平如抚,不见丘陵,亦未成林,仅有种植高粱之田圃和上下四方皆以土涂成之人家聚落点缀其间而已;天津租界有所谓紫竹林者,与洋馆并峙,风格壮丽;河口之腹地,竟有如此市场,实出意外。尘土甚多,比东京轻而容易飞扬。居留天津之日本人闻有70余人,有正金银行、三井、有信、樋口、武斋号等诸商店。棉丝输入今年已压倒印度棉丝,其额已达两倍,其中八分系由三井输入,经中国人之手而输入者甚少额。贸易额多,而侨民相对少数。邦人地位亦甚高,与其他外国人不少异。"[1]其对天津日租界的经济发展甚为肯定。就在这样的土壤之上,日租界开始建立税收制度,设立工厂、银行、商店,对中国经济资源实行掠夺。特别是太平洋战争发生以后,日本面临资源枯竭、经济衰败的困境,不惜竭泽而渔,在租界中施行严格的经济统制,垄断一切经济命脉,摧残中国的民族企业,为维持战争提供支撑。日本居留民团,正是在日租界从事与控制租界内外经济活动的主要力量,在其中起着筹划、吸引、组织、鼓励和监督居留民的投资活动,配合当局管理经济秩序并征收税款的作用,以维持与巩固日租界,不断为日本在华的侵略与战争活动输血。

---

[1] 内藤湖南:《燕山楚水·禹域鸿爪记》,李振声译,浙江文艺出版社2018年版,第35—39页。

第一节　敲骨吸髓的税收财政

开埠以后,天津海关一直被外国所把持,掌握在外国人担任的税务司手中。1877—1899年,税务司由英籍德人德璀琳担任。德璀琳1867年起涉足天津海关,从四等文书开始,在天津海关税务司出没长达22年,还在天津英租界董事会里担任长达16年的董事长。同时,他也是清朝聘请的洋官僚,多次替清政府办理重大外交事务,充当与外国"和议"代表,曾协助李鸿章与外国签订不平等条约,并创办天津第一家英文报纸《中国时报》,还被清朝委任为开平矿务局会办。清廷曾赏其头品顶戴,德璀琳因而获得清朝"实际上的外交部长"之称。

图 5-1-1　德璀琳
资料来源:《知名人物100位》,前揭第154页。

在此期间,外国强迫清朝订立了不平等的关税制度。根据《天津条约》中有关税则的规定,外商只需向海关缴纳5％的关税和2.5％的子口税,就可以向中国内地运销洋货或从内地运出土货,而免交内地的一切税金。

1902年日租界成立租界局后,开始编制财政预算。1907年居留民团设立财务课,负责管理租界内课税征收、现金出纳、账目管理等事宜。接着,居留民团又成立财源调查委员会,负责管理租界内的税目、税率和制定财政政策。租界每年的预决算表由文案编制,然后交居留民团审查,并在年会会议上通过。日租界的财政收入,主要以捐税收入和经营公用事业所获利润为大宗,财政支出主要是行政事业费、卫生费、教育费等,后来又增加了警备费、神用费。租界内的基本建设费则大多依靠银行贷款。20世纪初以后,日租界财政管理逐步趋向正常化。

日租界的捐税收入最初主要是征收界内车、船牌照税。根据当时租界局颁发的征收规则,车税税率为:营业人力车每辆每月缴银50文,自用人力车缴银3文,地扒车缴银1文;船税税率为:机动船每只每月缴银200文,木船每只缴50

文；以后又征收特种税，如旅店、饭馆、妓院、戏园等，分别将其划出等级，缴纳月税。

根据日租界 1907 年 9 月发布的《课金赋课征收的规定》，课金按照法人或者若干独立生计单位所构成的一户征收，分为 10 等。

表 5-1-1　天津日租界每户税收表　　　单位：年额

等级	税额
一等	银　120 元
二等	银　60 元
三等	银　40 元
四等	银　32 元
五等	银　24 元
六等	银　18 元
七等	银　12 元
八等	银　8 元
九等	银　4 元
十等	银　2 元

资料来源：《天津日本租界居留民团资料》第一册，前揭第 17 页。

除征收原有赋税外，该赋税条例又增加了税目。日本租界的一般征税方式与其他租界稍有不同，主要税收有：土地税、房产税、闲置土地税、营业税以及所得税。

土地税率按照地产估定值的 5% 征收，取代其他租界所征房捐的房产税，按照房产估价的 2% 征收税率，而房产估价不考虑实际建造成本。闲置土地税按照地产估价的 2% 征收。

营业税系对在日租界内营业的一切公司、商行及个人征收，金额依其营业额大小分为 26 等，每月 5—10 000 元。实际上没有一家商行达到最高营业额标准。在 20 世纪 20 年代，月缴纳营业额最高的为天津交易所，达 4 000 元；其次为横滨正金银行，月缴 2 000 元。

所得税按个人收入多寡分为 13 级，每年收入 1 000 元者，征收 1%；收入超过 1 万元者，征收 2.9%。

表 5-1-2　1923 年天津日租界个人收入税人数表

金　　额	日本人	中国人	合　　计
200 元以上	1		1
100 元以上	11	14	25
80 元以上	4	8	12
60 元以上	10	31	41
50 元以上	7	14	21
30 元以上	48	17	65
20 元以上	52		52
10 元以上	129	11	140
合　　计	262	95	357
其中日本人共课税：	8 361 元 10 分		
中国人共课税	6 446 元 90 分		

资料来源：《天津日本租界居留民团资料》第一册，前揭第 362 页。

表 5-1-3　日租界总收入支出表

年　　份	收入(元)	支出(元)	盈余(元)
1917	419 600	263 968	165 632
1923	589 823	549 823	40 000(估计数)

资料来源：《天津租界史(插图本)》，前揭第 316 页。

关于居留民团及共益会的财政及其他关系。居留民团与共益会作为并列的机构，就有一个财税的分享关系问题。现根据居留民团方面的说法，作一介绍。

一、民团和共益会的财政

1930 年，共益会从民团分立出来。当时居留民团认为，以捐款方式让与共益会的财产(当然包括债务)足以完成共益会事业目标的判断并未错。但是后来华北形势发生剧变，即使是有远见的行政官员，"也难以预测会出现今天这样的急剧变化"。

居留民团认为，这样说，绝不是说共益会在财政上已经陷入窘境，但假定今日租界的发展已如吾辈想象或比我们想象得更好，是否会出现应付困难的时期？有这种顾虑也未必就是杞人忧天，因为今日共益会的财源，主要是由电业收入和土地使用费。从资源的性质上讲，太过于缺乏灵活性。如果租界区域广阔，居民户数和市区的发展一起增加，有这种环境自然无消说，无奈区域被限制在不足40万坪的范围内。在起初即空地不多的日租界，电力需要的增长率，随文化发展的同时，只不过保持了一定的自然增长，以人口实际只有6 000的时期和人口接近1万的现在来看，使用费并未出现按比率的增长，这些现象明白无误地说明了这一事实。

总之，当时的"共益会陷入了这样的处境：一方面是无限大的支出，另一方面是只有依靠受到限制的缺乏灵活性的收入"，也就是收入渠道狭窄，导致入不敷出。换言之，由于日租界地域狭窄，人口有限，其税收增长必然遭受严格的制约。因此，"身为直接当事人，即便是属于将来的事情，现在就该考虑到适当的措置了"。

上述状况说明日租界经济增长乏力，给税收的增加与完成维护旅津日本人利益的目标带来了障碍。"我们所焦思苦虑者乃本会有着广泛的目标，即保护并发展旅居天津的日本人的共同利益，特别像教育，它不同于改筑道路，经费不够可以拖到来年，它的支出往往被陷入进退两难的窘境，余梦寐中亦不敢忘记注意使它不致出现上述万一的破产。"

共益会分立后，"增进旅居天津日本人的幸福"这一职责交给共益会理事会，"其施政方针不再像从前那样多少偏向日本人，而完全处于要遵循一个拥有四万外国人的、纯为公共自治团体的方针"，其事业范围也仅限于普通性的公共设施。因此，即使道路、下水道、卫生、码头全算上，亦自有限度。专为日本人而设的文化设施，即使作为属于共益会也有其本身的局限性。

与共益会相反，而作为致力于据说"促进全社会公共利益"的居留民团，由于摆脱了单纯维护日本人利益的负担，经济局面则比较活跃，其财政状况比较令人乐观一些，"在现在的机构限度内可认为尚有相当乐观的余地。不仅如此，与共益会相比，民团的收入更具有可根据时间和情况发挥适当灵活性的性质。另外还有当今虽然白河淤塞，不能指望码头发挥充分效果，但根据今后形势发展的估计，放弃航行大船的主张，采取驳船的办法，积极地活跃航运。这样，华北的发展将立即反映到码头事业上来。"

"如此看来,共益会和民团的财政前景,与一般想象的不同,两者几乎处在恰好相反的位置上。"在这样的状态下,"应如何对它们加以调节呢? 也许调节一词存有语病,有人或许会一意坚持,没有道理介入到相互独立、具有法人人格的内部去进行调节";"这一问题是重大且颇为微妙的"。

二、居留民团、共益会两机关的矛盾与调节

"调节另一个具有法人性质的财政及其他事情,确是一个困难的事情。如果说,共益会方面既属私法人,只要有总领事认可,即可有某种灵活性的话,而居留民团作为公法团体,有法律约束,须遵循严格法规处理一切问题的缘故,在这方面就会多少有些不便,但这是理论上的原则议论。本来,一个单位既经分立,在内部就应尽量融合团结、向着各自的目标迈进,这样做将是符合自治宗旨的。也就是说,两机关应互相协调,俾利充分发挥其职能。本来在共益会创立之前,我们的想法是:只与民团采取名义上的分离形式,实际对内部机构保持原样,只有账簿分成两套即可的一种单纯形式主义。但由于来自外交方面的种种顾虑,当初设想的形式主义逐渐地变成了实质性的局面,直至出现今天俨然两机关的对立,只在慰问军队及迎送贵宾方面存在一些协调。"[①]

这里又回到了居留民团与共益会两机构之间的关系,以及共益会的角色与存废问题。居留民团与共益会在本质上虽无区别,都是日本统治日租界的形式,都是日本掠夺中国财富的工具,但是由于具体目标与侧重点不同,两者在利益的瓜分上也存在具体方式的不同、不协调甚至冲突之处,而且日益严重,最后导致日租界当局于1938年不得不取消共益会,而重新将居留民团作为唯一的日本侨民"自治组织"。

第二节 巧取豪夺的金融机构

晚清,天津是票号发源地,经营以汇兑为主。先后在汉口、京师、天津任过颜料分号经理的雷履泰,在调回平遥总号任经理后,建议东家将颜料庄改为专营银

[①] 以上引文出自《天津租界档案选编》,前揭第 271—276 页。

两汇兑和存放款业务的票号,经东家同意,于1823年(道光三年)成立日升昌票号,为中国第一家票号。天津开埠,钱业发展,票号业务增长很快。天津的票号、银号和银行达到300多家。中街(今解放北路)成为金融一条街。庚子事变前,天津有票号23家,随着外商纷纷在天津开办保险公司或银行分行,直到1921年票号在天津才结束。

  光绪年间,由于西方银圆涌入,出现银圆套购白银,致使白银大量外流。朝野纷纷提出自铸银圆。1887年(光绪十三年),李鸿章在北洋机器局内设立宝津局,调来部分设备,并购买英国造钱机器,3年后建成中国第一个近代铸币厂,又称北洋机器局铸钱局,是中国近代铸造银圆之始。同时,各省也在铸造银钱,但式样成色不一,成为商民之累。为了统一铸造新式银钱,1903年(光绪二十九年),在天津建立北洋银圆局,任命周学熙为总办。银圆局下属的造币厂,称银圆局铸币西厂,先是建在西窑洼护卫宫,铸造铜圆,随后又铸造银圆。1905年又建成户部造币总厂(也称东厂),所用机器系美国造,每日可生产大小铜圆60万枚,是全国规模最大、设备最完善的近代造币厂。1909年(宣统元年),清朝将各省造币厂合并成9个分厂,天津造币厂为总厂,并颁布《造币厂章程》。随后,天津铸币西厂也并入总厂,天津造币总厂成为全国货币制造中心。民国初期袁世凯在这里铸造大批银圆即袁大头。1928年北洋政府垮台,天津造币总厂瘫痪。1933年国民政府在上海设立中央造币厂,天津造币总厂结束其历史使命。①

  1878年(光绪四年)创办开平矿务局,计划招股80万两,到1880年(光绪六年)筹集到30万两,以后随着开始出煤,投资者大增。这是中国最早的股份制企业和最早的股票。1908年(光绪三十四年)11月,北洋股票交通有限公司成立,是天津最早的股票交易所。1918年8月,成立天津证券交易会。1921年10月,天津证券、花纱、粮食、皮毛交易所开业,俗称天津证券物品交易所,理事长曹钧(曹锟弟),资本总额250万元,交易以证券、股票为主,实际上是天津第一家正式证券交易所,在全国也最早,但很快就破产。1922年5月以后的20多年中,天津没有正式的证券交易所,一切交易都以北京交易所为市场,以上海证券市场为转移。不过股票交易仍在进行。1931年"九一八"后股票交易成交颇多,5家大

---

① 《天津历史大事100件》,前揭第146页。

的股票行成立联合办事处,买卖华北、上海各种股票和公债,其中以启新洋灰公司股票成交额最大。1939年2月,国民政府宣布停止对公债还本付息、公债买卖结束,股票买卖从此占据整个证券市场。以后天津证券行发展到98家。1948年2月,天津证券交易所开业。中华人民共和国成立后,1952年7月,天津证券交易所撤销,1956年公私合营后股票交易停止。总体而言,历史上的天津股票交易在国内开始最早、结束最晚。①

外商在天津租界建立了一批银行等金融机构。进入20世纪,外国金融机构在天津取得了垄断地位,控制着天津乃至华北的金融命脉。

开埠后,英法在天津租界特别选择在东侧河坝道(今张自忠路与台儿庄路)与西侧的海大道(大沽路)之间,从西北端的老龙头桥开始,向东南至狄更生道(今徐州道),拓建一条干道,全长2229米,路面宽17米,贯穿英法两租界,以圣鲁易路(今营口道)口为界,北段法租界,时称大法国路或法租界中街;南段英租界,时称维多利亚道或英租界中街,是两国租界的政治经济中心。

英国汇丰银行是最早在天津设立的外国银行。该行创办于1864年(同治三年),总行设于香港。1881年(光绪七年),在天津英租界设立分行,一年后正式营业,买办先后为吴调卿、郭巨卿。1925年迁入新建大楼(维多利亚道,今解放北路84号),主要经营外汇和银行各种业务。清廷和北京政府向其贷款,主要以中国的关税和盐税为担保。这就使国家的两大税收控制在该行之手。汇丰银行

图5-2-1 天津英国汇丰银行

资料来源:《近代天津图志》,前揭第54页。

① 《天津历史大事100件》,前揭第180页。

天津分行在天津外商中独执牛耳;外汇市场价格即以汇丰银行牌价为准,并曾发行钞票。抗战爆发,汇丰银行独霸地位为正金银行取代。太平洋战争期间汇丰银行停业。日本投降后又恢复。中华人民共和国成立后,汇丰银行大楼成为中国银行天津分行。

与英国汇丰银行大体同期开业的,是英国太古洋行。此外,还有德国德华银行、英国麦加利银行、俄国华俄道胜银行、法国东方会理银行、日本横滨正金银行等。20世纪初,在中街设立的外国银行达20多家。八国联军、庚子兵变后城厢地区当铺、票号衰落。"九一八"前后,华商银行、保险业也向租界发展。英法一度不准华商在中街购地建楼,华商只能在其附近另觅行址,如法租界四号路(滨江道)、六号路(哈尔滨道)、八号路(赤峰道)。20世纪30年代,杨福荫路(今大沽路与兴安路之间南北走向的斜短路)也全部由银号租用,成为钱庄街。也有一些华商银行建在了中街。中街及其附近,华商银行成为重要金融力量。尤其是"北四行"(盐业、金城、大陆3家总行及中南银行分行)在国内有重要影响,从而组成包括国家银行、地方银行、官商合办银行、商办银行、外商银行以及银号等齐全的天津银行业,人称中街为天津华尔街或万国建筑博览会。1932年末,天津22家银行存款余额2.55亿元,占全国122家银行存款总额的18%。1934年年末,天津有华商银行29家、银号269家、典当88家、外国银行17家,其中华商资本3.65亿元、外商银行资本4.36亿元(均按法币计算)。

在天津的日本银行原始资金并不多,其中主要是横滨正金银行天津支行,1899年(光绪二十五年)设于英租界中街。支店开始只有300万日元资金,由于业务不断扩展,以后资金增加到1亿日元以上。该行设经理、副经理各1人,下设秘书、预金、送金、输出入、贷付、电信、计算、庶务、考查等课和华账房。第一任华账房经理魏信臣,第二任魏伯刚。该行业务范围包括存款、放款、出进口押汇、汇款、代理日本银行、寄存保管等,主要业务为国外汇兑,尤以清算中日两国间贸易的汇兑为大宗。1926年,横滨正金银行天津支行迁到坐落在英租界中街的大楼(今解放北路80号,中国银行天津分行),该大楼1926年由同和工程公司设计、施工,为三层混合结构。1937年上半年横滨正金银行天津支行盈利总额30.2万元,国外汇兑的利润占70%。"七七事变"后,该行为扩展业务,于1939年1月在日租界旭街(今和平路)开设分店,1943年9月又在宫岛街(今鞍山道)

开设分店,1944年开设河东老车站、第一区中街和天贸大楼3个出张所。正金银行通过贷款、透支等手段支持日本企业对中国民族工业的兼并收买,如裕大、裕元、宝成等纱厂布厂在抗战前均为日本企业所吞并。日本投降后,横滨正金银行及其分店均被国民政府指派中国银行天津分行接收。

图 5-2-2　左为横滨正金银行

资料来源:《津沽旧影·老照片》,前揭第67页。

朝鲜银行亦为日资银行,总行设朝鲜京城,1918年设天津分行,初在法租界中街(今解放北路),后迁至日租界旭街新建大楼(今和平路129号)。该行在中国发行钞票(兑换券)总额达1.25万余元,其资金流通各地,并设有华账房。另一家日资银行天津银行设于1920年,前身是1912年天津日商兴办的天津商工银行和北京日商办的北京实业银行,因两行资金不足而合并成天津银行,总行设天津日租界旭街,原北京实业银行为分行。正隆银行亦为日资银行,总行设大连,1915年设天津分行,行址也在旭街。

1934年在今解放北路有英国汇丰、美国花旗、法国东方汇理、日本正金、德国德华等外国银行17家,英国汇丰银行占外国资本的18%。天津外国银行资本总额超过本国银行的 21%,控制了天津的金融业。有 7 家银行还发行钞票,这就造成天津市面的严重金融混乱,中国的银行、钱庄、工厂、商店纷纷倒闭。

1911 年,天津的外商保险机构共 92 家,居全国各大城市之首,其中日商 18 家。1941 年天津外商保险机构 228 家,华商保险机构一度发展到 50 余家,其中日商 42 家。规模仅次于上海。

天津居留民团与日商银行有着密切的关系。居留民团设有金融部,有主任 1 人、书记若干人、职员与佣人若干人。

抗战期间,"1938 年以后,日本人给老百姓紧了一扣,先从大伙的伙食上控制。之后就是换钱票,不能花国民党的钱了,都换成'中国联合准备银行'的老头票。那 1 元的票面印着孔子,双手抱在一起,有胡子,头上梳一个发髻。那时候民国的铜圆、银圆也用,不是太普遍。日本也出硬币,一毛的,乱七八糟,金融很乱。"①

第三节　畸型繁荣的城市工商业

一、天津工业

近代天津是华北工业中心,特别是日租界具有相当的工业实力,但是在殖民侵略下,主要服从于日本的侵略战争和日本侨民的生活需要,并没有形成完整的工业体系。为此,日资企业竭力扩大经营,摧残中国民族工业,掠夺中国的民族经济。

在晚清爆发的太平天国运动期间,军事、地理位置重要的天津成为北方洋务运动的重镇,而北方洋务运动又以创办军火工业镇压太平天国作为重要内容。1860 年(咸丰十年)崇厚出任三口通商大臣后,开始试制新式武器。1866 年(同治五年)9 月,总理各国事务大臣、恭亲王奕䜣向朝廷提出"拟即在天津设局,总局专制外洋各种军火机器",开始北洋机器局的创办工作,从英国聘请总办采购机器,经过 3 年建成,时称军火机器总局。这是洋务派在天津最早创办的洋务业。天津教案发生后,直隶总督李鸿章主持进行整顿扩充,采用新工艺。甲午战

---

① 《八年梦魇:抗战时期天津人的生活》,前揭第 4 页。

争后,接任北洋大臣兼直隶总督的王文韶接管天津机器制造局,继续扩建,使其不仅制造军火,而且成为集机器制造、基本化学、金属冶炼、铸造加工、船舶修造等多种生产能力的、亚洲第一大军工企业。

　　李鸿章在办理军事工业的同时也兴办民用工业。1876年(光绪二年),李鸿章派轮船招商局总办唐廷枢在开平一带考察矿情,唐遂任开平矿务局督办,筹办该局。该局为官督商办。1878年,李鸿章命唐在天津正式创办开平矿务局,局址在海大道(今大沽路),所经营开平煤矿,是开滦煤矿的组成部分,是我国最早使用机器开采的一个大型煤矿。煤矿为中国早期股份制企业之一。该矿雇用英国人为矿师,从国外购买机器,1881年开始出煤,又在各地建造码头,制造轮船,并开新河达天津铁路。1899年(光绪二十五年)曾任开平煤矿工程师的胡佛(后为美国总统)于庚子事变期间,从开平煤矿督办张翼手中取得了开平煤矿,以后开平煤矿被英商所占。1912年7月,在天津成立了中英合办的开滦矿务总局。

　　1878年(光绪四年)4月,轮船招商局会办朱齐昂,在紫竹林一带创办贻来牟机器磨坊,是天津第一家近代化私人面粉工厂,也是中国食品工业最先使用机器生产的厂家。有技师2人,工人10余人。后来由于锅炉爆炸,引起大火而一蹶不振。

　　开办直隶工艺局,是袁世凯"新政"的重要内容。1903年(光绪二十九年)4月,袁世凯派周学熙到日本考察工商业。回国后,周学熙写了《东游日记》,主张效法日本,走明治维新道路。袁世凯同意周学熙开办工厂建议。同年9月,直隶工艺总局在天津开办,周学熙任总办。该局以提倡维新工艺为宗旨,以奖励绅民勃兴工业思想为义务,以全省工业普及、人有自立技能为目的,并管辖附属津埠各官办学堂、工厂,创办有高等工业学堂、北洋工艺学堂(后易名直隶高等工业学堂、直隶公立工业专门学校)等。工艺总局的创办,倡兴工艺,培养技术人才。三四年间,在直隶开办工业局和工厂达六七十处。所谓北洋实业以此为开端。

　　19世纪以前,世界制碱工业已有100余年历史,但是中国还在食用口碱。19世纪末,洋碱开始倾销我国。1911年,范旭东从日本留学回国,1914年在塘沽设立久大精盐厂。1916年9月,第一批精盐在天津上市,扩建后年产量达到6.2万吨。1925年资本增至250万元,年产量50万担。1918年11月,永利制碱厂在天津召开成立大会。侯德榜留学回国后,主持了碱厂的设计与建设。永利碱厂资本150万元,从美国购置设备,采用最新工艺。1924年8月,永利碱厂开工出碱,揭开东亚和中国制碱史上的第一页,生产的红三角牌纯碱获国际金奖。1937年抗战爆发,永利碱厂西迁四川。

1922年,在永大精盐厂化验室基础上,范旭东、侯德榜、李烛尘等人创办了黄海化学工业研究社。

进入20世纪,来天津的中外投资急剧增多,1906年共有洋行232家,其中最多的日商达72家。在清末和第一次世界大战前后,天津近代工业出现两次设立民族企业的高潮,建立了以纺织、化工、卷烟、火柴、造胰、食品等轻工业为主体的近代工业。

图5-3-1 侯德榜
资料来源:《知名人物100位》,前揭第74页。

图5-3-2 永利碱厂
资料来源:《津沽旧影·老照片》,前揭第47页。

1902—1931年天津出现了38家华资工业企业,涉及面粉、烟草、火柴和榨油等轻工业。第一次世界大战期间出现创办工业企业高潮,由军阀官僚投资创办了许多大型企业,如：1915年以后建立了恒源、裕元、华新、裕大、北洋、宝成六大纱厂,共有纱锭21.7万余锭,在全国华商纱厂中居第二位;以后又出现了多家毛纺织厂,特别是1931年建立的仁立和东亚两家毛纺厂,引进外国设备、工艺和原料,提高了产品质量。天津东亚毛呢股份纺织公司,1932年4月宋棐卿创办,初建于意租界,以"抵羊"(抵洋)为商标,后迁至英租界,修建了现代化厂房。

图 5-3-3　恒源纱厂

资料来源:《天津旧影》,前揭第66页。

1916年后7年建立了4家大型面粉厂,日生产能力达到1.65万包,以后又建立7家,到20年代末天津机器面粉业的日生产能力近4万包。天津三条石的铸铁和机器手工业作坊也有一些规模不等的企业出现。天津以纺织和化工等行业为主的近代工业主体框架逐步形成。[①]

民国初期,天津民族工业进入鼎盛期。1912—1928年,天津民营厂家2 471

[①]《解读天津六百年》,前揭第160—163页。

家,总资本8 243万元。产业结构偏重于轻工业,有2 273家轻工业企业。但是大部分民族工业资本有机构成低、规模小、设备简陋。在纺织工业总数803家企业中,资金在1万元以下的有736家。尽管如此,民族工业仍在进步。这首先是由于当局大力支持,颁布《公司保息条例》《商人通例》《公司通例》《公司注册规则》等。其次,第一次世界大战期间各国对华出口税减,给民族工业的发展提供了机会。再次,当时北洋军阀、政客与遗老遗少的官僚资本大量投资于工矿企业。租界内安全度高。据不完全统计,他们投资的厂矿企业共约40家,客观上推动了民族经济。到第一次世界大战以后,外资企业也大量进入。

日租界是日本攫取经济情报的前哨,也是日本掠夺华北资源,向华北倾销过剩产品,对天津实行资本输出的基地。日本在天津设立的各家银行与工业企业通过租界内外的经营活动,大力伸展自己的触角,扩充自己的实力,巩固自己在天津的经济地位。

1937年7月30日,天津沦陷,日本对天津工商业进行洗劫式掠夺。特别是抗战进入相持阶段后,日本为解决物资供给困难,提出"以战养战"策略,新建了一批企业,导致天津工业呈现畸形发展,同时加紧对原料、产品与利润的掠夺。抗战胜利以后,国民党机构与大员前来天津"接收",使民族工业再遭重挫,到天津解放前夕已经濒临崩溃。

二、天津商业

天津也是近代北方商业中心。八国联军侵入,天津市面饱受摧残,商业顿时陷于凋敝。到李鸿章入北京议和,天津各处"难民相继复归,市面遂稍有交易。九月以来,商家贩运货物,颇不乏人,而尤以米商为最多。兹闻本月十四、五、六三日之间,由沪上载运米麦洋货杂货至天津销售者计值一千六百三十余万金之多"。①

天津原先繁盛区在侯家后、估衣街、大胡同。1922年后逐渐转移到南市一带。1928年后法租界梨栈一带成为天津最繁华地区。在日租界,1927年在旭街建起中原公司(今百货大楼旧楼)。"九一八"后,日本设立"兴中公司",制订了

---

① 《湖北商务报》1900年第62期。

"开发华北经济计划"。日本在天津的投资到 1936 年超过了英美,日租界商业也迅速繁荣起来。

图 5-3-4　日租界寿街(今兴安路)及日商清水洋行

资料来源:《近代天津图志》,前揭第 66 页。

表 5-3-1　1929 年 12 月末日租界内日本人营业表

种　类	店数	种　类	店数	种　类	店数
贸易商	212	饭店与饮食店	45	洋品杂货商	39
土木建筑承包业	38	食品杂货商	38	药种商	31
制造工业	24	医院	19	中介业	17
薪炭商	17	置屋业	16	洗涤及染物业	16
电器零件商	15	烟草与杂货商	14	印刷与材料商	14
理发业	13	洋服商	12	汽车与自行车出租商	11
服装商	11	缝纫业	10	贵金属与钟表商	10
抵押商	9	新闻与通信业	9	报关业	9

续 表

种 类	店数	种 类	店数	种 类	店数
鸡蛋输出商	9	书类与文具商	9	游艺师匠	8
金融业	8	机械商	7	照相及材料商	7
按摩与治疗业	7	靴及材料商	7	船舶业	7
家具商	6	律师及代理业	6	旅馆业	5
运输与运送业	5	银行与信托业	4	娱乐业	3
其他杂类	65	合 计		825	

资料来源：《天津日本租界居留民团资料》第二册，前揭第211页。

表5-3-2　1929年12月末日租界内中国人店铺表

种 类	店数	种 类	店数	种 类	店数
无职业人及住宅	1950	妓院与出租会场	237	食料杂货商	121
西服与成衣铺	94	大饼与包子商	56	纸烟与兑换商	48
薪炭商	38	医院与医师	25	米面商	23
洋布商	23	贵金属与钟表商	22	洗涤与染物业	22
饭馆	20	洋品杂货商	19	金贷业	15
药种业	14	汽车出租业	14	家具商	11
旅馆	11	电料商	10	水铺	10
豆腐商	8	寺院与庙	8	律师	8
印鉴商	7	五金商	7	棉花商	7
酒与酱油商	6	演艺场	4	古玩商	4
新闻与通信业	4	自转车商	4	学校	3
照相业	3	热水屋	3	牛、羊、猪肉商	33
钱铺	32	洋铁铺	31	木匠	30
抵押商	19	油漆铺	19	鞋商	18
理发业	16	脚行	9	盐务所	9
仓库业	9	贸易业	8	行商	6
承包业	6	油商	5	书籍与文具商	4
茶叶商	2	其他杂类	29	合 计	3144

资料来源：《天津日本租界居留民团资料》第二册，前揭第212页。

在商业发展中,洋行对于物资供给和推销起着重要作用。洋行一般规模大,经营种类多,经济实力强,有的在行业中占据垄断地位。1936年,天津有洋行982家,其中日本洋行居然达到689家,比较著名的有武斋、武田、大仓、三井、三菱、加藤、东棉、增田、山本、日信、东京拓殖。三井洋行大楼,坐落在日租界山口镇(今张自忠路25号,天津第一机械局),大楼高3层,混合结构,呈现折衷主义形式,在各洋行中十分突出。同年,日本在天津开办的洋行加上各类商店达1800余家,多数设在日租界内。

图5-3-5 多伦道山东路口

资料来源:《八年梦魇:抗战时期天津人的生活》,前揭第18页。

劝业场,位于法租界杜总领事路(今和平路)与福熙将军路(今大沽路以西滨江道)交口处。1928年建成开业,高星桥创办,并有庆亲王载振、正金银行买办魏信臣等为股东,模仿上海大世界,有折衷主义建筑风格,规模宏伟,并有7个天字号娱乐场所。以后该地块形成了劝业、天祥、泰康三大商场对峙而立的局面,成为天津繁华的商业区。

中原公司(今天津百货大楼),7层钢筋混凝土框架结构。1928年在日租界旭街(今和平路北段)建成,新型百货商店,将南市商业区和梨栈商业区连接起

图 5-3-6　劝业场

资料来源：《天津旧影》，前揭第 69 页。

图 5-3-7　中原公司

资料来源：《近代天津图志》，前揭第 112 页。

来，几乎成为天津商业区主体，并有游艺场，1940 年 8 月失火，以后加固维修，1941 年竣工。创办人多为香港和上海先施公司培养起来的。

日本商品出现于天津市场，虽较英、美为晚，但是自 1904 年以后日本开始染指华北市场，数年间就取得优势，大量倾销。日本来天津商船也逐年猛增，由 1908 年的 100 多艘增加到 1928 年的 900 多艘。为使日本商船能够沿海河直接驶入日租界，1926 年日本政府批准居留民团以 100 余万元在日租界山口街（今张自忠路）海河岸修建码头，于 1927 年竣工。

许多外国冒险家在租界里投机发

财。瑞士人李亚溥,初来天津时身无分文,后发横财,在英租界修建了当时天津最高建筑物利华大楼,并开设利华银行和珠宝公司,又在意租界回力球场大量投资。他搞的人寿小保险,由于保险费小,欺骗了许多人。其他如达拉第兄弟(印度人)、戴维斯(英国人)都是租界暴发户。达拉第兄弟来津时囊空如洗,后来在英租界经营泰来饭店(今天津第一饭店)和蛱蝶影院(今大光明影院)。德国人起士林原来是面包师,后来垄断了天津的面包、点心、糖果及西餐业,成为巨富。他的助手回国时就分到60万银圆的利润,起士林的财产可想而知。

表5-3-3 天津日租界名店表

百货店	中原公司(旭街)
理发店及澡堂	东鸿纪(日租界)、新园(旭街)
旅馆	大通栈、弥生旅馆、乐利旅馆中央饭店、大北旅馆(旭街)、息游别墅、德义楼、天津饭店、北洋旅馆(寿街)
茶食与茶叶店	奇香居(秋山街)、稻香村(旭街)、东正大
饭店	锦江邨川菜、华宾楼、聚丰园、江南三津春(均在日租界)
绸缎布庄	老九章(旭街)、大纶(旭街)、崇德(旭街)、华首分号(旭街)、谦盛祥(旭街)、永源
衣帽铺	老美华
钟表眼镜	美华丽钟表眼镜、太平洋眼镜、亨达利钟表、大明眼镜公司、副华洋行
印刷局	东华石印局
照相及画像馆	鼎章

福岛街东首旧有一菜市,1920年代已关闭。居民买菜多赴法租界菜市或天安里一带。[①]

"九一八"以后,市面一度萧条。为了吸引中国游客,日租界推出了夜市,许多游客醉生梦死于其中。董式珏《谈谈日本租界的夜市》一文谈到"九一八"以后

---

① 《天津租界及特区》,前揭第81页。

天津日租界的市面:"自从九一八事变以后,便闹得不可收拾了。就按天津的日租界说吧,白天还有人走,到了晚间,不独行人稀少,就连铺户也早早地上了门。街道上所见的,只是惨淡的灯光,同值岗的巡捕来点缀这寂静的空气。从远处看去,是暗暗的真如鬼世界一般。说到行人稀少缘故呢,一,因租界的住户差不多迁到安全的地方去;二,国人全知道日本人的狡猾野蛮,对于日人全有戒心,视日租界为畏途,所以弄得市面非常萧条。日租界当局有鉴及此,所以有夜市的设立:一,为繁荣市面;二,为畅销日货,这就是夜市之由来。自从夜市成立以来,日本人抱定了货物贱卖的宗旨,来招揽中国人,果然他将中国人的弱点抓住了,市面也谈繁荣了,货物也畅销了。那一般贪图小惠的中国人呢,不但不视为畏途,反倒趋之若鹜了。虽以前有人在夜市上掷过炸弹,并且炸死了行人,但是还打不破这贪小便宜的迷梦,每到夕阳西下的时候,街上人熙来攘去,挤满了街道。我每天坐电车经过的时候,心中便起了一种莫名的感动。现在国家已到了危亡之期了,有一点爱国心的人应当如何惊惕,以自图强,所谓'国家兴亡,匹夫有责'。最爱冒热气的中国人呢!嘴里大喊着抵制,可是暗地买的更多,虽然有一两个暂时的抵制,可是终究免不了五分钟的热度的讥讪。所以我奉劝诸同学们,以后要自身做标准,不要到夜市去,尤其是不要买日本货,渐渐的推广到家庭社会方面,那才不辜负师长的一番指导。"①

日本在天津先后组织过11个日本人同业组合,包括天津日本人工业者同业组合、天津棉花同业组合等。1902年10月,在天津日本商人组成天津商谈会,1908年改为天津日本商业会议所,作为居留民团的一个分支,设会长、副会长各1人,评议员24人,分别由会员与评议员选举产生,每届任期一年。主要职能是维护天津日本工商业者共同利益、协调关系,编纂商业年报、贸易年报,出版书籍。抗战期间改称天津商工会议所。

天津1902年起大规模进行与世界市场的直接贸易,1931年比1892年增长近3倍。对内贸易业日趋繁盛。1902年以后,外国轮船开辟多条从海外到天津的航线。海运轮船公司有日清轮船公司的华山丸、唐山丸,大阪公司的盛京丸、日东丸、长沙丸、福建丸,分别经营天津至上海、福建、日本的航线。

---

① 《市一校刊》1933年第21期,第38—39页。

表 5-3-4　天津进出口贸易值　　　　　　　　　　　单位：海关两

年　份	进出口贸易值
1902	9 047 万
1906	突破 1 亿
1911	11 653.6 万
1921	22 477.9 万
1925	28 770 万
1931	35 022.9 万

资料来源：《解读天津六百年》，前揭第 11、48 页。

在日租界山口街与浪花街及松岛街交角处，有橡木造码头，长约 15 丈，其中一部分租给了茂记洋行。日本租界局定有码头条例 9 条。日船舶凡在日租界河岸系留船只或在日租界码头上堆积货物者，须先得租界当局允许并缴纳捐税。码头费每吨计日元 3 分。停泊费：汽船每艘 20 日元，帆船每艘 10 日元，中国民船每艘每月 1 元 50 分，舢板船每只每月 50 分。木材装卸每吨 5 分。堆货于码头占地 1 坪（合 32 平方尺）者每日 3 分。①

"九一八"以后，日本开始垄断对天津贸易，进入天津港的日本商船数量大增。

表 5-3-5　1933 年天津港入港船舶统计表

月　份	航抵天津 日船	航抵天津 其他船	航抵塘沽 日船	航抵塘沽 其他船	大沽停泊 日船	大沽停泊 其他船	合　计 日船	合　计 其他船
2	33	30	19	47	1	8	53	85
4	44	82	9	48	8	23	61	153
6	17	44	40	74	2	19	59	137
8	0	5	57	116	1	19	58	140
10	12	28	45	98	1	17	58	143
12	39	51	19	68	1	15	59	134

资料来源：《天津日本租界居留民团资料》第二册，前揭第 515 页。

---

① 《天津租界及特区》，前揭第 79—80 页。

日商倚仗其经济实力,在中国大肆掠夺原材料。

内地运津棉花,就其品质异同,可分为粗绒、细绒两大类。所谓粗绒,指河北省大清河流域各县及南运河经过冀鲁两省附近地域等产棉而言,俗称西御河花。所谓细绒,系河北省之东北河长绒、美种(东河即滦河、北塘河,北河即北运河)、西御河美种、山西话、吐鲁番花及其他细绒。

日商三井洋行、三菱洋行、东洋棉花洋行和武斋洋行等垄断了天津周围乃至整个北方大部分棉花的出口和棉纱、棉花、五金、百货的进口。有的洋行在华北、西北、东北的广大地区遍设外庄或货栈,深入内地直接向棉农购棉,垄断棉花生产和销售,或者低价收购其他农畜产品,转运天津出口,牟取暴利。怡和、仁记、新泰兴、平和、高林等洋行,在内地设立的外庄最多。怡和的外庄,一年营业额最多时达到400万两。仁记洋行的外庄,收购山货经常一次超过100吨,收购绒毛一次也常达几十吨。由于收购量大,仁记外庄许多土货产都居于垄断地位。例如,在宁夏的外庄垄断收购西宁毛,在包头的外庄垄断收购驼毛,在海拉尔的外庄专门收购兽皮等。有的洋行还走私鸦片、贩卖华工。

20世纪30年代前期,天津经营棉花出口之商行共121家。以国别言,中国商行67家,为最多;西洋商占32家,为次多;日本商行22家。经营天津棉花出口的日本商行有三昌、中国土产、松本、清喜、东棉、德丰、太上、华丰、怡丰、增幸、中野、日信、裕华、正华、三协、三进、南进、武斋、日本棉花、山贞、国际、金刚等约30家。以其经营棉花数量而言,日本商居首,计100.6万公担,占近5年总数47%;中国商次之,计80余万公担,约占总数36%;西洋商又次之,为35.2万公担,占总数17%。由此可见,在天津经营棉花的势力以日商最大。

表 5-3-6　30年代天津棉花输往日本数量表　　　　　　　　　单位:公担

年　份	1931	1932	1933	1934	1935	共　计
日　本	360 766	257 754	221 530	139 153	134 303	1 113 416
国外共计	406 560	376 874	252 625	167 899	214 868	1 418 766

从历年天津输出总额可见,输往日本的货物所占比重逐年增长。1908年为

1 914万海关两,其中对日输出48万,不到总量3%。到1916年,提高到20%强,到1930年占33%以上。[①]

第一次世界大战期间,西方无暇东顾,日本利用租界,其经济侵略迅速膨胀。至"七七事变"前,日本在天津的进出口贸易总额及投资总额,均已超过英美而居首。当时的天津及其工业中,日本投资占绝对优势,日资工厂共拥有电动机器72万马力,占全部机器工业2/3。整个行业基本上都为日本生产军火,制造和加工枪械,民族企业也被纳入军事化轨道,否则就无法生存。天津在被日本占领的8年中,私人开业的机器厂有109家,直接为军工服务。

日本对天津从倾销过剩商品逐渐发展到资本输出。其投资对象首先是纺织工业。天津的纺织工业在第一次世界大战期间发展起来,日本较晚开始设厂。自1931—1936年,天津民族纱厂多为日本吞并,日商从无到有,拥有纱锭12万枚,布机1 000台,其他工业也大量投资。到"七七事变"爆发前,日本在华北投资总额达11亿日元。

日商在天津开办的棉纺厂包括:裕丰纺绩天津工厂,筹建于1935年,资本3 000万元,雇用中国工人4 000余人,每日产布3 900匹;三泰纱厂,成立于1937年3月,为日商上海纺织株式会社天津工厂,雇用中国工人1 000余人;双喜纺织株式会社,设纱厂与布厂,1936年10月兴建,"七七事变"时尚未竣工。

天津日商吞并的中国棉纺厂有:钟渊公大第六工厂。其前身为裕元纱厂,系倪嗣冲、王郅隆投资创办。该厂每日产布近15万码,后因日本纱布占领中国市场,产品滞销,于1936年被日商钟渊公大实业株式会社吞并,改称为钟渊公大第六工场;天津纺绩株式会社。原为中国商人所办裕大纱厂,每年可产纱约1.5万包。1926年因负债过多无力偿还,被债权人东洋拓殖公司所吞并,其又委托伊藤忠商事会社的旁系大福公司代为经营。1936年东洋拓殖与大福两公司又合资吞并了中国人所经营的宝成纱厂,之后将该厂与裕大合并,改称天津纺绩株式会社,雇用中国工人2 400余名。"七七事变"前,天津的华商纱厂已被日本逐步吞并,只剩下了恒源、北洋、达生3家。日本占领天津后,对这三家实行军事管制,通过日本财阀经营的纱厂从原料、生产品种和销售上予以控制。于此前后,

---

① 实业部天津商品检验局:《近五年天津棉市概况》,1936年印行,第70页。

日本各纺织会社蜂拥而至。日本军政当局为了垄断与控制天津纺织业，1937年4月成立日本纺织业天津事务所，不久又成立日本纺织同业会天津支部，分别控制了华北的棉花收买、运输、配给，掌控了原料和产品市场。1940年6月，日本人在事务所内设置天津纺织品机械用品输入组合，开始对纺织工业所需各种物资实行一元化输入统制。1943年8月，设立了华北纤维统制总会，下设财团法人华北纺织工业会，进一步统制了整个纺织工厂的业务，规定华北棉花要有一半运往日本和伪满洲国，本地消费的棉花还必须一半供应军需，导致各纱厂产品无利可图，大半处于半停产状态。

表5-3-7 天津日、英商纱厂历年比较表

年 份	英 商		日 商	
	厂 数	锭 数	厂 数	锭 数
1895				
1906	1	124 313	2	60 392
1912	3	149 688	5	150 896
1914	4	205 320	7	213 936
1918	5	246 320	13	348 592
1921	5	253 794	27	825 223
1927	4	212 794	45	1 380 308

资料来源：鲁荡平：《天津工商业》，天津协成印刷局1930年版。

表5-3-8 1942年天津日商纺织业概况表

厂 名	精 机	拈纱机	织 机
公大六厂	105 696	5 376	3 015
公大七厂	60 128	5 720	1 530
裕丰纺织厂	102 384	7 200	2 028
天津纺织厂	541 14	2 520	748
裕大纺织厂	48 646	2 400	
双喜纺织厂	30 000	700	
上海纺织厂	29 948		700

续表

厂　名	精　机	拈纱机	织　机
大日本纺织厂	29 792		500
华新纺织厂	45 231	800	504
共　计	505 939	24 716	9 025

资料来源：《近代天津城市史》，前揭第 646 页。

除了增加对原有行业投资外，日商还加大对冶金、机械、橡胶、颜料、电力电器、造纸印刷等行业的投资。1936 年，天津日商有 1 555 家，1940 年增至 5 832 家；日资工厂 1939 年 54 家，资本总额 9 452 万日元，1942 年增至 225 家，资本总额 40 572 万元。日本对天津的投资占除东北以外的在华投资比例，从 1936 年的 8％，上升至 1938 年的 24％，增长率 374％，而同期青岛从 20％下降至 12％，上海从 50％下降至 35％。[①]

日本在 8 年占领期间出于以战养战需要，在天津新建的工业企业（纯日本投资的工厂共 222 个）中从业人员 4.75 万多人，其中日本人 3 283 人，固定资产折合国民党法币 161.6 亿元，流动资产 51 亿元。纺织业占固有资产总数的 53.6％。机器、汽车装修、电气 3 个行业占固定资产总数 25.84％，共有车床 1 242 台、电动机 764 台（7 233.3 马力）。日本占有的工厂是当时天津工业最主要的部分。同时，兴建塘沽新港作为华北中心港，改建和修建通往腹地的公路，垄断对外贸易。

1937 年开始，特别是 1940 年以后，日本在天津冶金工业的炼铁、炼钢、轧钢、冷拔、合金钢方面建立了 10 多家工厂。1943 年日本在太平洋战争失利，加强了对东北、华北的掠夺。天津的中山钢业所即此时建立。该厂有 25 吨马丁炉一座、一吨电炉一座、小型轧钢机一套、拉丝机 110 台，工人 400 多名。

从"七七事变"到第二次世界大战爆发期间，日本对天津工业的投资急剧增加。1936 年，日本在天津投资总额 4 775 万日元，1938 年增至 1.288 6 亿日元，增长 1.7 倍，占日本对整个华北工业投资总额的 43.1％，占日本在整个中国投资的 21.7％。其中，对纺织工业投资最多，1936 年在天津纺织工业投资总额

---

① 《解读天津六百年》，前揭第 51 页。

2 557万日元,1938年增至6 977.9万日元。此外,在机电、化工、造纸、卷烟、火柴、肥皂等投资也不小,势力超过其他各国。为实现以战养战,1938年,日本在天津成立华北开发公司,人员达30多万人,办事机构229处,另有附属机构100多处,从而对天津工业品的原料采购、分配、销售、贩运和消费进行了全面控制。日本对天津全市稍具规模的工厂企业均实行军事管制,40余种主要物品均在管制之列。日本发动太平洋战争后,还接管或没收了包括英、美、法等国在天津的全部工厂和企业,其中包括英、法、比的发电厂,英商颐中烟草公司、山海关汽水厂,美商美孚石油公司,等等,控制了租界内全部工业。[①]

在天津的规模较大的日商企业还有:

东亚烟草天津公司,坐落在日租界三岛街(今新疆路),日商1917年创建,1924年更名复兴烟草公司。

中东印刷公司(日租界福岛街,今多伦路),1903年创办;浪花铅字局印刷厂,坐落在日租界芙蓉街(今河北路),1912年创办;新昌印刷馆,坐落在日租界寿街(今兴安路),由日商1918年创办;日华印刷局,坐落在日租界明石街(今山西路),日商1925年创办。

天津机械工厂,坐落在日租界福岛街,日商1918年创建;华隆伸线制钉厂,坐落在日租界住吉街(今南京路),日商1924年创办;信益洋行汽车部,坐落在日租界明石街,日商1934年创办。

桑茂洋行石碱工厂,坐落在日租界山口街(今张自忠路),日商投资创办。

大清染料公司,坐落在日租界住吉街,日商1932年创办。

中华火柴股份公司,坐落在日租界福岛街,1929年日商投资创办,一度租给华商经营;三友洋行火柴工厂,1925年日商创办。

濑口胶皮工厂,坐落在日租界住吉街,日商投资创办;泰山胶皮工厂,坐落在日租界福岛街,由日商创办;怡丰胶皮工厂,坐落在日租界福岛街,日商1930年创办;中村橡胶工厂,坐落在日租界伏见街(今万全街),日商1934年创办;大和橡皮工厂,坐落在日租界伏见街,日商1934年创办;西长橡皮工厂,坐落在日租界淡路街(今甘肃路),日商创建于1935年;昭南橡皮工厂,坐落在日租界淡路

---

① 《近代天津城市史》,前揭第647—650页。

街，由日商 1934 年创建。

1945 年 8 月日本投降，所有日资企业 400 余处，全部由国民政府接收。

第四节　无处不在的经济统制与走私

为了控制资源、掠夺财富、扩大军需生产，维持侵略战争，尤其在太平洋战争爆发以后，日本在天津实行经济统制，对一些重要产业等的原料、设备、产量、配额、消费、价格等实行严格的控制。

日本的中国驻屯军于 1936 年 3 月制定的《华北产业开发指导纲领案》中，把发送电、冶金、化工、建材等列为"对日满经济或国防有重大影响的企业"，不论其资本来源和所在地，"均根据国际的观点加以统制"。天津的发电送电、冶金和机械等行业均属于日伪当局直接控制的统制性产业。

"七七事变"以后，日本对天津的定位十分明确，就是要把天津作为对华战争军需供应的兵站和战略基地。抗战 8 年中，日伪全面推行对华经济政策，进行经济统制。

根据日伪当局各阶段的计划，天津的发电业被日本的公司垄断，天津市政府所持的天津电业公司的股份转由伪天津特别市公署持有。天津电业在南满洲铁道株式会社（满铁）兴中公司的渗透与主持下，完成了日本多家电力公司对天津电力事业的垄断。"七七事变"以后，为适应大规模垄断需要，1937 年 12 月兴中公司的天津支社成立临时电气事业委员会，次年 4 月又成立兴中公司华北总局电业部。但是到 1939 年，华北地区的发电能力仅仅恢复到战前的 65.3%，因此日本政府兴亚院华北联络部开始策划直接管理华北电业。1940 年 2 月由日方与伪华北临时政府等合办的华北电业股份公司正式成立，该会社资本金 1 亿元，总部设于北京，在天津等城市设有支店。华北电业公司在"统一电压、统一周波、统一电价、统一经营"的方针之下，逐步实现了对整个华北电业从发电、送电到配电的一元化统制，总发电量为 19.2 万千瓦，工矿自备电厂 71 家，输电线路总长 395.6 千米。公司规定，天津支店的资本额 800 万元，发电量 3 万千瓦，公司还整合天津及其附近各工厂的自备发电设备，接管了天津英、比两国的发电厂和供电系统，基本垄断了天津中国城区的发电业。

1937年兴中公司在《华北产业开发计划要纲》中提出，对华北钢铁业的方针是由日本资本创立华北产业开发综合机关，原则上由该机构直接或间接投资，以图实现对钢铁产业的控制。华北各地的矿山和冶炼企业经过军事化管理以后恢复生产，通过加大投资和强化管理，加大了煤炭、焦炭和铁矿石的生产。华北地区1936年的生铁产量为5 000吨，1937年增加至8 000吨，1941年为6.1万吨。钢的产量原本很小，1941年产量增加至1.28万吨。天津的民族冶金企业在日本企业的挤压之下处于瘫痪状态，勉强维持生产的20余家工厂被日伪当局控制，仅能为日方加工军需产品。到1944年初，为解决钢铁不足的问题，日本实行对钢铁产销的一元化统制。同年4月，在北京成立了华北钢铁销售株式会社。原来由华北开发会社与各组合经营的钢铁业务，全部由华北钢铁销售会社统一经营，普通钢材、钢铁制品、生铁与土铁以及铸铁管、特殊钢的铸钢与锻钢、碎铁、合金铁、钢铁半成品由华北钢铁销售公司收购、销售、输移出入、保管以及进行价格调整，解散各种钢铁协议会与组合，原来由华北开发会社部分自营的事业，如钢材、钢铁制品、土铁、碎铁等，均由华北钢铁销售会社承接。

1936年《华北产业开发指导纲领案》中，机械制造业没有列入统制性行业。"七七事变"后，日本对天津和华北地区的机械制造业的方针是扶持日商的投资和经营。由于机械制造业的产品有些涉及战争需要，所以日本对有关军事工业基础部门的机器工厂进行扶植，为日商企业提供原料和技术，进而建立了一些新的机器工厂，对原有的华商机器制造企业，则通过抢占、收购或者供应原料和限定产品销路等方式加强管制。太平洋战争爆发后，海上运输断绝，日本国内经济陷入困境，政府建立战时经济体制。在华北地区，日本对于机械工业"重点放在增强和完备开发用机械器具的修理能力上"，为战争提供更多的武器弹药和军用物资，进而改变了太平洋战争前日本向华北地区提供资金和工作母机的政策，要求华北地区发挥自身能力，迅速扩张以天津等地为中心的机械制造业，并对原材料、生产规模和产品销路采取更为严厉的统制，包括统一工作母机的规格、划定工厂的生产范围，在当地制造质量最好的急需的工作母机，按照适当价格进行配给，以规避价格暴涨的风险，涉及机床、铁路机车车辆和船舶修造、汽车制造等行业。

盐和化工产品是日本急需的战略物资，属于统制性企业，其生产、运销及出口一直受日本当局高度重视。日伪当局除接收华资的化工企业外,为了增产支持侵华战争,还开设新的化工厂,包括日本最大的垄断性机构华北盐业株式会社。1944年1月,日本成立了华北化学制品统制协会,在北平设立本部,在天津等处设立支部。协会的目的是"对华北化学制品进行综合性统制运营",包括:制定化学制品综合供求计划;对化学制品的输移出入、生产和配给计划以及化学制品的价格进行审议,对技术进行指导以及统一化学制品的规格;整备华北地区的化学制品生产工业,对其进行帮助和指导;将与华北开发关系密切的90多个化学制品品种定为协会的特定品种,由协会统一制定配给计划分配。

除此以外,对天津的油漆、橡胶、火柴、造纸、制革、染料等工业也进行统制。这一时期天津民族工业除为日本生产和加工军火得以生存以外,其他部门陷于瘫痪。很多工厂被强行接管和收买,如永利碱厂、久大盐业公司等。在原料分配和重要产品销售实行统制等办法的控制下,一些工厂因原料和产品销售发生困难,生产缩减以至停工关厂。针织业的工厂大多停工。染整业多数厂停工或半停工。面粉业设备利用率也大大下降,到战争的最后3年降至10%左右。当时有的面粉厂只能靠加工玉米粉来维持生计。10多家橡胶厂因受生胶、棉纱、汽油等原料物资统制,加上日资橡胶廉价倾销,均无法维持生产。1937年前曾有100余户的制革业,因皮革受统制,纷纷停业。特别是矿物油被当作军用品,禁止生产和贩运。1937年以前开设的四五十家炼油厂只剩下3家。棉纺织业到1945年6月只有纱锭3.9万余枚,布机9136台(包括日本经营的工厂),还经常陷入停工与半停工。机器染整业到1945年由原来的大小20户剩下了12户,其中除4户给日本加工外,其余勉强维持。铁钉、元钉、窗纱等行业也纷纷倒闭或转业。[①]

铁路是日本侵略战争的生命线、调动军队并配给武器弹药等军需物资的运输线,也是日本掠夺战略资源的供给线。1936年4月,日本军方与新成立的华北伪政权订立了所谓交通通信和航空的备忘录,称"在日军需要军事行动的期间,日军华北最高指挥官对交通通讯及航空等给予军事上必要的管理"。"七七事变"后第四天,日军占领了华北地区,就将铁路置于军队的直接管理之下,并且设立了山海关运输班,负责北宁铁路军事运输及电气设施,同时组织华北

[①] 张利民等:《抗战时期日本对天津的经济统制与掠夺》,社会科学文献出版社2016年版,第93—141页。

派遣监视员,监督、调查线路及各种施工事务,联络修复铁路事宜。不久山海关运输班改称天津运输班,专门负责特殊运输即军队和军需物资的运输,接着又改称天津运输事务所。12月,成立天津铁道事务所。1938年6月,北宁铁路局与天津铁道事务所合并,称天津铁路局,几乎控制了包括天津在内的整个华北铁路。

与此同时,日本继续鼓励各财阀和会社到华北投资。1939年4月,成立了华北交通会社,资本金3亿日元,总部设在北平,名义上为中国法人,实际上公司的重要职务均由日方担任。会社对铁路、汽车运输、内河水运及其附属事业进行投资,以统制华北交通运输。在掠夺资源方针下,华北铁路运输的货运量有了较大增长,华北交通会社1940年4月—1941年3月的货运量,较1939—1940年增加了18%,较"七七事变"前增加56%,其中煤炭及矿产占71%,农产品占10%。

天津第一条近代公路是1917年的京津公路,1928年才全线通车,也是华北第一条近代公路。20世纪30年代还修建了多条公路。日占期间修建了几条天津通往腹地的公路。日军侵占华北后,为了军队和军需物资的运输,必须保证公路的畅通,立即加强了对公路的管理。日伪当局于1938年4月组建伪华北建设总署,统一管理华北地区的工务工程,署内设总务、经理、公路、水利、都市等五局,并分别在天津、北京等地设立4个建设工程局,划定管辖范围。而华北交通会社不仅控制铁路、水运、航空、邮电和汽车,而且直接插手公路建设。1922年天津成立了第一家私营的汽车运输公司——协通长途汽车公司。1936年4月,由满铁设立的华北汽车公司,在日本占领当局的支持下,营运范围扩展到华北全境。但是,华北汽车公司的经营状况不佳。根据日本统制华北地区经济的"一业一社"的政策,日伪当局决定由华北交通会社接管华北汽车公司,其运营的7600多千米汽车运营线等业务悉数移交给华北交通会社。1940年7月,华北交通会社进行体制改革,废除自动车事务所,在各铁路局内设置自动车处,其下分运输、技术两课。同年11月,华北交通会社再次改革,对汽车运输实行全行业的统制。

电信是日军侵华的保障,早就被确定为统制性行业。日军对各个电信机构实行军事化管理后,开始重组管理机构。最初是接管各个电报电话局,天津的电信管理机构随之调整。1937年12月,日本、伪满、华北三地的电信人员制定了《华北电政处理备忘录》,主要内容是在北平成立华北电政总局,并尽快创立新会社。1938年1月华北电政总局在北平成立,接办了军管理的华北电信事业。同年7月,伪华北电信电话有限公司成立,资本金3 500万日元。该公司是统制性机构,其业务范围为电气通信事业设施及经营(除广播无线电话事业外)、电气通信设施和事业的租赁及其委托管理,前列各项的附带事业,电气通信有关事业的投资,以及其他经政府许可的事业,包括电报、电话、无线电报、无线电话和其他电气通信事业的经营,也包括电气通信设备的租赁修理等。该公司在天津设立天津电报电话总局,其管辖范围是河北省内除了北京总局管辖以外的各地。1941年4月,华北电信公司对电报用户类别进行了调查,总共1 780家用户,其中中国人700户、日本人900户。

  日本占领天津后,肆无忌惮地圈占土地。日本特务机关和伪政权下设的保甲组织专门建立了土地调查委员会,强迫农民按户登记土地。对于凡是认为"需要"的土地,日本以军事用地的名义,采取霸占、低价强制征购、没收或无偿圈占等方式,随时征用。掠夺土地的主要施行者是日本组建的专业公司、专业组织以及日本个人。在天津地区,日本掠夺土地的主要机构是华北垦业公司和军粮城精谷公司。一些日本农场也纷纷掠夺土地。据不完全统计,日本会社仅在天津市就有38个农场,有土地12 351亩。1940年上半年,日本在《华北产业开发五年计划综合调整要纲》中提出应重点发展华北的煤炭和粮棉生产。同年7月,兴亚院华北联络部出台《华北产米增殖计划》,提出为了实现华北稻米自给自足的目标,对水稻生产实行有计划的改良增产。为此,日伪当局在一些农事试验场进行水稻品种的改良,以增加单产,同时增加水稻种植面积。对于稻谷和小麦等粮食的征购、分配均由日伪当局直接统制。日伪当局在当地日本驻军特别是日军特务部直接指挥和指导下,通过不断颁布紧急统制法令,强化对粮食的收购、交易,强制实行粮食配给制,削减城市居民的粮食配售,对粮食实行统一的一元化管理。最初,每户居民还能按规定买到几斤面粉或大米,到太平洋战争中期,大米面粉都被列为军用品,大米主要供应日军和日侨,市民与大米绝缘,只能吃劣质小麦杂粮的"混合面"。[①]

  严厉的经济控制必然带来猖狂的走私。为了更多地榨取经济利益,日本侵

[①] 《抗战时期日本对天津的经济统制与掠夺》,前揭第163—185、207—233页。

略者有意纵容走私活动,导致天津日租界走私愈演愈烈。

20世纪初开始,日本人在天津收购白银、铜圆等走私回国,到"九一八"前后,走私始终未断。1933年塘沽协定签订,日本对中国多有限制,日本、朝鲜浪人走私有恃无恐,日本人称为特殊贸易。运进天津的私货则以人造丝、砂糖、卷烟纸为主,甚至远销北平至长江流域。日本军方也在天津大肆走私,开设运输公司,公然挂上太阳旗,把私货运往河北、山东的城镇农村。仅1936年经铁路运进天津的人造丝达3 994吨、白糖89.7万多公担、纸烟纸盘3.8吨、煤油216万多加仑、棉织品7.84万箱、日用杂货20万余箱。从5-4-1可以看出,走私规模与年俱增的严重局面。

表5-4-1　30年代日本经天津的走私量　　　　单位:万元

年　　份	走　私　量
1933	2 500
1934	3 600
1935	3 600
1936	8 100
1937	11 000

大规模的走私活动,严重扰乱了华北市场,摧残了民族工商业。当时天津著名的绸缎庄、棉布店元隆、敦庆隆、谦祥益等都被迫不顾成本,降价销售,损失惨重。天津食糖如潮、闽、粤各帮在津设庄供货,在针市街一带最多时70余家。由于走私白糖大量涌入,使市价暴跌,由每担18元跌至10元,糖商营业一落千丈,大多停业收庄,最后只剩10余家维持局面。罹祸最严重的天津棉纺业,时常出现"棉贵纱贱"的反常现象,致使5家大型纱厂亏损严重,停工破产。其中,北洋纱厂被债权银行收买;恒源纱厂被债权团接管,由诚孚信托公司代管;其余裕元、裕大、宝成、华新四大纱厂均被日商兼并,以低价攫取。

据南京政府财政部统计,仅1937年上半年,全国因走私而损失的关税达1 900多万元,其中天津所在的华北一隅即占1 800万元之多。[①]

[①]　广濑龟松等:《津门旧恨——侵华日军在天津市的暴行》,天津社会科学院出版社1995年版,第31—32页。

第六章
日本居留民团与天津教育文化

近代天津在地理位置上接近作为传统文化中心的北京,同时较早接受西方文化。在天津的中国官府统治区域,实行传统的教育文化体制,并且逐步接受西方文化影响。而在日本租界内,居留民团设立了学校,建立了报刊与图书馆、博物馆等文化设施,使租界内的教育文化制度向近代化转变。但是应该看到,这种教育文化设施与制度,整体上服务于日本的侵略战争,是与日本对租界的统治相适应的,体现的是殖民地式的奴役性,对于日本人而言要培养侵略与奴役中国人的骨干;对中国人而言,则旨在培养日本帝国主义的奴才与亲日派。在此过程中,日本居留民团对日租界相关活动起着促进、控制与监督的作用。

第一节　服务于侵华战争的普通教育

中国近代开始设立学校,以后又仿效西方教育制度,进行了教育改革。

天津,是中国近代教育发达的城市。教育的发展始终伴随着天津城市的发展。19世纪晚期,西风东渐,西风思想文化不断传入。西方教会在天津建立了一些新式学校,这些带有近代文化侵略色彩的建设,在客观上起到一定的催化作用。租界内设立的各种学校,对天津的教育发展影响尤其深刻。从内部说,严复的《天演论》及相关译注的出版,使天津成为变法图强的舆论中心;洋务运动及后来的"北洋新政",在天津兴办了一批新式学校,起到了某种示范与推波助澜的作用。从19世纪七八十年代开始到辛亥革命前的二三十年,天津兴起了"废庙兴学"的热潮,从学前教育到高等学校,天津各级学校层次之完整、门类之齐全、数量之众多,在国内名列前茅。1905年(光绪三十一年),直隶总督袁世凯等奏请立停科举,推广学堂,得到朝廷批准,所有乡试、会试一律停止,持续1 000余年的传统科举制度至此画上句号。

1905年(光绪三十一年)和1907年,严修相继创办保姆讲习所和蒙养院(幼稚园),是天津最早的幼儿教育机构。从1912年民国建立后,南京国民政府发布了一系列教育改革令,废除了清朝学部颁行的教科书,废除了早期学堂毕业生的准科举"出身"制度,学堂改称学校,小学可以男女同校等,在一定程度上建立起近代教育制度。

甲午战争后,天津的留学热点由欧美转向日本,留学的主要专业由军事转为教育,留学教育开始成为高等学校建设的一项内容。1898年和1899年,天津水师学堂、天津武备学堂、天津医学堂有32名学生留学日本。1881年,首批留美幼童回国,其94人中有50人被分配到天津机器局、天津电报局、天津北洋水师学堂、天津医学堂以及北洋水师。

早在20世纪初期,天津就提倡女子教育。1902年(光绪二十八年),严修在家里创办了严氏女塾,入学的有严氏家属。1905年改为严氏小学。严氏女学为天津第一所女校,也是全国开创最早的女校之一。1907年,学部制订《女子小学堂章程》《女子师范学堂章程》,女子教育开始列入制度。1919年该校增设中学班。1923年9月改建为南开女子中学。抗战初期,南开女中被日军炸毁。天津沦陷时期,南开女中迁重庆南渝中学。1946年迁回原址。中华人民共和国成立后称天津市第七女子中学。

1906年(光绪三十二年)开始筹办北洋法政学堂,翌年8月举行成立典礼,以造就政治通才为宗旨。分本科6年,预、正科各3年。正科又分政治、法律两科,政治科分政治、经济专业,法律科分本国法律、国际法专业。另有简易科,分绅班(行政科,为地方保送)、职班(司法科,专收外地在职人员)。李大钊作为该校首期学生学习过6年。以后,该校与直隶高等商业学校、保定法政学校合并,更名直隶公立法政专门学校。1929年改名河北省立法商学院。"七七事变"后被日军封闭。1949年以后分别并入北京政法学院和南开大学。

1904年(光绪三十年)10月,私立中学堂(今南开中学)成立,其仿照欧美近代教育制度,在1898年严修所设严馆和1901年王奎章所设王馆基础上合并而成,张伯苓任监督,首届招生80人。同年,改名私立敬业中学堂,翌年袁世凯令改名私立第一中学堂。不久迁至南开新校址,称私立南开中学堂。1912年4月名天津南开学校。1935年编制,分初中、高中两级,均为3年,学生人数1 400余人,共毕业28次,2 279人。1937年7月,南开学校校舍被日军炸毁,学校迁至重庆沙坪坝。抗战后南开中学回天津复校。

严修和张伯苓在开办南开中学基础上,在南开中学成立专门部,拟定将专门部改为大学,为此,两人考察了美国私立大学。回国后筹集资金成立大学。1919年举行新生考试,录取了周恩来、马骏等96人。同年9月,举行了天津第一所私立大学——南开大学开学典礼。10月,在南开学校15周年纪念日,又召开了南开大学正式成立大会。以后规模日益扩大,20世纪30年代有文学院、理学院、商学院共13个系。1937年7月被日军炸毁,南迁长沙再迁昆明,成立国立西南联合大学。抗战后复校。

1887年(光绪十三年),天津海关税务司德璀琳,利用外侨和中国官员捐款,在大营门外梁家园设立了博文书院中西学堂。甲午战争后,1895年(光绪二十一年),盛宣怀禀请军机大臣王文韶转奏朝廷批准,在博文书院址(今海河中学)建立了天津北洋西学学堂,分头等学堂(本科)与二等学堂(预科),包括法律、土木工程、探矿、机械等科,学制4年。学堂督办盛宣怀。1896年,学堂改名天津大学堂,为中国培养高等工程技术人才的第一所近代化大学。八国联军侵华期间,该学堂被德军占领作为兵营。1903年迁西沽武库新址,改称北洋大学堂。辛亥革命后又称北洋大学校。1920年起,北洋大学调整部分学科,成为工科大学,后改名北洋工学院,曾制造我国第一台飞机发动机。1937年后,北洋工学院迁陕,与北平大学、北平师范大学和北平研究院联合组成西安临时大学,不久改称西北联合大学。抗战后迁回天津复校。[①]

与此同时,在日租界里设立了不少学校,其中有的由居留民团建立与直接管辖。

[①] 《天津历史大事100件》,前揭第109—110页。

表 6-1-1　天津居留民团立小学校学生数

学　校　名	1940 年 4 月末在籍数
芙蓉小学校	1 310
淡路小学校	1 155
三笠小学校	898
吉野小学校	326
大和小学校	396
合　　计	4 085

资料来源：《天津日本租界居留民团资料》第八册，前揭第 107 页。

日本侵略天津的过程中，注意开办学校即日出学馆或共立学校，推进奴化教育。1900 年八国联军入侵不久，日本驻津领事馆在今塘沽海神庙旧址建立了日出学馆，以后校址迁至日租界伏见街（今万全道）。这是日本在天津建立的第一所学校，也是天津唯一一所由日本人经营的对日租界华人子弟进行教育的学校。学馆为中等学校。1906 年后改由华人为主要成员的董事会管理，但校长仍为日本人担任，更名为天津高等学堂。1908 年由居留民团每年补助 1 200 日元经费，增设一所附设的共立小学。1913 年小学并入天津高等学堂，改名天津共立学校，校址迁入山口街（今张自忠路北段）。该校 1923 年前全部招收男生，1924 年开始招收女生。设有以官僚、汉奸、特务为主组成的理事会。1933 年改为日租界的公立学校，由日本驻津领事提名组成的理事会管理，即今万全道小学。

表 6-1-2　1925 年度共立学堂收支预算表　　　　单位：日元

收入预算		
项　　目	本年度预算	上年度预算
民团补助	7 200	6 000
中国人集资	204	204
本金利息	640	636
课程费	1 200	500
前年度转入	156	169.40
共　　计	9 400	7 509.40

续　表

支出预算		
项　目	本年度预算	上年度预算
俸给薪金	6 280	5 600
杂役俸金与津贴	262	262
校具补给费	100	90
燃料费	250	140
图书费	160	50
修缮费	180	150
笔墨纸费	80	70
式典费	90	70
杂费	400	350
天棚费	150	—
新设校具费	540	300
庙赈恤费	120	120
预备费	168	157.40
年末津贴储金	180	150
共　计	9 400	7 509.40

资料来源：《天津日本租界居留民团资料》第十册，前揭第160页。

天津日租界设立后，随着日本人的逐渐增多。1902年，日本基督教会在日租界山口街(今张自忠路北段)建立了私立天津普通高等小学校(亦称寻常高等小学校)，是天津第一所专门教育日本人子弟的学校。1906年，居留民团将其改为公办，校址从山口街迁至福岛街(今多伦道)。此后该校作为租界所属公立小学，实行6年制义务教育。1912年后在芙蓉街(今河北路)等各处设分校。该校分寻常、高等二科。寻常科6年毕业，高等科2年毕业。教职员分四种：校长、教员、训导、准训导。教员非得领事官许可，不准任职私立学校或营业。学校全年用费约44 360日元，其中教职员薪金29 300日元。每年日本政府补助该校5 500日元。此校归租界局庶务课管辖。

表 6-1-3　天津日本寻常高等小学校在籍学生数量表
（1930 年 7 月 1 日—12 月 31 日）

分类	性别	寻一	寻二	寻三	寻四	寻五	寻六	高一	高二	合计	总计
7月1日	男	91	71	55	67	44	37	14	10	389	713
	女	55	68	59	63	48	31			324	
入学	男	4	5	6	7	2	5			26	52
	女	6	3	2	4	3	5	2	4	26	
退学	男	7	6	3	4	1	5	2	4	32	56
	女	7	2	7	0	4	4			24	
12月31日	男	88	70	58	66	45	35	13	8	383	709
	女	54	69	54	70	47	32			326	

资料来源：《天津日本租界居留民团资料》第六册，前揭第 47 页。

图 6-1-1　天津日本寻常高等小学校

资料来源：《近代天津图志》，前揭第 166 页。

表 6-1-4　天津 1938 年天津第一日本寻常高等小学校设施表

校　地	2 184 坪。其中室外运动场 691 坪，校园 126 坪
校　舍	普通教室 30 间、特别教室 3 间、理科室 1 间、理科准备室 1 间、少年团用具室 1 间、体操器具室 1 间、暖气控制室 1 间、图书室 1 间、教具室 1 间、值班室 1 间、热水屋 1 间、物置 1 间、温室 1 间、天皇像安放屋 1 间

资料来源：《天津日本租界居留民团资料》，第三册，前揭第 411 页。

同时,在日租界内建立了中等学校。

表6-1-5　1944年日租界日本中等学校学生数量表

名　称	学　生　数
中　学	746(全为男生)
商　业	204(全为男生)
工　业	422(全为男生)
松　女	570
宫　女	399
桥　女	179
合　计	男1 372,女1 148

资料来源:《天津日本租界居留民团资料》第五册,前揭第318页。

表6-1-6　天津日本中学校活动内容表(1939年)

职　员	学校长:丸山英一;保护者干事:后藤贱夫、中土庄之助;职员:6名;嘱托:3名
学　生	一年级76名
教　授	1. 职员研究修养:确定职员各自研究项目、座谈会、研究番表、研究授业等; 2. 每学期学级案与反省录; 3. 每周教授案与教材分配表; 4. 每学期两次成绩考查; 5. 成绩公布:展示成绩优秀者; 6. 公开教育:公开一般学习资料与时事时局问题; 7. 展览会; 8. 暑假指导:自8月14—19日实行特别授业,并且布置写休假中的心得; 9. 校外教育:见习旅行、博物采集、海边学习、交通动态调查等
训　练	1. 关于国民精神的涵养:国旗升旗式,参拜神社,遥拜皇宫,向上誓词,于敕语颁布日奉戴"圣旨",设定"国体精神涵养日",奖励诗吟剑舞等; 2. 校训的学习; 3. 实施实践周间:协同亲和,自律钻研,忍库锻炼,勤劳奉仕,敬神崇祖等; 4. 合同训练:每日校舍清扫训练,每周六全校合同训练,临海学校集团的合同训练等; 5. 检阅; 6. 自治训练:校友会、团别竞技会,周番制度等; 7. 勤劳作业设施:校舍的清扫,为关东神宫御造营服务;天津神社等的清扫; 8. 个人训练:个性调查,性行查定的个人训练; 9. 时局特别安排:设定兴亚纪念日;搜集旧铁与废品,节约箱,设置时局部,参加"慰灵祭",送别伤病员与灵骨,军事训练等

资料来源:《天津日本租界居留民团资料》第四册,前揭第129页。

从表 6-1-6 可知,此类学校重视向学生灌输忠于天皇的意识和军国主义观念。

私立天津高等女学校(相当于高中),天津日本居留民团大会议长吉田房次郎于 1921 年建立,位于日租界明石街(今山西路)日本基督教会内。1927 年因经费困难移交居留民团管理而成为公立学校。

表 6-1-7 天津居留民团立天津高等女学校 1928 年 3 月毕业生与修业生数量表

学年	补习科	本科第四学年	本科第三学年	本科第二学年	本科第一学年
人员	毕业 6 人	毕业 19 人	修业 23 人	修业 19 人	修业 35 人

资料来源:《天津日本租借居留民团资料》第二册,前揭第 103 页。

该校 1939 年有学生 455 人,其中一年级 149 人、二年级 114 人、三年级 101 人、四年级 90 人、补习科 1 人。[①] 抗战后期,随着日租界人口的增加,1944 年 4 月,天津日租界增设桥立日本高等女学校,当年招收学生 179 人。

抗战期间,日本为侵略中国,需要培养大批服务于侵略战争的技术人才,日本人开办的职业学校得到发展,如设立在日租界淡路街宫岛街角的日本商业学校,在 1933 年已经成立,在日本侵华期间发展较快,1939 年,学校教员达到 22 人。此外,抗战爆发后,天津女子职业教育遭到破坏,许多女子职业学校停办,仅有日本人大坪隆良为校长的宫岛日本高等女子职业学校仍开办。[②]

此外,日本青年会于 1919 年建立了天津商科夜校(1928 年由日本文部省批准改为天津实业专科学校,设有高等商业、普通商业、英语、中文 4 个专业,招生对象为日本国内和在华日本中学毕业生)。天津日本商业学校,1939 年有学生 343 名,其中一年级 108 人、二年级 83 人、三年级 67 人、四年级 59 人、五年级 26 人。天津日本青年学校,1939 年有学生 303 人,其中普通科 149 人、研究科 15 人、本科 121 人、专修科 18 人。[③]

天津沦陷后,为推行日语教育,日本各种宗教机构和财团在天津建立了一些学校,主要推进日语教学,如天津立正日华语学校、私立华北电信电话株式会社天津青年学习、三笠日本小学校、吉野日本小学校、大和日本小学校、大和青年学校、三笠青年学校、春日日本国民学校、宫岛日本高等女子职业学校等。

[①] 《天津日本租借居留民团资料》第四册,前揭第 131 页。
[②] 王慧等:《天津近代教育制度史》,中国社会科学出版社 2017 年版,第 346 页。
[③] 《天津日本租界居留民团资料》第四册,前揭第 130、133 页。

中日中学,又称中日学院,前身是1921年成立的同文书院。1919年日本东亚同盟会决定在天津创办学校,最后将校址选在海光寺日本兵营附近。同文书院成立后,按日本同文会要求,学院分为事务、教务两个部分,日本人负责事务部,中国人担任教务部长,并推选王洪国担任名誉院长。学院以招收中国学生为主,也有少数日本学生。课程设置与日本国内中学大同小异,唯增加日语,大部分教员为中国人,以毕业后即可保送日本留学为招牌,吸引了不少人。钱玄同、周作人、穆木天等都曾任教。1925年12月,中日教育会在北京成立,决定把天津同文书院改名天津中日学院,聘请北大沈兼士为院长。1945年解散,校址即今天津师范大学北院。

爱善日语学校,1933年由东京日文协会开办,在宫岛街(今鞍山道),招生对象为中国学生,主要培养日语翻译,1938年归日本外务省管辖,称天津第一日语学校。

日本宗教机构所办日语学校有:

天津天理日语塾。由华北神道联合会下属天理教华北传道厅创办,在日租界伏见街南1号。塾长铃木亨。1939年5月该塾改组扩充为天津天理日华语学校,有教师10人。

天津立正日华语学校。由华北日本佛教联合会下设日莲宗北支开教监督部于1937年5月为普及教日语准备而设立,翌年开学。1940年时位于城东南角草厂庵,有学生1 000余人。

日本教会城内日语塾。由华北日本基督教联盟下属的日本监理于1940年5月创办,位于北门内沈家栅栏胡同10号,教师3人,第一期入学学生16人。

表6-1-8　1943年天津日本人学校各校班级、学生人数表

国民学校	芙蓉、淡路、三笠、春日、吉野、大和,共137班、6 296人
中等学校	中学、商业、工业、松女、宫女,共65班、2 581人
青年学校	日青、三青、大青,共30班、590人
幼稚园	日幼、芙蓉、三幼、春日、吉幼、大幼,共19班、584人

资料来源:《天津日本租界居留民团资料》第五册,前揭第69—72页。

与西方学校相比,日本学校的教育与管理比较僵化。有日本旅游者写道:法租界里的法国学校,各国孩子都能在一起,包括中国的。外国人学校是全部开

放的,"任何国家的人都可以入学"。结果导致在中国的知识分子中,"能说日语的人少,但能够流利说英语的人非常多";"日本的学校只有日本人,中国人偶然有少数混入,但也被差别对待。虽说有专门为中国人建造的中学校等学校,且有政策性的支持,但是由于缺少灵活性,中国人入学者少"。①

表 6-1-9　日租界内部分学校表

名　称	创办年份	创办者	地点	备注
天津共立小学	1901	日本领事馆	闸口街	外侨子弟学校
天津寻常小学	1902	日本居留民团	福岛街	后改名普通高等小学
天津实业专科学校	1919	日本青年会	日租界	外侨子弟学校
天津高等女校	1921	日本居留民团	明石街	外侨女校
爱善日语学校	1933	东京日文协会	宫岛街	培训翻译人员
三八女子职业学校	1929	曹陈寒蕊	秋山街	1935年迁英租界

日租界也有幼稚园。天津幼稚园1930年1—6月的活动包括：

1月1日,四方拜仪式;8日,始业式。

2月11日,纪元节仪式。

3月3日,偶人节;6日,地久节仪式;23日,修了式。

4月4日,始业式及入园式;12日,外务省官员细川来园;18日,幼儿播种;29日,天长节仪式。

5月5日,端午节。

6月13日,终业式;16日,保姆参观法租界培才幼稚园。②

表 6-1-10　天津居留民团管辖学校教员职别类别表(1938年9月末)

校名 职别	第一小学校	第二小学校	女学校	商业学校	青年学校	幼稚园	合计
校长与园长	1	1	1	1	1	1	6
教谕			14	13	7		34

---

①　长野朗:《透视新天津》,载《津沽漫记——日本人笔下的天津》,前揭第174页。
②　《天津日本租界居留民团资料》第二册,前揭第292页。

续表

校名 职别	第一小学校	第二小学校	女学校	商业学校	青年学校	幼稚园	合计
兼任教谕				2	8		10
训导	33	33					66
保姆						2	2
代用教员 代用保姆	3	4				3	10
嘱托			8	8	12		28
合计	37	38	23	24	28	6	156

资料来源:《天津日本租界居留民团资料》第七册,前揭第197页。

1940年9月月居留民会议通过有《居留民团立中学校、商业学校、高等女学校课程费征收条例》。其中规定:

第一条　居留民团立中学校、商业学校、高等女学校征收课程费。

第二条　课程费每月5元。

第三条　一家在同一学校有两名以上子女在学的,除居长者以外的,每月征收3元。

第四条　全月休业或者休学的,该月不收课程费。

第五条　战病患者家属及伤痍军人家族,得免收课程费。

第六条　课程费每月定日交付,交付日如逢休息日,则翌日交付。对于未交付授业料的,停止其登校。①

日租界中私立教育机关由租界局给予补助费。其机关名称及年补助费数目如:天津幼稚园1 500元;共立学校6 000元;天津少年义勇团350元;私立天津高等女学4 000元;天津日本青年会4 000元。②

---

① 《天津日本租界居留民团资料》第十三册,前揭第252页。
② 《天津租界及特区》,前揭第55—56页。

表 6-1-11　1938 年居留民团立学校俸给与津贴表

俸给(金)	津贴(银)
月额　75 元	俸给的 8 成
月额　100 元	俸给 75 元超出部分加 5 成
月额　150 元	俸给 100 元超出部分加三成
月额　150 元以上	俸给 150 元超过部分加一成

资料来源：《天津日本租界居留民团资料》第三册，前揭第 328 页。

表 6-1-12　1938 年日租界学校职员享受旅费规定表

旅行地	身　份	火车票	船票	车马票（里）	住宿费（一夜）	日补贴（每日）	预备金转移金
日本国内	校长	二等	一等	90 钱	7 日元	5 日元	300 日元
日本国内	教谕训导保姆书记	二等	二等	80 钱	6 日元	4 日元	250 日元
日本国内	准训导	三等	三等	60 钱	5 日元	3 日元	150 日元
中国国内	校长	一等	一等	1 元	8 元	6 元	300 元
中国国内	教谕训导保姆书记	二等	二等	90 分	7 元	5 元	250 元
中国国内	准训导	二等	三等	80 分	6 元	4 元	150 元

资料来源：《天津日本租界居留民团资料》第三册，前揭第 328 页。

第二节　殖民地化的报纸与文化设施

天津开埠后，由于殖民势力的入侵与各国租界的开辟，城市社会结构发生了变化。传播西方文化的报刊的出现，各种新学说、新思潮风雨交汇，导致中西文化的撞击与交流。19 世纪 80 年代新型印刷技术输入天津后，变革了传统的图书生产手段，而作为洋务运动中心的译书活动，标志着天津近代出版业的萌兴。1897 年光绪二十三年北洋水师学堂严复，在《国闻汇报》上发表译著《天演论》，借宣传"物竞天择，适者生存"法则，唤醒国人"自强保种""救亡图存"，敲响了民族危机的警钟。

1902年(光绪二十八年)6月,天津《大公报》创刊,其是在法国公使赞助下,经北京总主教批准,由天主教会出资创办,由天主教会推荐英华为负责人。英华,满洲正红旗人,天主教徒。《大公报》馆址初在法租界,1906年迁至日租界旭街,后又迁至哈尔滨道。发行量曾至日5000份。报纸有自己的印刷厂,并承印书籍,还出版与经销图书。同年8月,在旭街芙蓉馆召开天津报纸协作会议,成立天津报界俱乐部。以后又第二次集会。但最后协作会议不了了之。1926年9月,吴鼎昌、胡政之、张季鸾3人合作接办了《大公报》。到中华人民共和国成立前夕,《大公报》共出版图书100余种。

图6-2-1 《大公报》

资料来源:《故影遗存》,前揭第134页。

天津的《益世报》于1915年10月诞生,是罗马天主教会在中国印行的中文报纸。创办人为神甫雷鸣远,其重视宣传西方文化,曾支持袁世凯称帝,但多数时候尚能客观报道。"五四"时期承印过天津学生联合会报,并聘周恩来为特约通讯员。"九一八"后抨击国民党不抵抗政策。也曾连载通俗小说。天津沦陷后转移到昆明,又到重庆,抗战胜利后回天津复刊,1949年后停刊。前后30年,其影响可与《大公报》相比。《益世报》曾与《申报》《大公报》《民国日报》并称四大报。

《京津日日新闻》，日本人原南天与森川照太创办，社址初在北京。1923年迁至天津日租界寿街（今兴安路），后增加晚刊。

《庸报》，1926年5月在法租界杜总领事路（今和平路）创刊，社长董显光。该报初期注重趣味。1936年特务机关购得《庸馆》，其成为日本侵华宣传工具，进行反共亲日宣传，多名日本特务到报社任职。"七七事变"后，日本军部决定由《庸报》承担"圣战"宣传任务，派大矢信彦接办《庸报》，命其将该报改造成华北派遣军机关报。该报以天津为本社，先后建立6个支社与4个办事处。最高日发行额达30万份，日本并组成华北报业托拉斯。日本投降即停办。"社评及星期评论之立论尚称通达，唯较为肤浅"；"该报注重于趣味方面之消息，故琐闻甚多，为吾国新闻中别具风格者"。①

图 6-2-2 《庸报》报馆
资料来源：《故影遗存》，前揭第 136 页。

较早的报纸还有《北清时报》《华北每日新闻》，1911年合并创刊为《天津日报》。1918年《京津日日新闻》创刊。1920年有《天津经济新报》。"七七事变"前，日租界内出现大量通讯社和经济报刊。日租界内最早的中文报纸是日本领事馆委派方若主编的《天津日日新闻》。

1886年（光绪十二年），天津海关税务司德璀琳从国外引进新式印刷设备，后来设备转移给英商天津印字馆，成为天津早期技术先进的印刷企业。"五四"前后，尤其在租界里，天津出版的报刊图书如雨后春笋。"七七事变"以后，整个天津沦为日本殖民地，图书出版社受到很大摧残。1938年10月，伪当局发布所谓"查禁反动图书刊物暂行办法"，规定凡"有妨害邦交言论或记事者"，"宣

---

① 《天津志略》，第十四编，第二章，载《天津通志·旧志点校卷（下）》，前揭第331页。

传党(国民党)共(共产党)理论或思想者","恶意抨击时政者","言论足以刺激或挑拨民众感情者",均为"反动图书刊物",加以查禁。同年12月,日伪通令学校取缔原有教科书和中国地图,一律使用修改课本与地图,凡有中国国旗标记的读物和有三民主义内容的书籍也都列为禁书。抗战8年期间,天津文化饱受敌伪摧残,所出版图书主要是日伪课本、消闲读物和为日本侵华服务的宣传品。

天津广播电台,1937年天津沦陷后建于日租界福岛街(今多伦道),1939年迁至南市华安大街,为日本侵略军与伪政权的喉舌,专设一套节目转播东京台广播。

1912年,法国天主教神甫黎桑(桑志华)提出在中国北方建立博物馆的计划,经在北方考察,桑主持创建北疆博物馆,是我国最早的博物馆之一。经过8年采集,桑志华获得大量化石等,于是在建设中的工商学院内正式建立博物馆,1928年建成开放,建筑面积1 640平方米。至1935年,北疆博物馆动产与不动产总值约100万美元。中国古生物学家杨仲健称其为世界一流博物馆。1949年后,在北疆博物馆基础上建成中国最大的自然博物馆,共有标本40余万件,图书3万余册。

图6-2-3 北疆博物院

资料来源:《津沽旧影·老照片》,前揭第160页。

表 6-2-1　天津日本教育博物馆 1943 年参观者数量表

官商吏 80 人	教育家 118 人	学生 17 902 人
会社员 821 人	军人军属 387 人	妇女 151 人
中国人 512 人	其他 18 人	共 20 089 人
开馆日数 351 日	日均 57 人强	

资料来源:《天津日本租界居留民团资料》第五册,前揭第 86 页。

天津日本图书馆。最初由十几名日本侨民自费组成,在日本花园内,1908 年移交居留民团管理,馆址也迁至大和公园(在今鞍山道)日本公会堂。1926 年,藏书 1 万余册,其中中文 3 800 册,1945 年藏书 8 万册。设书记 1 人。设备布置则由五评议员任之,书籍外借须交纳保证金。依 1938 年预算,该馆用费为 4 562 元。[①]

表 6-2-2　1908 年天津日本图书馆购入图书类别与数量表

图　书	
开国五十年史　2 册	满洲通志　1 册
新百案说林　2 册	大日本地名辞书　4 册
欧洲文化与中国的觉醒　1 册	成吉思汗实录　1 册
欧洲文化 1908 年政治通鉴　1 册	中朝制度考　1 册
在欧洲文化与东洋的美国领事权能　1 册	教育大辞书　1 册
日本时代史　维新史　1 册	物理通论　2 册
明治事物起源　1 册	新百家说林索引　1 册
帝国百科全书　9 册	支那通史　4 册
中国经济全书　6 册	欧文支那铁道经营　1 册
中国二十四史　711 册	医学大辞书　2 册
西南记传　1 册	以上 20 种,755 册
杂　志	
太平洋　15 册	实业俱乐部　12 册
东洋经济新报　35 册	早稻田文学　12 册

① 《天津租界及特区》,前揭第 56 页。

续　表

杂　志	
法学协会杂志　13 册	实业日本　26 册
商业界　12 册	新人　9 册
地学杂志　9 册	教育界　9 册
伦理讲演集　12 册	日本及日本人　23 册
东京经济杂志　59 册	新小说　8 册
外交时报　13 册	妇人世界　14 册
国家学会杂志　12 册	理学界　9 册
精神界　9 册	法律新闻　53 册
所订报纸：《秋田魁新闻》《伊势新闻》『いばらき』《小樽新闻》《大分新闻》《大阪朝日新闻》《大阪每日新闻》《九州新闻》《京津日日新闻》《京城日报》《艺备新闻》《神户又新闻》《京都日出新闻》《山东新闻》《上海日日新闻》《顺天时报》(华文)《新支那》《上海每日新闻》《上毛新闻》《大连新闻》《台南新闻》《中外商业新报》《天津日报》《天津经济日报》《富山日报》《德岛每日新闻》《名古屋新闻》《名古屋每日新闻》《日本劳农新闻》《福冈日日新闻》《釜山日报》《福岛民报》《北京新闻》《奉天新闻》《报知新闻》《北越新闻》《万朝报》《满洲新闻》《满洲日报》《山形新闻》《山梨日日新闻》《横滨贸易新闻》《益世报》等。	

资料来源：《天津日本租界居留民团资料》第一册，前揭第 33 页。

表 6-2-3　1912 年天津日本图书馆图书借阅人数表

月　份	阅　览	外　借	合　计
1 月	42	21	63
2 月	28	24	52
3 月	51	32	83
4 月	95	48	143
5 月	76	26	102
6 月	101	13	114
7 月	118	32	150
8 月	184	24	208
9 月	46	25	71
10 月	73	30	103

续 表

月　份	阅　览	外　借	合　计
11月	64	14	78
12月	27	37	64
合　计	905	326	1 231

资料来源:《天津日本租界居留民团资料》第一册,前揭第152页。

表6-2-4　1940年3月天津日本图书馆购进图书类别表

图书类别	3月购进数	总　计
总　计	33	2 404
精　神	26	1 637
历　史	31	2 393
社　会	46	3 584
自　然	16	1 188
工　艺	8	987
产　业	10	1 107
美　术	13	1 157
语　学	3	874
文　学	74	4 334
支　那	337	11 799
满　洲	3	536
儿　童	41	1 504
总　计	641	33 504

资料来源:《天津日本租界居留民团资料》第八册,前揭第55页。

第三节　五光十色的娱乐场所

近代在天津租界存在的许多洋行,职员收入颇丰,他们往往是京剧爱好者,也能接受西方文化;而清末民初在北京下野的军阀、政客,多携带搜刮的民脂民膏,跑到天津租界藏身避风,广置房地产,过着寓公生活,有的在私宅里建有戏台,经常邀集名伶举办堂会。租界的畸形繁荣,在客观上促进了戏曲的发展。

茶园的出现,标志着近代艺术舞台的发端。天津茶园出现于道光年间。茶园的兴起促进了天津的艺术活动。在商业发达的河北大街、侯家后、东北角一带兴建、改建了一批茶园。庚子事变后,商业街向城南转移,南市逐渐形成。由于它地处老城与租界之间,俗称三不管,歌楼酒肆,丛错其间,如南市荣业大街的华乐茶园,其他茶园也纷纷在租界建立。当时天津茶园多达113处。戏园是茶园到近代剧场的过渡。戏园舞台取消了茶座,将原始设备更换成新的设备,有的还增设了灯光布景。著名戏园有下天仙舞台、天仙舞台第一舞台、升平舞台、大舞台、上平安等,劝业场还有八大天。天津现代戏剧大舞台的划时代标志,是大戏院的建成。1936年中国大戏院落成,为中法结合式建筑,可容1 800多人,为天津剧场之冠。1930年前后天津有戏院14处、电影院16处、评书馆22处、杂耍场5处,共56处,以每日演2场,场均500人,一日间观众有5万多人;还有演出过戏曲的游艺场、俱乐部、坤书馆等。至1938年,经日伪警察局登记备案,天津全市有戏院11家、电影院16家、舞厅、清唱、茶社等34家,书场43家,娱乐场所共104家。[①]

1920年的直皖战争,1922年和1924年的两次直奉战争,兵燹所到,破坏了天津的民族商业,却繁荣了外国租界的半殖民地经济,形成了新的经济兴旺区。连绵的政局动荡,使那些下野的政客、军阀、遗老遗少,以及买办、资本家、大地主等在租界内建公馆、别墅时,不少也在厅堂内修建戏台,用以堂会演出。这些戏台均为方形,三面敞开,后台为化妆室,池座设方桌、椅子及条凳,楼上为女眷席。一些私宅没有戏台建筑的达官显贵举办堂会,则多在正厅前临时搭一戏台,堂屋为后台,庭院内搭盖天棚,棚下设散席,两厢坐女眷。

"津门戏院,自国都南迁(指1927年在南京建立国民政府)后,有出人意料之发达。其原因为:一、旧都萧条,戏班多卜居沽上;二、男女合演,而卖座得以起色;三、津埠日臻繁荣是也。"其中日租界有中原大舞台。当时的日、法租界,由

[①]《天津历史事件100件》,前揭第248—249页;《天津通志·公安志》,前揭第323页。

于商业集中、交通便利而成为剧场最繁荣的区域。1927年,天津建成了第一座现代化剧场——春和大戏院,坐落于滨江道福厚里4号。其舞台为镜框式,钢筋框架结构,并有对外播放实况的音响设备,管理制度进行改革,在管理上采用了预先售票、对号入座的措施,取消了"手巾把"、卖小吃等落后习惯,使剧场秩序得到改善。1935年后改名国泰、光华,主要放映电影。中国大戏院,坐落于法租界拉大夫路(今大沽路至和平路之间的哈尔滨道)毕格海路(今兴安路)口,由法租界工务局与其翻译及天津商人投资,1936年建成。有2 000坐席,系一幢中、法结合式的建筑,共5层楼,1—3楼均为观众席。剧场内没有支柱,各角度的观众视线均不受阻碍。故名。1949年由天津市文化局接管。为当时天津规模最大、设备最新的戏院,在全国也称首位。[①]

近代河北梆子和评剧在天津成熟、发展。咸丰年间,来自山陕的河北梆子在天津被称为"秦腔大戏"。为适应天津观众的欣赏情趣,秦腔大戏在语音和艺术处理上有所变化。光绪中期以后,在天津地区逐渐形成了"新派"(又称卫派)梆子。京剧方面,早期有余三胜来天津演出。杨小楼与四大名旦均在天津春和大戏院演出。由于天津特殊的地理位置及政治、经济、文化传统,观众欣赏习惯的影响,逐渐形成了自己特有的艺术流派,兼收南北派京剧之长,尤其是形成了独具天津风格的武戏。

近代话剧的引入有两条渠道,都是天津人搭设起来的。一是以上海为中心流行南方的话剧,通过李叔同春柳社,由日本间接移植到中国。1908(光绪三十四年)冬,春柳社成员王钟声率团至京津,和天津移民乐会共同研究戏剧改革,创立大更新舞台文明戏园(后称大观楼),辛亥革命期间王钟声在天津就义。二是以天津为中心流行北方的话剧,由南开新剧团从欧美直接移植到中国。同年,南开校长张伯苓赴欧美考察回来,就着手编写新剧。1914年11月,南开新剧团成立,南开成为天津话剧的中心。

民国时天津的曲艺场有"四海升平""宝和轩",20世纪30年代以后又有剧场式的杂耍园子"燕乐升平""小梨园"等。相声在曲艺中最早出现于天津。旧时相声演员有一句口头禅:"北京是出处,天津是聚处。"许多相声演员汇聚天津。

---

① 中国戏曲志编辑委员会:《中国戏曲志·天津志》,文化艺术出版社1990年版,第326页。

常宝堃18岁组团演出相声与笑剧;马三立,1930年登台演出。抗战时期,侯宝林应邀到津,一举成名,使天津成为相声发展的摇篮。天津时调,是天津土生土长的曲调,起初是下层人民的业余演唱,最初没有专业演员,到20世纪20年代才有专业或半专业的女艺人,如王毓宝为时调著名演员,13岁登台,1949年后对天津时调进行了改革。京韵大鼓,因骆玉笙而蜚声曲坛。骆玉笙原唱二黄大鼓,后学京韵大鼓,1936年来天津演出,逐渐形成骆派。京东大鼓,又称乐亭大鼓,影响最大的是刘文斌。评书,20世纪20年代出现在天津曲坛上。单弦,也是30年代在天津形成。天津快板,即从时调中脱胎出来。

1941年10月,天津日租界举行的体育活动有:天津邦人相扑选手权大会、神宫国民体育大会预选、天津邦人排球选手权大会、居留民运动会、京津对抗相扑大会派遣、神宫派遣选手壮行会、第二回健康优良儿童表彰打合会等。①

"天津电影,年来也颇发达,华北方面,可首屈一指。盖天津为海航之口,海外影片,可直接到达此间,国内影片亦以津埠影院林立";"影院中建筑堂皇而布置合度者,当首推蛱蝶、光明、平安等电影院",日租界有皇宫电影院、新明电影院等。②

中国电影诞生的第二年即1906年(光绪三十二年)12月,天津权仙茶园便开始放映电影。影片是美国平安电影商人从海外运来的,每3日更换一次影片。男女分坐,可以容纳二三百位观众。楼下几十条长板凳,楼上雅座。权仙茶园实际上是中国最早的电影院。经周紫云改造,1909(宣统元年)4月,建成新权仙电影茶园,是中国第一家中外合资电影院。周紫云还在1914年建造过上权仙茶园。因在北面,故称。1917年因失火被毁。1918年,周又筹资建造上权仙电影院,并演曲艺、话剧。1949年后,1952年改为国有,称淮海影院。

光明电影院,原在法租界福熙将军路杜总领事路口,由英籍印度人建造于1919年,1927年由上海联华接管,归属华北电影公司,更名光明电影院,并移至福熙将军路现址。1938年归平安影业公司。1941年日占时期交日商华业影片公司代管,日本投降后仍归平安影业公司。1949年后,1952年收归国有。有霓虹灯。

日本俱乐部。1901年在日本驻津领事伊集院的主持下成立于租界,设立闸

---

① 《天津日本租界居留民团资料》第八册,前揭第617页。
② 《天津通志·旧志点校卷(下)》,前揭第390—391页。

图 6-3-1　光明电影院

资料来源：《故影遗存》，前揭第 164 页。

口的一间房内，1916 年迁至大和公园（今鞍山道）日本人公会堂 1 楼，是日本侨民交际、娱乐场所，分正式会员、名誉会员和特邀会员。

表 6-3-1　居留民团对固定娱乐场税金外表（1940 年 12 月末）　单位：日元

经　　营	间数	常 设 馆 名	课金数	备　　考
日本人经营	4	浪花馆、天津剧场、大和电影院、天津映画馆	2 570	
中国人经营	2	中原映画馆、中华茶园	740	中原映画馆 9 月以后建立
合　　计	6		3 310	

资料来源：《天津日本租界居留民团资料》第四册，前揭第 202 页。

日租界公共娱乐事业颇为发达，但均系私人营业，租界局仅监督保护而已。据 1924 年预算，此项事业所纳捐税，可得 30 182 日元。[①] 1940 年，日伪警察当局颁布《取缔公共娱乐场所规则》，其中规定，凡开设娱乐场所者均应将开设人姓名、场所名称、娱乐种类、艺员及执事人员、营业资本、建筑设备及铺保等呈报该管警察局、所，审核相符后报市警察局备案；"各娱乐场所不得表演有妨碍中日邦

---

① 《天津租界及特区》，前揭第 84 页。

交及有共产性质"、有伤害风化等节目;各娱乐场所所演戏剧、电影、歌词应将节目呈送警察局审核后方得上演。规则还对娱乐场所防火、卫生、售票、座位及场内秩序等做出规定,伪警察局及该管区、所得随时派员到娱乐场所稽查、维护场内秩序。

表 6-3-2 1935 年天津日租界中国人艺妓人数表

等　　级	中华茶园	同庆茶园	盛德里	富贵胡同	合计	摘　　要
二等(月3元)	319	165	125	0	609	二等即红倌
三等(月1.5元)	115	48	30	67	260	三等即青倌
合　　计	434	213	155	67	869	

资料来源:《天津日本租界居留民团资料》第三册,前揭第92页。

# 第七章
日本居留民团与天津社会

中华民国建立后，南京政府设置内政部，设置卫生、总务、民政、礼俗等司。天津市下设社会、公安、卫生、财政等局。其中，社会局由第四科主管社会救济、公益慈善，筹设各种救济机关，改善风俗习惯，以及禁烟和宗教事务。而同时期天津居留民团治理下的日本租界社会，有一些主要服务于日本人、带有殖民色彩的近代化设施，如医院、公园等；同时也有许多光怪陆离的部分，如寺庙、慈善事业；更有黑暗的成分，如帮会、赌毒黄。后面这类社会组织集中于日租界，在更多地从社会上榨取中国人财富的同时，也使日租界成了毒害民众思想与品行的大杂烩。其最终目的在于奴役中国人民，满足巩固日本租界与迎合日本侵略的需要。

第一节　为日本人服务的医疗设施

在天津，租界开辟以前，以及在老城区，很早就出现了中外人士创办的近代医疗机构。1864年（同治三年），法国天主教在小洋货街建立仁慈堂，附设施药局和医院。1973年（同治十二年），李鸿章在天津建立机器房，并设第二、三、四碾药厂，造新式药库。另外，美国传教士在南门外办有妇婴医院；法国传教士在天津办有天主教医院。

当然，近代西式医院主要随着租界的开辟而纷纷出现。1861年（咸丰十一年）英军建立的军医院，除为驻军和外国侨民治病外，也偶尔接待一些中国患者。1861年(咸丰十一年),英军在紫竹林开设军医诊所;1868年(同治八年)转交给英国基督教会,改名基督教伦敦会施诊所;又经李鸿章广筹资金,在法租界紫竹林的海大道(今大沽北路)兴建庙宇式建筑,将施诊所扩建为伦敦会医院,1880年(光绪六年)12月开院,是为近代中国第一所规模完整的私立西医医院;1911年(宣统三年)伦敦会医院拆除原庙宇式,重建砖木结构的医院门诊部、护士楼、医师住宅楼,改名马大夫纪念医院;此后又扩建,总建筑面积达5 541平方米,1929年改为济华高级护士学校;日占时改名"同仁天津诊疗班"。

租界里有一些外国人和教会开办的医院。在此过程中,日本人建立的医院也随之而来。英租界有英国医院、国际医院(英美合办)、犹太医院;法租界有法国医院(天主教会办)、东亚医院(日本人办)、马大夫医院(英国基督教伦敦教会办);日租界有公立医院、小松崎牙科医院、日本驻屯军医院;意租界有圣心医院(天主教会办);德租界有德美医院等。教会还在租界办了一些有名无实的慈善机构。例如,天主教会在意租界设有"圣心堂慈幼院",专门收容中国孤儿,最多时有200多人。外国人借慈善之名到处敛财,幼小的孩子还要承担繁重的劳动。

东亚医院于1920年年初,系日本人田中俊次与法国元帅福熙商妥,独资营建的医院,院址在法租界福熙将军路。院内病房整洁,护理周到,中西人士多乐往此就医。1945年后由国民政府接管,改第六临时医院。

日本驻屯军医院,设立于1901年,为日本侵略军野战医院,设立于日租界有信洋行内,1919年迁至海光寺日本兵营附近,改名日本华北驻屯军医院。

日本公立医院,成立于1901年的日租界内。初为民办,1909年转让给居留民团经营,由投资人成立董事会,医务人员采聘用制,设施齐全。

1931年,天津人口100万人,公立、私立及外国人办的医院、大小诊所71所,仅有从业人员144人(包括行政事务人员),而这些医院、诊所80%以上集中在租界内。[①] 其中,在日租界内的有:

---

① 《天津通志·卫生志》,前揭第344页。

图 7-1-1　日本居留民团所属公立医院（今多伦道中医医院）
资料来源：《近代天津图志》，前揭第 185 页。

井上医院，1904 年设立，在花园街（今山东路），院长井上勇之函。

天津医院，1906 年开设，在花园街。

同仁医院，1914 年开设，在寿街，为眼科专科医院。

千秋医院，1915 年开设，在宫岛街（今鞍山道）。

中和医院，1918 年开设，在宫岛街。负责人水下秀良。

爱仁医院，1920 年开设，在荣街（今新华北路）。

盐谷医院，1924 年开设，在浪速街（今四平街）。

东华医院，1924 年开设，在香取街（今林西路）。

小松崎牙科医院，1905 年开设，在旭街。负责人盐谷信治。

折目牙科医院，1914 年开设，在宫岛街。

松下牙科医院，1925 年开设，在松岛街（今哈密道）。

河合牙科医院，1926 年开设，在福岛街（多伦道）。

表7-1-1　天津日本公立医院入院外来患者总计表(1940年全年)

门诊患者			住院患者		
日本人	外 人	合 计	日本人	外 人	合 计
82 313	25 581	107 984	24 067	3 344	27 411

科别＼类别	门诊患者			住院患者		
	日本人	外 人	合 计	日本人	外 人	合 计
内科	20 435	3 465	23 900	12 687	623	13 310
外科	17 301	11 211	28 512	4 569	2 105	6 674
妇人科	10 656	2 087	12 743	4 891	392	5 283
小儿科	11 480	1 434	12 914	992	29	1 021
眼科	8 785	4 534	13 319	490	128	618
耳鼻咽喉科	10 168	2 180	12 348	438	67	505
理疗科	2 964	459	3 423	—	—	—
试验科	524	211	735			

资料来源：《天津日本租界居留民团资料》第四册，前揭第278页。

从表7-1-1可知，在日本公立医院就诊的患者中，日本人占大多数，有的科室，日本人就诊数量比其他所有人加起来还要多几倍，显示出此类医院主要为日本人服务。西方人，可以到其他租界的西方人所办医院治病。而一般的中国人，当然是无法承担日本医院高昂的医疗费的。

表7-1-2　1916年天津日租界传染病患者治疗数量表

病　　名	患者数	治　愈	死　亡
猩红热	23	18	5
肠窒扶斯	13	12	1
天然痘	11	6	5
赤痢	6	6	
合　　计	53	42	11

资料来源：《天津日本租界居留民团资料》第一册，前揭第28页。

引进日本国内制度,日租界内对店铺实行卫生检查。1928年店铺卫生检查（由领事馆警察署、军医院协力,由卫生课员在7月下旬至9月上旬间实施）,户数见表7-1-3：

表7-1-3　1928年天津日租界对店铺卫生检查户数表(7月下旬至9月上旬)

店铺种类	检查户数	同上延数
旅馆、饭店	42	210
食品、杂货店	68	340
食品生产场	8	40
合　计	118	590

资料来源：《天津日本租界居留民团资料》第二册,前揭第156页。

天津开埠后,多次发生流行病,如：1902年（光绪四年）天津流行霍乱,1907年（光绪三十三年）以后猩红热流行起来,1911年（宣统三年）则发生了鼠疫。其他如流感、水痘、风疹以及结核病、花柳病等也十分常见。1920年代,英法租界各有300余人因患痢疾而亡；而日租界则以伤寒患者为多。总之,近代天津屡屡遭受各种传染病的侵害。

天津各租界曾经采取各种措施控制疫情。1932年6月,塘沽发现霍乱后,日租界即派遣卫生技师坂本赴塘沽调查,随后也在日租界推行了一系列防疫措施。从6月16日开始,当局对界内居留地中日居民实行强迫预防注射,并印制预防注意书分发给居民和商店,当日注射者即有1700人；后又张贴布告,要求"界内各旅馆饭馆,凡关于售卖食品者,各商店之人员,以及沿途售卖食品者,均须届时全体前往注射,以防传染"。注射期结束后,日租界警察署又另增两日补行注射。日租界还与英租界当局筹办国际防疫医院。[①]

第二节　凸显日本色彩的公共事业

海河五大水系集中于天津附近入海,受天气影响,加上水利失修,夏季雨水集中,河流时常泛滥,而春季干旱少雨,各种自然灾害频繁发生,民众往往流离失

---

① 朱慧颖：《天津公共卫生建设研究(1900—1937)》,天津古籍出版社2015年版,第80、93—94页。

所,哀鸿遍野。晚清和民国当局、租界当局及各慈善团体的救济,杯水车薪,难以遍及。1917年8月,子牙河漫溢,多处决堤,英、法租界大多被淹,市内倒塌房屋2万余间,灾民40余万人被迫流徙他乡。1939年,在日伪统治下的天津遭受特大洪水灾,日伪当局成立"天津特别市水灾救济委员会",不久又改为"华北救灾委员会天津特别市分会",着手募集捐款分区救灾,但均在日本天津防卫司令部和伪市公署控制下进行。其中,由日军直接控制15个收容所,所长由日本人担任。这些收容所平均收容灾民3.87万人。与此同时,强制征集民工3万余人及防汛器材加固堤岸,但仍然无法阻止水势继增,全市受灾人口近80万人,其中无家可归者60万人,倒塌房屋逾10万间。日伪当局对流离失所的灾民不但不予安置,还强行加以驱散。在此过程中,日方还乘机在各收容所和灾民聚集区以"介绍职业"和"移民就食"为借口抓捕难民,集中到唐山、东北或日本各地当劳工。①

图7-2-1 1939年水灾中,海光寺一带无家可归的灾民
资料来源:《近代天津图志》,前揭第213页。

---

① 《天津通志·民政志》,前揭第237—241页。

天津市区旧时简陋房屋成片，火灾频繁发生。每次火灾都给市民和企业造成严重损失。天津巡警总局初创时设有"火捕"，仅有一些简单的消防工具。1903年（光绪二十九年）建立消防队，添置了一架双激管水龙机，后又陆续增置机器水龙。宣统年间，消防队配备了火力救火机、蒸汽机筒、腕力机筒、水管车、自来水管等。①

　　日租界消防起于1902年，当时居住在闸口一带的日本人自备小型手押注水筒2台，帆布水桶20个，以备火灾的发生。这里并设天津民间救火组织水会一处。1906年，天津日本警察事务所和租界局共同组建一支义勇消防队，由20名消防手组成，消防器具有手押注水筒3台、蒸汽注水筒1台。1915年，消防队又增加数名消防巡捕，负责火灾报警，并在宫岛街设置一处警钟。如有火情，巡捕立刻敲钟报警，消防队听到钟声，就知道有火灾发生。1920年以后，日租界消防设施有了较大改善，除了在主要街道安装电铃报警设施外，还在警察署内建有一座56米高的瞭望台，昼夜有人值班。到1927年，已有消防专用汽车2辆，在租界内修建了56个消火栓。

表7-2-1　1913年天津日租界消防出动救火事项表

日　期	时　间	场　所	消防人员	巡捕人员
3月21日	上午10:50—下午1:10	福岛街田棚铺	15人	37人
3月25日	上午9:20—12:00	天和里邵宝生	13人	41人
5月23日	下午2:00—翌日上午12:00	山口街大仓洋行	12人	61人
7月20日	晚8:40—10:00	旭街大悲庵胡同	13人	35人
11月25日	凌晨3:30—上午8:30	旭街升和祥	5人	48人

资料来源：《天津日本租界居留民团资料》第一册，前揭第165页。

　　1913年7月，天津警察厅消防队因"多年出动灭火迅速"，居留民团给予奖励如表7-2-2所示：

---

①　《天津通志·公安志》，前揭第110页。

图 7-2-2 天津日租界消防队

资料来源：《天津旧影》，前揭第 73 页。

表 7-2-2　1913 年 7 月天津居留民团对警察厅消防队救火奖励表

消防勤务督察长 1 人	金侧片硝子手表 1 个
消防队副官 2 人	银侧片硝子手表每人 1 个
消防巡长 14 人	置时计每人 1 个
消防巡警 140 人	麦酒 6 亟、烟草 20 亟

资料来源：《天津日本租界居留民团资料》第一册，前揭第 186 页。

日本人在天津建有传统日式公园。

天津日租界的日本花园（大和花园），1906 年建立于福岛街（今鞍山道），占地 36 亩，日本风格。花园落成时，媒体报道，园内花木繁茂，有园亭、棚亭、土山、石灯笼、叠石、竹门、莲池、喷泉、射圃等。入门处迎面立着"北清战役（指八国联军侵华战争）纪念碑"。碑后为土山，山前又有一碑"彰表烈士石川伍一君纪念碑"并附释文，纪念在这次侵华战役中战死的一个日本军官。沿碑右侧山道曲折迂回，拾级而上，道旁杂树葱郁。山顶的爬山虎架下，放着石桌，偶尔有日本棋迷来此消遣。花园左侧是日本神社，后部是日本公会堂，并排为日本图书馆，之间隔着荣街；花园与日本总领馆并排，之间隔着花园街。园中并有神社、凉亭、竹门、儿童运动场、纪念碑等，花木之繁茂为津埠各公园之冠。儿童运动场只许日本儿童入内。日租界局定有大和公园游园规则，规定每日午前 6 时开门，午后 6

时闭门;入园者不准损毁园中设备,不准携带犬及牲畜,不准穿着奇装异服,婴孩无保护人者不得入园;凡在园内作公共集会者,须得租界局之允许。1919年在公园建日本公会堂和神社。依1924年预算,公园修养费计4 642日元。

1924年1月,日本摄政宫与良子女士举行结婚典,日本侨民于是日休息一日,举行提灯会,以资庆祝。日本花园内神社高搭席棚,悬旗结彩,灯光照耀,如同白昼。后在日租界内举行游行。

花园建成后,主要服务对象也是日本侨民。其对华人实行限制,显示出浓重的殖民特色。华人无入园证者不得进入;或有时亦可走游,因门前无检证处,不过偶或询查。1927年6月,天津日租界行政委员会借口"华人增多,日人有不快之感",花园限制华人;后因华人怨言四起,复规定通融办法,界内纳税华人,一律给予门证,准予入园。不过据日方认定之纳税人,不过860余人,无形中仍有限制。抗战胜利后收回日租界,改名胜利公园。

表7-2-3 1908年天津日本花园栽种树木数

槐 树	100株	洋 槐	50株	椿 树	200株
大叶杨	100株	小叶杨	700株	合 计	1 160株
另植小灌木			270株		

资料来源:《天津日本租界居留民团资料》,第一册,前揭第36页。

表7-2-4 1930年天津日本花园游泳场游泳人数表(6月19日—8月25日,共57天)

类 别	游泳人数	日均人数	占该园全部游泳人数比例
儿童(男)	9 108	159.7	5.5成弱
儿童(女)	4 882	85.6	2.9成弱
成人(男)	2 329	40.8	1.4成弱
成人(女)	338	5.9	0.2成强
合 计	16 657	292	

资料来源:《天津日本租界居留民团资料》,第二册,前揭第335页。

环境卫生方面。

秽水及秽土之处置。日租界阴沟均为水泥砖制造,遍布各街,分干线支线。

干线有二：其一，专收容旭街以东雨水秽水，出口在海河沿，该处有一小唧机；其一，专收容旭街以西雨水秽水，出口在墙子河，该处有一大唧机。日租界局有下水道规则13条，略谓阴沟有公设私设之别。公设阴沟所经之处，有永借之权；私设阴沟须按规则所定遵行，违反规则者处50元以下之罚金。

秽土之扫除，街道上自有清道夫管理。居户则定有扫除时间。自5—10月，清晨至8时止；午后自8—12时；自12月—下年4月，清晨至9时止，午后自7—11时。违犯此项规则者，则拘留之。依1924年预算，下水道维持费1 000日元；下水道建造费27 359日元；抽水费计1 261日元。①

1928起日租界设有保净部，将日租界分为4个区，每区设巡视长1人（日人），巡捕1人，巡视补3人（华人），道路、下水道、灰尘、粪便扫除收集夫约40人，有污物运搬自动车一辆。作业类别有：施行清洁法、道路洒水、道路扫除与除雪、公共下水道扫除及污水池浚涤、私设下水道扫除及污水汲取、尘土收集、粪便收集。主要器具有：洒水道路扫除消火唧筒兼用大型自动车1辆、洒水自动车3辆、洒水马车2辆、运搬自动车7辆，以及道路扫除用小车、污水运搬车、污泥运搬车、尘土收集箱、下水道扫除用具等。作业人员共有：书记1人、雇员6人（日人）、巡视补（苦力头）13人、自动车司机10人（华人）、苦力直佣193人、粪便收集承包人70人。②

与此同时，日租界对于路边无主野犬给予捕杀。

表7-2-5　1932年天津日租界捕杀路边野犬数量表

月份	1	2	3	4	5	6	7	8	9	10	11	12	合计
数量	36	17	32	43	52	46	60	61	61	38	43	52	541

资料来源：《天津日本租界居留民团资料》第二册，前揭第456页。

在日本兵营南海光寺以西，有公共火葬场一处，备有炉灶、烟囱等。建于1902年，1917年居留民团接管并对其进行扩建。制定有火葬场使用条例8条。凡欲在本场火葬者，须得租界局允，可由家属、亲族代缴捐费。日本人每具尸体10元，中国人每具尸体30元。其客死困窘者，得酌量减免。火葬之次日，收骨

---

① 《天津租界及特区》，前揭第80—81页。
② 《天津日本租界居留民团资料》第二册，前揭第158页。

交纳骨场,再送墓地埋葬,是为日租界的一种所谓恤贫政策。依 1924 年预算,火葬场使用费可得 740 日元。而福岛街西首有日本公设墓地一处。制定有居留民团公设墓地条例 5 条。日本公墓,建于 1903 年,面积 1.7 万平方米,由居留民团责成本愿寺布教所管理。管理条例规定,凡在墓地埋葬者须得租界局许可证并预遵守指定区域,改葬者亦然。收费以区域宽狭而定,自 4—15 日元。其客死困窘者酌量减免。依 1924 年预算,墓地使用费可得 20 日元。①

第三节 诡谲神秘的宗教与帮会

第二次鸦片战争后,天津被开辟为通商口岸,天主教、基督教传教士凭借不平等条约,大量涌入天津传教。1895 年(光绪二十一年)12 月,天津基督教青年会在海大道成立,会员大多是学生。总干事来会理(李昂)。该会为北美协会在中国建立的第一个基督教青年会,其成立之初,主要活动是每周一次的查经班,用英文宣讲《圣经》,并用英文讨论,开展体育活动。1897 年,在上海召开了 29 个城市基督教青年会参加的第一次全国会议,正式组建全国性青年会组织,来会理为总干事,总部设在天津。翌年,在天津创刊了中国基督教青年会第一份刊物《学塾月报》。庚子事变后,由于青年会会员主要来源的几所高等学堂在战乱中停课,青年会的工作重心由租界转向老城区,并由格林担任天津青年会总干事。其后基督教与天主教在天津获得了迅速发展的机会。以传教士雷鸣远为代表的教会人物,在改善教会与民众关系、提高教会声誉方面做了不少工作。然而,由于教会内部的积弊导致老西开事件。20 世纪 20 年代后,天主教会再度调整传教策略,取得了一定成效。1902 年,南开中学堂的张伯苓加入基督会,成为青年会的华人领导人,青年会的领导权开始掌握在中国人手里。1914 年 10 月,天津基督教青年会新会所在东马路(现在少年宫)落成。天津基督教青年会在推动天津近代体育运动发展方面发挥了很大作用。

在日租界里,建立了不少日本特色的宗教机构。

天津神社建于 1920 年,位于宫岛街(鞍山道)大和公园,整个建筑包括神殿、房

---

① 《天津租界及特区》,前揭第 82—83 页。

社和祀场,神殿内供奉天照皇太神灵位和明治天皇灵位,由日本驻津领事馆管理,设专职宫司、弥宜、主典等职员,祭祀活动及参拜,每年春秋两次,并有临时参拜。

日租界还兴建了一些佛教寺院,有净土真宗、曹洞宗,以及神社。

本愿寺。为日本佛教真宗十派之一,1903年日本滋贺县和尚来津,翌年所建,1924年扩建成公共寺院。1928年已有教徒300余人。

曹洞宗。1912年传入天津,建有观音庵。1920年在日租界伏见街(今万全道)建观音寺。在津教徒有27人。

日莲宗。1915年传入天津,1925年在日租界修有妙法寺。有信徒37人。

金光教。日本民间神道教派之一,1918年传入天津,设有布教所,后势力增大,1923年下辖汉口、营口两个分所。1924年在天津有教徒500人。

天理教。日本新兴教派,1918年传入天津,在日租界设有3个布教所,分别在曙街(今嫩江路)、春日街(今河南路)、寿街(今兴安路)野村洋行内。1923年有信徒130余人。

观音寺(曹洞宗),建于1920年;妙法寺(日莲宗),建于1925年;知恩院(净土宗)、金刚寺(真言宗),均建于20年代。

日租界神社、寺庙及其他宗教场所,专供日本侨民参拜,不对中国人开放。[①]

青帮是清末至民国最有势力的帮派。青帮原以上海作为活动中心,后流传到北方。天津青帮曾经扩展至10万人。头目袁文会扎根于日租界,以日本特务为靠山。土肥原贤二于1921年拜青帮二十一代大字辈魏大可为师,排列为二十二代"通"字辈。日本浪人小日向白朗(尚旭东)为掌握天津青帮,1935年在日租界桃山街发起组织天津普安协会,由厉大森出任会长,成为天津日本特务的外围组织,大肆搜集情报,鼓吹华北自治。日军占领天津后,很多青帮沦为日军爪牙。1942年在日军特务机关长操纵下,普安协会被改组为天津安清道义总会,协助日军进行侵略活动。

袁文会,天津人,1926年参加青帮,为二十三代"悟"字辈,拜日租界警察署侦探长刘寿岩为干爹。当时的日租界藏污纳秽,赌场毒窟淫窝遍地,都在青帮的操控庇护之下。袁文会夺了赌局,又夺车站码头,拦截走私鸦片,还经营戏院,贩

[①] 《天津的九国租界》,前揭第103页。

图 7-3-1 位于宫岛街的日本神社
资料来源：《天津旧影》，前揭第 50 页。

卖毒品，进财之道不断拓宽，很快成为日租界一霸，所收徒众上万人。1935 年日租界曾发生青帮血拼事件。袁文会与另一青帮头子刘广海发生矛盾，双方都想制服对方。一次，刘广海带人与袁文会手下的人发生冲突，在斗殴中，刘手下的人被捅了刀子，失血过多而丧命。日租界警察署追缉凶手，天津地方法院传讯袁文会。袁拒不露面，只派手下喽啰出庭。刘广海扬言绝不善罢甘休，法院对袁下了拘票。袁文会逃往大连避风，又买通法院，使案件最后不了了之。袁避居大连期间，结识了小日向，后来袁返回天津，与日本宪兵队曹长莳苗拉上关系，当上日本宪兵队特务队长。小日向也经袁介绍，参加青帮，得以插手帮会。在日本侵华期间，袁利用其帮会势力，不遗余力地为日军效力，并在日军指使下，改编土匪武装，自任大队长，直接受日军指挥，在天津周围到处骚扰，鱼肉乡里，拐卖人口，欺男霸女。直到天津解放，袁文会才被人民政府镇压。

第四节 乌烟瘴气的赌毒黄

与其他城市的日租界一样，天津日租界乌烟瘴气，历来是各种黑暗现象的集中地。

天津租界是赌博犯罪的渊薮。赌博组织规模最大的是英租界的赛马场(今天津工业展览馆旁)和意租界的回力球场(今第一工人文化宫处)。赛马场由英商各大洋行的头目操纵,又称英国马场。回力球场由意大利商人富马加力和瑞士人李亚溥主持。每次赌赛时,这两家赌场都要从售出的总票款中抽取15%的手续费。据不完全统计,仅回力球场,从1935—1939年,就掠夺了5400余万日元。此外,在意租界还有吉拉枪场(即轮盘赌)、安乐宫赌场,奥匈租界和比租界的斗蟋蟀场,还有由流氓赌棍操纵的赌博组织,如日租界里大流氓袁文会操纵的花会。[①]

20世纪以前,天津妓院主要集中在北门外、侯家后一带,20世纪以后逐步转移至日、法租界与相毗邻的南市地区。日租界内位于旭街(和平路北段)两侧,日租界划出曙街(嫩江路)一带为游廊地,集中设立日本妓院与酒吧。1936年统计,日租界内有营业执照的妓院200余家,上捐纳税的妓女千人以上,并有许多暗娼。

"津门妓馆甚多,分布南市、侯家后,及日法两租界等地。约分五种:以某书寓或某班为名者为一二等妓馆,妓女多稍有才艺,能轻歌曼舞,腰囊充赢者每视为温柔之乡,报效(邀友聚赌为所恋妓女抽头谓之报效)常中人半年之食,挥金似土,毫无吝色,但由是倾家败产,失名誉、丢位置者则亦所在多有。"[②]

有游客记述道:"进入日租界,向交通巡查询问最为繁华的街道是哪里,他告之前行不远处拐弯。我们将其想象为殖民地的银座,不过我们从这里步入的却是一条幽暗的街道。我想这里应该就是常盘街,人来人往,非常热闹";"我马上明白了这就是日本内地的所谓花柳街,有艺妓屋、料理屋、待合风(专供召妓游乐的酒馆)的酒馆,寿司店、荞麦店、点心店等商店也鳞次栉比,全都是中国式建筑,只在门口贴上格子和帘子。"[③]

日租界妓院分为三等:(1)头等小班。"津埠妓院林立,上中下等均有之。最上等即头等小班,在日界南市一带。班内老鸨曰掌班。妓院第一步曰相识,例须熟客同往介绍后而能相识。""盘子"即茶资费,最少代价有2元。"叫局",在酒楼飞笺招饮,每次5元,清馆3元,打牌代价2—14元,扑克加倍。(2)二等下

[①] 《天津史话》,前揭第67页。
[②] 《天津通志·旧志点校卷(下)》,前揭第393页。
[③] 《津沽漫记——日本人笔下的天津》,前揭第143页。

处。在临行时付之。第二次往曰"回头",每次 1 元。盖此等妓女均在落子馆唱曲,名曰戮治,每点一曲代价 8 元,名曰犒赏。(3) 三等堂班,在津埠者最占多数。日界及南市侯家后均有之。其规例似北平三等下处。故名曰堂班"开茶盘"。进去略进烟茶而出,此第一步价目,自 7 角至 1 元不等。凡此等妓院,门口均书明"茶资四角",住宿之代价 3 元或 3 元不等。稍一不慎,即有恶疾危险,致伤身、绝种。

日租界旭街芦庄子一带街道两旁有很多妓院,如裕德里、忠孝里、旭日里、东升里等,后来又逐渐发展到新旅社后以及中华、同庆两茶园附近的中日界交界处。中原公司附近的盛德里、富贵胡同等处也有不少妓院,以及日本艺妓馆进而朝鲜妓女馆,两面钟一带还有暗娼。一些茶园、落子馆也有妓女登台献艺。这些落子馆由地痞流氓把持,庇托于日本警察署的保护,在营业同时大放窑账。1936 年调查,日租界有妓院 200 余家,妓女 1 000 人以上。日妓集中于曙街(今嫩江路)、浪速街(今四平道);韩妓则集中于秋山街(今锦州道)。在法租界,1943 年领取妓女执照的有 2 667 人。尚未登记的暗娼也为数不少。①

日租界的毒窟,日本商店有 160 余家,中国人经营的约 500 家,受租界当局庇护。"九一八"后更加严重。

"外论社据上海密勒氏评论报云:近有美国人某君,对于天津日本租界及其附近地方塘山一带之制毒与销毒机关,曾作一度周密巡视。据彼观察所悉,谓天津之日本租界,不但直接制造各种名实相符的毒品,抑且制造各项附产品,假借医病食药之美名,以推销于各地。"

《益世报》1917 年 5 月 8 日:"天津自拒毒会成立后,日本租界对于吗啡一项表面上亦似严禁,去年日本领事召集各大药房,严行告诫:凡属不正当营业之各药房,限本年四月一律停止营业,驱逐回国。孰料阳奉阴违,又有协兴里组织一吗啡公司,所有各大药房之吗啡均送到该公司售卖,获利较前更厚。"

天津日租界内,公开贩售之麻醉品种类繁多,而其最普通者要为下列 10 种:(1) 海洛因,与香烟合吸;(2) 白面,亦与香烟合吸;(3) 黄面,与白面性质略等而更为强烈;(4) 红丸,亦称憩丸或黄丸,用烟斗吸食;(5) 快上快,亦用烟斗吸食;

---

① 《天津通志·民政志》,前揭第 301 页。

图 7-4-1 日租界东方饭店附近,许多专售海洛因毒品的所谓洋行
资料来源:《近代天津图志》,前揭第 234 页。

图 7-4-2 日租界公开贩卖的吸毒用具
资料来源:《天津旧影》,前揭第 114 页。

(6) 纸卷,用两手掌摩擦;(7) 黑膏药,其黑灰括下后可与香烟同吸;(8) 鸦片;(9) 吗啡;(10) 苦干因。

"据该美国人之表示,天津之日租界,可以视为全世界的海洛因之首都。其地日商创立之麻醉品制造所,不下数十处,且其中之大半,与日本在满洲方面之鸦片及其他麻醉品之专卖事业,皆有相当联系。热河省以前他人所经营的鸦片专卖事业,现皆转入日人之手,而自最近日军侵入内蒙以来,所谓'土耳其斯坦'之运销,亦皆由日本一手包办。彼等利用骆驼,将土耳其斯坦之此种特产,运销华北各地。"

"偷运的贩毒阵线,已由天津积极展开,伸至东西两洋之世界各地。而天津日租界各街道之毒品推销机关,更系各地皆是。统计规模较大者,有十五家之谱,而规模之药房、烟窟,则不下二百余处,其中颇有假用其他正当营业之名义,同时则以'洋行'两字列于商号之末端,以作其贩售毒物之暗记号。在直接贩毒售毒的店铺之外,尚有歌伎使座、茶室及旅社数十处,皆以年青善媚之女子招待顾客吸食鸦片吗啡针,戕害其身心。"

毒品的泛滥严重危害中国民众的身心与精神健康,给他们带来巨大的灾难。"每当冬季酷冷之清晨,天津市之警察及卫队,常在沿街发现大批吸食者之遗尸。此辈贫穷之食毒者。倘等经一冬夜而不死,则次日清晨,即必实行乞丐式偷窃,获取若干铜圆,向小店中购用最廉价之麻醉品。去岁春季,当日租界与华界间的河水冰解之际,一时浮起之尸身达数百具,其为食毒者遗尸,被该租界当局投入冰窟,企图冲去灭迹,盖不难想象也。"

虽然当时的中国政府地方当局对于"禁绝毒贩毒不遗余力。凡华人之有干犯禁令者,靡不遭受严厉处分",但是由于外国人在华享有治外法权,中国法律无法加以惩治,只能交给日方处理(通常给予减刑甚至免刑处理),导致租界内毒品犯罪日益泛滥。

"因日人在华享有治外法权之故,中国不得干涉日本及高丽之毒犯,且即令中国警政机关将该国籍毒犯捕获,然于交解日本领事机关以后,每为日方即时释放,至多亦仅是予以极短期之徒刑,以回应中国当局。对于中国籍之毒犯,虽则禁令森严,但以不便干涉天津日租界之制毒机关,且复不得有直接惩治日籍贯之毒贩,故禁毒工作所收之效果,甚为微弱。"

"天津一市之大规模毒品新提加,禁中专事运销美洲者,凡有二家。其次陈氏新提加,另一则为宋氏新提加。公司虽然爱用中国名称,其实则为日人所出资经营。陈氏新提加之营业最为发达,交易遍及中美与南北美洲之埠。其毒品制造厂,设于冀东伪自治区内之唐山,允称为世界最大之海洛因制造厂。至于宋氏新提加,则其制造及批发场所,皆在天津日租界以内。据该业侍者之表示,每袋海洛因之重量,普通为七百格兰姆。在天津之售价约值华币 350 元(合美金百元左右)。送至上海,可售华币 450 元。倘能安然运至美国,额在旧金山一带,每袋即值美金 500 元。"

"日商在天津方面制造毒品,大抵皆先转运至上海,然后在运往美洲。倘若不由上海转口,经由日本运往美国,则更易获利。然日人不愿使毒物两字与本国家之名称相连,故必经由中国各埠运出,使世界人士徒知其为中国毒货也。"[①]

---

① 以上引文均见十生:《我们的日记:天津日租界成为日商制毒根据地》,《新闻记者》1937 年第 1 期。

天津日租界经营鸦片烟以德义楼、乐利旅馆、新旅社和息游别墅 4 家旅馆最为出名。德义楼设在旭街四面钟南侧,该旅馆 200 多间房间除少数招待旅客食宿外,余均租给烟土行开设烟馆。每年内地及印度所产烟土运至天津后,都集中在德义楼,由德义楼分拨各行。日租界不仅从贩卖鸦片中获利,而且公然包庇甚至参与鸦片运送。1924 年以后负责向日租界包运鸦片的是日本警察署司法副巡长徐树溥。徐以职权派警察沿途及德义楼附近值岗,警察从中大捞好处。徐为运送烟土方便,还特地在扶桑街裕德里口开设光裕汽车行,名为出租汽车,实为运送烟土而开。日租界当局对德义楼以房租形式加收公益费,每年可达 50 多万元。这样,烟土行和烟馆就得到了当局保护。其他旅馆,如乐利旅馆有烟土行 40 多家、息游别墅有烟土行 30 多家、新旅社有烟土行 70 多家。各家都以德义楼为例向租界当局交公益费。日租界各角落,差不多每隔不远就有一家烟馆,都是在日本警察署包庇下开设的。

日租界还大量制造吗啡、海洛因等类毒品。制造毒品最初以日租界几家最老的日商药房为首,如松木盛大药房、丸二兄弟大药房、楠德义大药房等。这些药房掌握着制造毒品所不可缺少的"以达"药品。凡制造毒品者,均须向这些药房购买此药。这些药房制造毒品情况除日本警察署少数高级日本人知道情况外,中国巡捕均不敢过问。此外,经营毒品的日本药房还有天顺堂、天喜堂、须田药房、畤田药房、金山药房等。一些日本洋行也经销毒品。日商还找一些生活困难的朝鲜浪人,在南市"三不管"及三义庄一带开设白面馆。朝鲜浪人贩毒必须经日本领事馆批准。①

在各租界都可以公开吸食鸦片。法租界有烟妓合一的花烟馆。意租界有制造毒品的工厂,俄租界是贩运毒品的集散地。英、德、比、奥各租界也都有不同类型的吸毒、贩毒场所。日租界更是公开鼓励吸毒和贩毒。日租界有几家专营贩卖鸦片烟的大旅馆,如德义楼、东利旅馆、新旅社、息游别墅等。德义楼有 200 多个房间,每个房间就是一个烟馆。租界当局对这些烟贩烟馆公开给予保护。每年从中抽取大量捐税,名公益费。德义楼一家的公益费每年多达五六十万元。在旭街一带,公开制造和贩卖吗啡、海洛因(白面)等毒品的日本商店和洋行有

---

① 《列强在中国的租界》,中国文史出版社 1992 年版,第 146—147 页。

160余家。

义和团运动时,侵略者就与天津社会恶势力勾结加以镇压。以后,都统衙门专门招收一批华人巡捕。日租界的驻屯军和各种特务机关竭力收买天津邻县土匪或兵痞供其驱使。"七七事变"后,他们被改编成皇协军。日本宪兵队、警察署、黑龙会,则利用天津青帮的普安协会,制造暴乱,打入基层,搜集情报。

日租界社会秩序败坏,曾经发生多起抢劫案。

1920年8月15日《益世报》载《日租界大抢案之骇夺》:"日租界旭街路东天源义银号于昨日下午一点四十分突有二人进号,一人把门,一人持自来得手枪,吓令各铺伙退至后屋,即自开抽屉,抢去银票六百七十四两,北京中交票五百元,老头票三千九百元,大洋钞票一百二十九元,金表一只,钱包一个。抢毕,即行远飏,及至该号喊来巡捕追缉,已无踪迹矣。事后,经日本警察署派警官前往查勘,以便侦缉,中国方面戒严司令部、警察厅侦探等,亦均前往探询被抢时情形。据该号同仁口称,抢匪进号时见其身着白夏布大褂,由领子露出军衣领章,唯系何字样未能辨清。又闻,该号铺掌郑兰舫已将被抢情形及损失数目报日本警察署备案云。"

第五节　协助侵华的义勇队

在天津日本居留民团内不仅设有情报机构(总务部下有调查课),而且有民团武装。早在1927年5月,天津居留民团就组成了400多人的日本义勇队。义勇队干部由退伍军人担任,队长下设教育、兵器、情报、庶务主任,义勇队下辖4个中队及通译、通信、给与(供应)、救护4个班。

义勇队为准军事性质,也是军队后备力量,是日本侵略天津的别动队,日军镇压租界内中国民众与抗日力量的帮凶。"七七事变"爆发,臼井忠三立即对在津日侨进行动员,增设兵事、工务、配给、邮便、卫生、庶务、保净7个班,并直接配合日军侵略战争,因此臼忠三井受到日本军部的表扬与外务省的特殊奖赏。"七七事变"期间,天津日本居留民义勇队"业已有显著之活动。而今次塘沽亦同样召集义勇队,二十二日已得领事馆警察署认可,其名额六十名,业

图 7-5-1 日租界居留民团义勇队

资料来源:《天津旧影》,前揭第 46 页。

已人满"。[1]

1927 年第十七次居留民会临时会议通过《天津日本义勇队规则》:

第一章 总 则

第一条 本队称天津日本义勇队。

第二条 本队是以天灾或事变之际维持居留地的安宁秩序、保护居留民的生命财产为目的的居留民团组织。

第三条 本队队员的加入、退出,开除处分,以及本队职员的任免,由民团公告。

第四条 本队队员的武器、装具、被服,由民团贷与。

第五条 本队队员拥有由居留民公会会议上表达敬意的荣誉。

第六条 本队队员赋役中,遇有疾病、负伤、残废与死亡,由民团支付治疗费、慰问费、辅助费与吊唁金。

---

[1] 《天津日侨组义勇队》,《外论通信稿》1937 年总第 1901 期,第 4 页。

第二章　招募与编成

第七条　本队队员由居住在天津的18岁以上的居留民团男子组成,其是否录取,由行政委员会决定。

第八条　本队设总部、警备班、翻译班、通信班、供给班与救护班。

第九条　总部设部长、副部长各一人、职员若干人;各班设班长、副班长各一人。本部长兼任本队长。

第十条　警备班分为三个中队,每个中队分为三个小队,小队分成三个分队。中队设中队长、小队设小队长、分队设分队长各一人。

第十一条　翻译班、通信班、供给班、救护班各分三组,各设组长一人。翻译班人员35人以下,通信班30人以下,供给班20人以下,就护班10人以下。

第十二条　各班置预备人员。

第三章　规　则

第十三条　本队队长的任免须得总领事认可,由行政委员会实施。

第十四条　队长统率本队。

第十五条　队员的任免、赏罚,经行政委员会决议,由队长实施。

第十六条　队长确定队员的配属,制定警备计划,应该得到行政委员会的认可。

第十七条　总部掌管与本队有关的一切事务。

第十八条　警备班以接受过军事教育或者未满40岁者组成并担任警备任务。警备班配属有工作作业经验及骑马熟练的若干人员。

第十九条　翻译班承担翻译任务。

第二十条　通信班承担电信、电话等一般的通信与传令任务。

第二十一条　在必要的时候,翻译班与通信班人员应该配属警备班保卫。

第二十二条　供给班承担供应粮食等的供给任务。

第二十三条　救护班承担医疗、护理、输送伤病者等与卫生相关的任务。

第四章　召　集

第二十四条　本队的特别召集,根据总领事的命令或认可,由行政委员会实施。

以预习为目的的特别召集,由行政委员会实施。

队员的训练召集,由队长实施。

第二十五条　队员接受召集时,应该不迟滞地到指定场所集合,等待队长的指挥。

附　则

本队的相关细则及训练、动员等规程由行政委员会制定。①

表7-5-1　天津日本义勇队编制表

队长	本部员		
	警备班长	甲　中队长	第一小队
			第二小队
			第三小队
		乙　中队长	第一小队
			第二小队
	给与班长		第一组长
			第二组长
	救护班长	诊疗主任	组长
		救护主任	组长
			第三组长
	特别班长	以下略	

资料来源:《天津日本租界居留民团资料》第四册,前揭第248页。

表7-5-2　天津日本义勇队人数表(1935年)

干部	小队长组长	本部附	第一中队	第二中队	翻译班	通信班	供给班	救护班	预备员	合计
20	16	45	81	81	24	20	17	15	84	403

资料来源:《天津日本租界居留民团资料》第三册,前揭第83页。

---

① 《天津日本租界居留民团资料》第十册,前揭第357—358页。

表 7-5-3　天津日本义勇队人数变动表(1938 年)

上年末	上年末以后的变动			现在人数	变化原因
人　员	入　队	退　队	增减数		
682	170	3	增 168	849	因事变而增加

资料来源:《天津日本租界居留民团资料》第四册,前揭第 341 页。

1936 年改制后,臼井忠三为第一任民团长(其曾两度任行政委员会会长),对义勇队加紧训练,又组织了 200 多人朝鲜人组成的日本义勇队别动队。

第八章
天津日租界的收回与居留民团的终结

第一次世界大战结束,作为战胜国的中国,向德、奥等战败国索回了租界。1941年,太平洋战争爆发后,国民政府发表声明收回日租界,但在当时的条件下只是一句空话。第二次世界大战进行期间的1943年,日本政府声称向中国(汪伪政府)交还在中国的租界,上演了一出交还治外法权的闹剧。此时整个天津都已变成日租界,仍由日本控制,行政人员均听命于民团长臼井忠三。随后,英国等宣布归还在中国的租界。1945年,日本投降,华北地区的日本人均集中于日租界。10月1日,美军进入天津市区;10月8日,在美国海军陆战队门前举行受降仪式。至此,日租界以日本战败而宣告收回。在天津的日租界与居留民团寿终正寝,日本侨民被遣返日本,日本侵占天津半个世纪的历史宣告结束。

第一节 第一次世界大战与天津租界

第一次世界大战(简称一战)期间,中国作为协约国成员,北京政府于1917年3月宣布与德国与奥匈帝国断交,并决定收回两国在华租界。接着,中国政府宣布对德国与奥匈帝国作战。9月,中国与协约国达成协议,收回德、奥两国在天津、汉口的租界,取消该两国在中国的治外法权。一战后,在1919年1月巴黎和会上签订的凡尔赛和约,确认了中国收回德租界和奥租界的权利。收回的德租界称特别第一区,设第一管理局,置主任一人,总理一切事务,直接受天津市政筹备处之监督,间接受直隶省长公署及内务部之监督;收回的奥租界改名特别区第二区,设第二管理局,置主任一人,总理一切事务,其监督机关及办事呈报手续与特别第一区同。1943年,以上两区分别改称第十区、第十一区。奥租界从建立到收回一共存在17年,在各国租界中存在时间最短。

十月革命以后,列宁领导下的苏维埃政府外交人民委员加拉罕发表宣言,表示放弃帝俄时代在华取得的一切特权,包括归还租界及废除不平等条约。天津地方士绅因此一再呼请政府收回俄租界,并成立了特别区市政管理局,准备将俄、德、奥三国租界同时收回。但是北京政府屈服于西方压力,经与英、法、美三国领事协商,组织暂行管理俄租界委员会,负责管理俄租界的行政事务,原有的俄国职员照旧供职。1920年11月,苏俄政府再次发布对华宣言,并一再催促中国政府举行中苏双方谈判。1922年收回俄租界,称特别第三区。直到1924年5月,中国与苏联终于签署《中苏解决悬案大纲》9条,其中包括收回在华俄租界。1943年天津原俄租界区域称第十二区。

1926年7月大革命期间,北洋政府外交部照会比国公使,旧约期满宣告作废,建议改订新约。1928年11月,中比签订《中比通商条约》;1929年8月,又重新签订《中比通商条约》;1929年8月又签订交还比租界的协定。其后,南京国民政府与比利时驻中国公使组成交接委员会。1931年3月,正式举行交接典礼,收回比租界,改为天津市特别第四区,后并入第三区。

1930年初,国民政府曾试图收回领事裁判权。天津地方法院院长周祖琛称:"政府明令自本年一月一日起自动宣告撤销领事裁判权。本院唯秉承司法行政部、河北高等法院训示办理。就天津局部论,本年将继续进行下列事项:(一)成立塘大分庭;(二)筹设新式看守所;(三)扩充租界登记;(四)甄别吏警;(五)宣传法院组织及办事情形;(六)确守开庭时间;(七)蒐集各国现行法律;(八)添设法文翻译官;(九)整理执行事件;(十)购置图书。"[①]但当时并不具备国内外的客观条件,也没有合适的机遇,不久后收回领事裁判权的事项不了了之。

"七七事变"后日军占领除部分租界以外的天津。太平洋战争爆发前,英、法

---

① 天津地方法院:《为撤销领事裁判权告天津民众》,1930年2月。

租界虽有独立地位,但因默许抗日力量的活动而与日本当局屡次发生矛盾冲突。于是,日本千方百计地要寻找机会对英、法租界加以抑制与打击。1938年12月22日,日军在英法租界周围架设了铁丝网,对出入租界者进行检查。1939年4月9日,伪联合准备银行经理兼海关监督程锡庚在英租界大光明电影院被刺,日本要求英租界当局引渡凶手,被拒。因此,日军从6月14日起封锁了英法租界通往日租界及中国城区的7个路口,封锁一直持续到太平洋战争爆发。其间,双方为解决英租界问题曾举行谈判,最终破裂。由于时局动荡和建筑材料运输的困难,使20世纪30年代以来的市政建设陷入停顿。1940年6月,英日继续进行东京谈判,最后英国屈服于日本的压力,承认伪联银券在租界内的合法流通,驻天津英军撤至香港。

1941年12月8日,日本发动太平洋战争,随即占领了英租界、法租界。此时实际上整个天津成了日本的占领区,原来的日租界已经徒有其名。国民政府发表声明收回日租界,仍然无法实现。1943年5月,为蛊惑人心,日汪合演"交还日租界"丑剧。日租界交还后,改名兴亚一区。当时英租界由日军"极部队"占领,故名"极管区",以汉奸方若任区长。翌年3月,日军将原英租界移交给伪天津市公署,更名特别行政区。1943年3月又改名"兴亚第二区"。1943年6月,法国维希政府将天津法租界交还给汪伪政府,天津法租界更名为"兴亚第三区"。在此期间,意大利也将租界交还汪伪,天津意租界改名特管区。

第二节　太平洋战争中日租界的窘境

一、抗战期间日租界的窘境

抗日战争期间,尤其是1941年12月太平洋战争爆发以后,天津日租界面临着一些难以解决的问题。第一,由于区域狭小,资源短缺,人口拥挤,房价腾飞,无法建造更多的房屋,居民住宅和工厂商店用房十分紧张。第二,日租界东南面是海河,南面是英国等敌国租界,从塘沽溯海河而上的日军到达港口后,难以穿越英租界进入日租界。驻守日租界的日军也得不到援军的帮助。日租界对外联系也面临障碍。第三,在日租界周围进行的抗日宣传以及其他抗日活动,使日本当局如坐针毡，却难以解决。

根据当时进入天津日租界的日本人的说法："没有比此次租界问题给日本带来的影响更深刻的了。因为租界的问题，无论是天津还是上海，都让日本感到很棘手。在天津，由于外国人被困在租界内的异常事件，而使日本遭受不便的事例不胜枚举。比如中国人在外国租界的庇护下，以此为根据地进行各种活动，日本却毫无办法。各种阴谋的大本营也是位于外国租界的安全地带。如各种小报全是在租界印刷、发行的，中国的所有谣言也来自外国租界。在外国租界的学校，依然对中国人进行强烈的排日教育。邮局、电报局、电话局都在租界里，日本人的信件被拆开，发电报、打电话也都非常不方便。租界内还居住着中国的很多不法之徒、旧军阀和官僚、贪官污吏。他们只向租界缴纳一点捐税，作为中国国民，却不向中国缴纳任何捐税。赌博等弊端也不少。此外，不管是外国人的还是中国人的金融机构都在租界内。从塘沽登陆的日军，接近天津时，因为租界不允许通行而陷入困境。天津车站守备兵陷入孤立而危险的时候，法国也拒绝救援队通过万国桥。

现在由于租界狭小，住宅已经占满，没有地方建设房屋，地价也高得惊人，工厂等房屋更无法建设了。日本人能够获得的土地只有租界，租界外没有经营居住权。条约规定外国人有在开港地设立工厂的权利，当然也能够获得土地，但是中国方面将开港地狭义地解释为租界内，因此现在虽然很多工厂在租界外，但是并非合法获得。

在中国方面，租界损害了中国主权，收回租界主权是当然的。而且以前的租界成了在中国进行政治阴谋的巢穴。因此，中国应该收回租界主权，但不是驱逐外国人。租界等地方，只要从外国主权下的特殊地域，变成外国人的居住地就行了，国家主权当然属于中国。

这次来天津，看到英法租界周围布满了铁丝网，各条道路都被封闭，只有7条主干道，由日军进行严厉警戒。日本人和中国人乘车下来时，对行李都要严格检查，并盘问其要去的地方；每天在这七个出入口接受盘查的人，有数万甚至数十万。日租界现在的一个苦恼是住宅难。从外国租界撤回的日本人，从内地过来的日本人，双重增加，使得日租界内的住宅极度缺乏，也没有地方可以建设新的住宅，现在不要说空房子了，就是出租房也全都租出去了。因此租金高涨就不用说了，30

元左右的房子已经涨到了100元左右,伴随而来的则是物价的高涨。"①

二、天津居留民团在后期的活动

太平洋战争爆发后,天津居留民团的工作主要就是为了煽动日本居留民的战争狂热,继续各种支持日本侵略军的活动。

1941年12月第六十一次居留民会临时会议程反映了战争的延续。

(1) 对陆海军的感谢决议案;

(2) 关于大东亚战争决战必胜宣誓案;

(3) 参事会员选举;

(4) 会计检查委员选举;

(5) 各项议案的通过。

1941年,居留民团翼赞部的事务有"输血报国运动""治安强化运动""勤劳奉仕""献金运动""决战必胜诸运动",包括难局突破大讲演会、局战必胜居留民大会、三大报国运动决定、战争资金献纳、输血报国运动、"天津号"飞机献纳、生活改善运动、"皇军将士慰问"、"兴亚奉公日"强化、"无酒日""步行日"追加、"兴亚祈念与武运长久祈念及兴亚体操"等。

随着战争的延续,日本逐渐显现颓势。在此局面下,1943年翼赞部企划课开展了"三士气昂扬日"(即每月8日"美英击灭大诏奉戴日"、每月18日"健民运动日"、每月28日"勤俭储蓄日")、"防谍周"(6月6—12日)、"华北新建设促进决战生活确立旬"(10月21—31日),以及各种文化宣传活动。

翼赞部下的翼赞课1944年4月还在"日华善邻"方面组织了相关活动,如第二次"日华善邻旬"(包括"贯彻日华同盟条约与大东亚共同宣言""成立善邻工作机构""普及善邻思想""消灭反善邻活动",强化已设工作,开展宣传活动)、日华广播讲演,举行"日华妇女善邻会理事会、日华青年恳谈会","组织日华善邻会地方分会"等。在第二次"日华善邻旬"期间,成立了其下属组织,包括第一(中央地区)、第二(河东地区)、第三(河西地区)、第四(河南地区)、第五(河北地区)的五个地区分会,"以努力形成作为国民运动的善邻工作"。此外有"日华妇女善邻

---

① 以上参见长野朗:《透视新天津》,载《津沽漫记——日本人笔下的天津》,前揭第179—187页。

会"(设于1943年12月)并进行思想文化生活,包括"大东亚共同宣言恳谈会""古典文学讲座""思想战讲习会""国民映画研究会""天津文化报国会",并继续进行"国债消化""国民储蓄"、"献金(包括飞机献金、战争资金、伤病兵慰问金)"、"输血报国"等活动。

由于1943年3月归还日本租界,从4月起天津日本租界警防团改称天津日本防护团,全天津组织5个防护团,作为统合机关,设置联合防护团,在居留民团内设置事务所。所管事项限于防护关系,过去的兵事、"皇军慰问"、车辆事务分别转移到其他各课。防护团举行了防空演习。团长臼井忠三,副团长上原珍二。[①]

1943年,当时在租界还有天津"帝国伤痍会",为伤痍军人遵奉五训,共同实现"自主更生,促进会员的相互修养亲睦";有天津兴亚壮年团、天津兴亚炼成所(1943年10月,由在津大商工团体经营的商工人炼成所作为支部的借以炼成翼赞运动核心的青壮年机关;翌年2月开始"准备锐意建设";3月开所,"希望通过农耕活动确立自治体制,实施壮年团员与青年学校学生的炼成";8月,由于军方交涉,炼成所关闭。鉴于设置邦人青壮年修养道场的必要性,正在八里台物色预定场地并加以建设),"勤劳挺身队"(随着战力的迅速增强,为凝聚"勤劳奉公"精神,在天津各区设置,以期发挥军及官施策的重要增产能力,属于总领事馆指挥),并有天津协励会,开展国语全解运动、训练天津协励会壮丁训练队、储蓄奖励、职业辅导,召开会员常会与座谈会、献纳飞机等。

但是,在中国抗日战场和盟军的打击下,以上各种为日军打气输血的活动并没有取得实际成效。随着中国抗日战争和太平洋战争的推进,日本的经济捉襟见肘,各种资源面临枯竭,扩大侵略战争难以维系,被迫对资源与经济活动进行全面控制,实行所谓经济统制政策。

表8-2-1 1940年天津米谷配给统制 单位:石

种类 月别	赊账与特约 分购买限度	同左累计	特殊分 购买限度	同左累计	通账、特约及特殊 分购买总限度累计
6月	154.85	3 844.35	4.30	576.70	4 421.05
7月	65.30	3 909.65	2.30	579.00	4 488.65

[①] 以上见:《天津日本租界居留民团资料》第四册,前揭第318、346页;第五册,第92、354页。

续　表

种类月别	赊账与特约分购买限度	同左累计	特殊分购买限度	同左累计	通账、特约及特殊分购买总限度累计
8月	79.95	3 989.60	(1)20	578.80	4 566.40
9月	92.20	4 081.80	2.00	580.80	4 662.60
10月	77.95	4 159.75		580.80	4 740.55
11月	76.80	4 236.55	20.50	601.30	4 837.85
12月	104.45	4 341.00	1.90	603.20	4 944.20

资料来源：《天津日本租界居留民团资料》第四册，前揭第305页。

1943年的配给项目有：食粮米、砂糖、石碱、石炭、乳粉、纤维制品、味精、磷寸、废纸、清酒、麦酒、妊产妇手账、学童学生用纤维制品，其他临时配给葱、萝卜、白菜、人参、林檎、蜜柑、干海苔、香蕉、木绵浴衣地、马铃薯、杀虫液、加糖炼乳、食用油、酱油等。①

粮食统制，吃豆饼。"那豆饼可不是现在的豆饼，现在的豆饼多干净，那豆饼里头渣子、沫子、乱七八糟的，还得洗呢，不是给人吃的东西。"②

在抗日战争后期，尤其是太平洋战争开始以后，日本帝国主义为了维持战争的进行，发动日本居民并强迫日本占领区的中国民众，进行所谓献金运动。天津日租界献金运动的"成果"如表8-2-2所示。

表8-2-2　天津日租界"献金运动成果"表　　　　金额单位：日元

		1941年度	1942年度	1943年度	1944年度	累计
飞机献金	接受件数	1 336	549	435	2 069	4 398
	接受金额	502 891.36	1 598 165.31	7 101 767.63	35 952 491.74	45 155 316.04
战争资金	接受件数	43	114	125	30	318
	接受金额	9 594.81	8 617.96	28 380.01	13 814.10	60 407.88
伤病员慰问金	接受件数		6	13		19
	接受金额		70.46	1 361.00		143.46

资料来源：《天津日本租界居留民团资料》第三册，前揭第364页。

---

① 《天津日本租界居留民团资料》第五册，前揭第42、380页。
② 《八年梦魇：抗战时期天津人的生活》，前揭第43页。

第三节 日租界的"交收"闹剧

1941年12月8日日本发动太平洋战争后，重庆政府于1942年12月9日发表对日、德、意宣战文告，同时宣布废除中日之间一切条约、协定、合同。这样中国应收回日本在华全部租界，但当时除重庆外，日租界所在地均已沦陷，中国无法收回。

日租界享有领事裁判权，日本人犯罪不受中国法律管辖，只能由日方法院审理，即以长崎地方法院为初审法院，以长崎的上诉法院日本大理院为上诉和终审法院。

为了掩盖侵华罪恶，加紧诱降中国投降势力，在国际上捞取政治资本，日本导演了一场归还在中国的租界与治外法权的闹剧。1942年12月21日御前会议上，日本决定了对华新政策，包括归还租界、撤销治外法权等。于是，伪南京政府开始"收回外国租界运动"。1942年3月，日本将天津、广州两个英租界移交给汪伪政府。1943年1月，又与汪伪政府签订"交换租界及撤废治外法权协定"，日本将在华日租界行政权交还汪伪政权。随后，日汪在同年3月9日签订日本"交还专管租界实施细则协定"，其中规定：杭州、苏州、汉口、沙市、天津等地的日本专管租界之行政权，定于3月30日实行"交还"。3月17日，汪伪政府委任陈君慧为"接收天津日本专管租界委员"。

3月30日，在天津日租界公会堂举行了日租界"交收"仪式，参加交收仪式的有日本驻北京公使盐泽，驻天津总领事太田，日本租界居留民团团长臼井忠三，汪伪接收委员陈君慧，以及伪天津特别市市长王绪高等。日租界"交收"后，改名"兴亚第一区"。伪特别市参事张同亮为兴亚第一区区长。被日军占领的原英租界和法租界，分别改名为兴亚第二区、第三区。收回日租界后，表面上租界行政机构已不复存在，实际上行政权仍操于日本人之手。

"天津日本租界移管式，于1943年3月30日上午10点，在日本租界公会堂盛大举行。值此天津市民'热烈庆祝'国民政府还都（指汪伪政府成立）三周年之期，又恰逢此有意义之日租界移管式举行，万民欢腾，情绪高昂，信赖并感谢友邦日本及决意击灭英美之表情，充分表现于市民之面庞。移管式举行时，到有中日双方要人。北京大使馆盐泽公使、(伪)国民政府接收委员陈君慧亦亲临参加。日本天津总领事太田宣布开会后,全体参加人员向中日国旗行最敬礼,并为建设大东亚英灵献祷。继由太田总领事朗读移让公文,即目录手交王绪高(伪)市长。王市长接受后,即朗读是项公文及目录接受书,手交太田总领事。俟后日本天津居留民团团长臼井朗读民团所有之道路、桥梁、下水道等设施目录,由市长接受。继由太田总领事致词,继由臼井居留民团团长致词,最后由(伪)市长王绪高致答谢词,仪式即告终了。"①

天津日租界交还给南京伪政府,由天津市伪政府接收,改名兴亚一区,设区属扶桑街。伪市长王绪高委任伪政府参事张同亮兼任兴亚一区区长,并改日本警察署为局,委任庆超为局长。该区所有中国店铺和一切捐税均由该区征收,所有原日本居留民团的财产、业务以及日本学校,仍由居留民团管理。区长虽然任命,仍须听命于居留民团长臼井忠三,日租界名亡实存。

此时,日本的衰败气象也日益明显。"日本兵刚进天津的时候,军装都是呢子的,枪支弹药整齐极了,但后来就不行了。等到日本快投降的时候,日本兵都带胡子,年轻小伙子没那么多,老的都上来了;军装也都打补丁了。……中国人看明白了,他们穷了,没力量了。大米很早就被控制了,有一个'米谷统制会',看到中国人吃米,拿枪就挑了!"②

随着世界反法西斯统一战线的形成,1943年1月国民政府与英国政府签约,规定天津英租界交还中国。1943年2月与法国政府签约,规定天津法租界交还中国。但在当时日本占领天津的情况下,上述交还并不能实际履行。中国实际收回租界是在日本投降以后。

1945年7月,美、英、苏三国波茨坦会议。7月26日,美国、英国和中国三国政府发表《波茨坦公告》,敦促日本投降。苏联承诺在8月中旬对日本发动进攻。8月6日与9日,美国先后在日本广岛、长崎投下原子弹,给了日本以致命一击。9日,苏联宣布对日作战,苏军从东、北、西3个方向突破伪满洲国境线,向日本关东军大举进攻。到8月15日,日本公布了天皇的投降文告。

天津居民李希闵说:"1945年5月,日本宣布第二预备役的人员入伍,就是

---

① 天津特别市政府宣传处:《接管天津各国租界概论》,1944年。
② 《八年梦魇:抗战时期天津人的生活》,前揭第42页。

45岁以下、身体条件还可以的要重新入伍,天津很多日本人开的小商店和企业就关闭了。宫岛街(鞍山道)33号是日本安宅产业株式会社的大安农场,我在那当服务员。它的对面就是日本的大和公园,也就是现在的八一礼堂,靠山东路那边是日本在天津的神社,两边有鸟居。经常有日本人到日本神社默祷,很少再看见日本宪兵在和平路上巡街了。这都是他们快要败亡的景象。海光寺是日本在津驻屯军司令部,门前原来有一个好像碉堡似的岗楼,里边是一个入口,站岗人站那里头,后来就给拆掉了,说明已经没有人了。到了8月15日那天,日本控制的《庸报》还没刊登消息。我下午两点从祖父家出来,过了北安桥就看到中原公司塔尖已经挂上了青天白日满地红旗。这个时候,我知道日本投降了。下午5点多钟,《益世报》出了号外,日本已宣布无条件投降。天津人知道了,欢欣鼓舞呀。第二天,东马路一带人头攒动,大伙都非常高兴,我也上那去跟大伙一块凑热闹。

8月15日,早晨汪伪电台广播和伪保甲长陪同户警通知:'中午12时收听重要广播(当时是东京时间)。'这时民间已偷着传播日本投降了。12时整,收音机里传出播音员洪亮的声音:'日本帝国接受波茨坦公告,宣布无条件投降。'大家一片欢呼:'中国胜利了!'并长时间热烈鼓掌,一些老年人激动地流出了热泪,说:'这是老天爷有眼啊,再也不用天天提心吊胆怕日本人了!'一些外国商店的老板们也纷纷拱着双手来祝贺,顿时如同拜年般的热闹,中国商铺较集中的海大道(即今大沽路)小白楼不断地传出鞭炮声,霎时间胡同内马路上人来人往,喧喧嚷嚷奔走相告:日本投降了!日本投降了!一会儿已是家喻户晓,人人皆知了。广播结束后,我们把往日藏着的、日本人禁止中国人吃的澳洲方袋面粉拿出,加工轧成切面,按中国传统吃捞面来庆祝胜利。

广播结束后,街面热闹非凡,我在屋里实在待不住,师兄看出我的心思,吃完饭就叫我到外面看看。一出门我看到大隆洋行门前围着一圈人,原来是一个中国老三轮工人,拉着一个日本人走到这里实在蹬不动了,正听到有人边走边喊:'日本投降了!'老人越想越不是滋味,原来他想要回家吃饭。这个日本人耍横,从车站跳上他的车叫他快拉,当时他不敢不拉。现在听到日本投降了,就把车停下,对日本人说:'我也不要你的钱,你把我拉回去算完。'那日本人明白如回车站凶多吉少,拿出1 000元伪币要走,一些围观的开滦码头卸煤工人都支持老者。

日本人哀求放他走。工人说:'你再拿出1 000元给老车夫,再把老车夫拉回两个路口就放你走。'工人们又对老车夫说:'叫他拉你两个路口也算是日本人拉中国人了。你放他走号吃饭去。'日本人无奈,先交出2 000元,又拉着老车夫往北走,一边走工人们一边喊:'日本人拉中国人了!快来看呀!'大隆洋行的经理(印度人)看到这场面连称:好!好!太好了!'"

侵华日本人的罪行,几乎使每个中国人都有一本血泪账。出于多年的义愤,一些中国居民殴打日本人的风潮迅速蔓延。16日清晨,小营市场内发生了卖菜的打日本人的事。一个日本人还像往日那样傲慢,对中国人使威风,引起卖菜人的愤怒,把他打得鼻破血流,抱头鼠窜。住在开滦宿舍的一些日本妇女把头发剪短,打扮成男人模样,外出买菜,进入市场什么茄子、土豆、辣椒等买很多,买一次够吃很多天好少出门。东车站打日本人的气氛比其他地方厉害,一些戴红帽子的工人和一些闲散人在车站内外巡回,发现一个打一个。在一经路与河边马路交口处,一个日本人满脸是血。当时的日本人如同过街老鼠,人人喊打。不久伪警察局通知不准随便打日本人,但社会秩序仍然混乱,有的是内外勾结抢劫日本仓库,一度市面上日本军用物资市场上应有尽有,一些警察去维持秩序,各工厂商铺户户出人维护社会安全。

当时"很多日本人都关门闭户,不敢出来了;有些日本商店,准备把商品廉价变卖换成钱,他的那些东西不卖就都坏了,尤其是食品。多伦道那有一家甘栗太郎,卖的都是糖果之类的东西,卖得很便宜。100斤一袋的白砂糖才卖伪联币800块钱,相当于法币9块钱。当时很多人抢购这些廉价物资,也有很多人因为没有钱买,开始抢日本商店,后来还到人家的家里面去抢。日本人也要出门买食物,只要被碰到,就起码瞪他几眼,啐他,骂他,有的还不解恨就开始打。最厉害的是9月18号,国耻纪念日那天,在旭街,抓着日本人就打。这个事情惊动了海光寺的日本军队,他们投降但还没有缴械,所以(驻屯军司令官)内田银之助就给警察局打去威胁性的电话:'要不管,我们就管了,我们得保护自己的侨民。'在这种情况下,(天津警察局长)李汉元就紧急下令,警察就出动了。此后,天津才稳定下来,中间混乱了三个星期左右。

当时一些日本侨民没有安全感,纷纷寻找安全地带。我们后院的邻居女主人曾与一日本女子在同一地方工作,交情很深,市面上中国人打日本人风潮盛起时,那日本女子就投奔到我后院邻居家,受到礼遇。她每天一早就把屋内外收拾得干干净净,白天不出屋帮助邻居做些家务活,住了一个多月,社会秩序安定了才回家,临走时她逐户登门致谢"。①

日本投降后,蒋介石任命伪治安军李卓雄为国民党华北先遣军第三军,偕同日军控制天津。其后,华北各地日本人均集中于日租界内,由日军与居留民团保护。

9月2日,在美军战舰"密苏里号"上举行了日本向盟国总投降的签字仪式。在天津于10月8日在今和平区承德道天津市文化广播影视局门前(当时是美军司令部)举行天津日军投降签字仪式。主持仪式的是美国海军陆战队第三军团洛基中将,受降席上还有天津市长张廷谔、副市长杜建时和十一战区司令孙连仲派的代表。当洛基宣布仪式开始时,由美军押解日军代表内田银之助及6名日本军官,乘汽车从西边过去。他们在桌子对面稍坐后,由内田带头把腰上的指挥

图 8-3-1 驻天津日军投降

资料来源:《故影遗存》,前揭第73页。

---

① 《八年梦魇:抗战时期天津人的生活》,前揭第156页。

刀放下交给洛基,并在投降备忘录上签字,签字后仍由美军押解下去。至此仪式结束。当时围观的有一两万人。此后美军正式接防,后交国民党十一战区。9月9日,中国战区日军投降签字仪式在南京举行。投降仪式后,盟国规定中国17度线以北由美军维持社会安全,协助接受投降签字。9月下旬美军受蒋介石委派来天津,分别对天津、北平、山海关、张家口等地封闭,沿线进行布防。

第四节　日本的投降与居留民团的瓦解

抗日战争胜利后,美国作为战胜国,其军队于1945年9月在塘沽登陆,接着进驻天津;国民党军队开始驻防天津。租界被接收,意味着居留民团已经无需再存在,日本侨民滞留天津也已经毫无意义。接着是遣返日本侨民。根据中国陆军总司令部《中国境内日侨集中管理办法》规定:"凡散处于中国境内(东三省除外)的日侨,均由中国各地陆军受降主官指定时间、区域集中,交由当地省市政府管理";"每一日侨集中居住区域设一日侨集中管理所。"随即开始各地日侨遣返工作。

1946年1月18日,天津市政府成立了日俘日侨管理处,该处直隶于天津市政府。日侨事务主要由当时的天津市政府外事处和天津市警察局分管。天津市市长张廷谔任日侨管理处处长,下设管理、教育、总务三组,具体负责日侨的集中、管理、教育及遣返等事务。按当时规定,天津的塘沽港被作为北平市和冀、晋、察、绥等华北大部分地区的日俘日侨集中登船遣返回国的港口。第十一战区司令长官部在这里设立了塘沽港口运输司令部,会同各方办理日侨遣返事务。

每批日侨遣返时,于集中营出发前两日由日侨自治会具呈日本徒手官兵联络部转请第十一战区司令长官司令部发返国许可证。日侨出发前,由管理所查对人数并实施检查,所检扣之物品分为军用与非军用物品,军用物品交河北省保安处接收,非军用物品交由敌伪产业处理局转交北平海关及中央新托局分别接收。

当时国民政府对日本采取所谓"不念旧恶""以德报怨"政策,特别是在处理日俘日侨政策上以"宽"为主。一种观点认为此政策的真实意图是想安抚在华的百万日军,并争取日军的配合,抢占抗战胜利果实,最终恢复国民党对全国的控制。事实上,许多日俘的待遇甚至要高于国民党军队。据《益世报》记载,当时天津市日俘"所食者为稻米、牛肉、大虾、芝麻油等,炊事所用燃料为整料木材及煤油。以如此贵重物资供彼昔日曾残杀我同胞之敌寇,尚为世界各国所罕见"。① 国民政府还准许日俘侨回国时携带现款及大量的行李,其中现款为官佐500日元、士兵200日元、侨民1 000日元;行李重量起初定为每人30千克(不包括被褥服装),后又改为每人携带其能自行携带的行李为限,唯不准分两次搬运上船,及不准雇用苦力帮助搬运;准带的物品包括被褥、服装及随身用品。日本医务人员还被准许除所带行李外,准带回10千克医学书籍。"日本人回国的时候,每人只允许带10千克行李,有限的服装。大量多余的物品带不走,只好处理。收破烂进去后,给点钱就把一大包袱弄走了。还有那大烤盆,没人要;日本人铺的凉席,满地都是。"②

1945年以前,天津外侨一直以日本人居多,特别是"九一八事变"后,1933年已有6 700多人,占该年外侨总数的60%。1937年"七七事变",日本占领天津,外侨数增加到1.78万余人。1943年日侨人数达到峰值,有近7.3万人,占外侨总数92.8%。③ 抗战胜利后,国民政府决定,在华北的日俘、日侨均由塘沽新港遣送回国。在华北的日俘约10万人,日侨约18万人,总计28万人。天津市警察局调查结果,在津日侨共66 828人,其中男34 547人(含小孩9 434人)、女32 281人(含小孩9 135人)。此外,还有由内蒙古一带逃来者25 000人,共计9万余人。当时除个别技术人员外,全部遣送回国。为完成遣送任务,天津市日俘日侨管理处在市长的指导下,负责管理和遣送事务,由天津市警察局负责具体落实。1945年10月22日,第一批被遣送的日俘、日侨3 400人乘船离京,至1947年3月24日,遣送日俘、日侨的事宜告一段落。其间共遣送日俘、日侨131批,391 161人。④

第十一战区司令长官部在河北省日侨到天津后,关于候船回国期间的管理与补给等规定与北平市同。从塘沽港口出境时,所有日侨亦须接受全面检查。

---

① 《路有国人饿死鬼,日俘盘中尽佳餐》,《益世报》1946年2月24日。
② 《八年梦魇:抗战时期天津人的生活》,前揭第125页。
③ 《天津人口史》,前揭第309—312页。
④ 《天津通志·公安志》,前揭第268页。

经检查凡符合规定的日侨,由第十一战区港口司令部发给船票,准其上船出港回国。

图 8-4-1 日侨遣返

资料来源:《八年梦魇:抗战时期天津人的生活》,前揭第 124 页。

1945 年 11 月 24 日,国民政府行政院训令天津市政府组织天津市前英法意租界官有资本与官有义务、债务清理委员会,对旧英租界及旧日、法、意租界进行正式接管。委员会由杜建时为主任委员,英国首席顾问为甘悌,法国首席顾问为馥瑞。清理工作从 1946 年 12 月开始,到 1947 年 5 月完成。在谈判过程中,共举行中、英联席会议 8 次,主要在接收资产方面达成了协议,所剩若干悬而未决的问题,由国民政府外交部与各国驻华大使通过外交途径继续磋商解决。①

天津日租界建立以后,特别是 1937 年卢沟桥事变以后,日本各大财团、大小资本家、商人,以及无业游民,纷纷来华北淘金,包括到天津开办各类企业、公司、商店,夺取矿产资源开发权,以各种手段进行经济掠夺,许多人从一无所依迅速变成了暴发户。抗战一结束,国民党陆军总司令部"政字第二十一号训令"中关于"日本在中国私人产业暂行处理办法"规定:

---

① 《天津租界》,前揭第 31—32 页。

下列各项产业,应由政府接收:

甲、不论战争前或战争中,以公司、会社所经营之产。

乙、战争中以强力占有之产业。

丙、中国法律所禁之之产业。

这项规定,使几乎所有"高等日侨"的产业被划进接收的范围。但是,中国军方的对日侨的另一项规定,却让这些人钻了空子,那就是允许侨民向日本办理汇款。于是,北京、天津、上海等地的一些日本商人开始大拍卖。一些工厂主,则以厂内的产品、货物折价支付工人的工资,以将应支付的工资款存入银行,或汇往日本。有一些工厂、洋行的老板觉得反正财产无法带走,不如做做人情,向中国职工大发面粉、布锭、白糖、日用品等,名曰"特别花红"。有的老板干脆让职工随便拿取。当然,他们只是表面上慷慨大方,其实内心痛苦不堪。

在遣返日俘日侨的过程中有这样的插曲:驻天津日军"七七"事变前在津郊开设了一家碾米厂。日本投降以后,中美联合日俘管理处命令一部分日俘继续经营这座粮食加工厂,并将加工好的大米分别运往其他日俘日侨集结地去。

中美日俘联合管理处对天津日俘的管理工作,与其他地区略有不同。在管理处内,美军改变了日军原有的部队建制,将100名日俘编为一个小队,3个小队编为一个中队,3个中队编为一个大队。各级队长由日军士兵选举军官担任。管理处的中方成员颇注重对日俘的政治教育。其内容:(1)中国人民与日本人民同是黄种人,不应自相残杀;(2)日本入侵中国是日本军阀的犯罪行为,他们应负完全责任;(3)士兵们应忏悔在中国杀人放火的罪过;(4)揭发神权是迷信,武士道是暴行;(5)讲孙中山先生的三民主义,讲遣返战俘是蒋介石仁德为怀的宽大政策。管理处设有医疗所,并组织文娱流动、体育活动,每周放映抗日电影或表演话剧。不过,美方成员对日俘的政治教育究竟有多大的收效,相关资料未作介绍。①

日本战败投降,华北各地日本人都集中到天津日租界由居留民团照料,租界内原有日本商店洋行均造册移交国民政府,所有日本侨民遣返回国。至此天津

---

① 梅桑榆:《三百万日俘日侨遣返实录》,中共党史出版社2004年版,第185页。

租界才算彻底结束。

国民党军政要员在返回天津接受敌伪财产时大搞"五子登科",大肆掠夺财产。各级接收官员乘机巧取豪夺,中饱私囊。

日侨遣返工作告一段落后,随着国共内战的加剧,国民党又把主要精力投入内战方面来。

解放战争时期,天津成为国民党在华北防御体系中的重要城市,是华北地区国民党军经过塘沽港南撤的通道。随着人民解放战争的进行,1947年7月后,国民党军把天津作为华北坚固设防城市,由蒋介石嫡系第十兵团司令官侯镜如驻塘沽,陈长捷驻天津。特别是1947年12月傅作义就任华北"剿总"总司令以后,在天津大搞城防,企图固守天津等战略据点,扭转华北战局,但已经无法挽回国民党统治失败的命运。辽沈战役结束后,根据中共中央军委指示,东北野战军主力迅速秘密入关,并于12月中旬完全切断天津与塘沽的联系,完成对天津的包围。12月11日,毛泽东根据当时形势,发出《关于平津战役的作战方针》。根据中共中央军委"隔而不围"的方针,林彪、罗荣桓、刘亚楼命令东北野战军主力以迅速、勇猛的动作,插入北平、天津、塘沽、芦台、唐山诸点之间,隔断诸点之间的联系。

1948年12月底,中共中央军委批准了东北野战军总部关于放弃攻击两沽,准备夺取天津的报告,东北野战军(简称东野)总部决定总攻天津,由东野参谋长刘亚楼统一指挥。1949年1月,在扫清天津外围支撑点以后,14日上午,人民解放军进攻天津的战役打响,数百门大炮齐声怒吼,犹如山崩地裂,山呼海啸。炮火中,战士们奋不顾身地冲向敌人阵地,跨过冰封的护城河,攻入城中,各部队胜利会师于金汤桥。经过前后29小时激战,全歼守军13万人,活捉国民党天津警备司令陈长捷等,天津获得解放,回到了人民手中。

人民解放军迅速攻克天津,置北平守敌于绝境。华北"剿总"总司令傅作义接受中国共产党的和平条件,率部出城接受改编;国民党绥远守军则通过与我军签订和平协议,解决了绥远问题。平津战役至此胜利结束。

从此,天津与整个华北的历史翻开了新的一页。

近代天津租界的开辟,是第二次鸦片战争以后列强通过不平等条约强加给中国的结果。它使列强得以在军事上直接威胁、在政治上深刻影响北京,从而在

图 8-4-2 1949 年 1 月天津战役中，人民解放军攻克国民党守备司令部

资料来源：《故影遗存》，前揭第 76 页。

一定程度上改变了西方侵华进程中与中国的力量对比态势，加深了中国陷入半殖民地半封建的过程。天津租界问题，反映了在对华政策方面近代国际关系的错综复杂，同时也给天津近代的城市发展留下了深刻的烙印。在天津日租界采取结构严密、功能多样的居留民团的管理形式，具有与日本在中国其他城市租界不同的某些特征，是日本移植其国内地方"自治"制度，同时又企图使其适应当时天津的具体环境与条件而有一定变化，进而实现对天津的永久占领的形式。当代天津城市的基本形态，包括城市格局与市政面貌、经济与交通、教育文化和社会管理等，不难从近代租界问题和日本居留民团的作用中找到形成演变的某些线索，其在日租界时期出现的许多问题、波折与弊病，包括城市的发展更多地依附于日本，或者造就亲日的因素、被绑架日本的战争机器上，也值得今天从历史的角度加以客观回顾与认识，从而给人留下惨痛与屈辱的记忆。抗战的胜利，世界反法西斯战争的终结，使天津日租界回归中国，日本侨民撤回，居留民团变成历史，成为天津历史发展的一大转折。当然，只有在中华人民共和国成立以后，天津才完全摆脱了旧时的重重枷锁，人民成为新社会的主人，天津真正走上了从近代半殖民地半封建性城市向社会主义现代化大都市发展的道路。

图书在版编目(CIP)数据

天津租界与日本居留民团 / 程维荣著 . — 上海：上海社会科学院出版社，2021
 ISBN 978 - 7 - 5520 - 3540 - 7

Ⅰ.①天… Ⅱ.①程… Ⅲ.①租界—地方史—天津 ②日本—侵华—史料 Ⅳ.①K292.1 ②K265.306

中国版本图书馆 CIP 数据核字(2021)第 067526 号

天津租界与日本居留民团

著　　者：程维荣
责任编辑：周　河
封面设计：黄婧昉
出版发行：上海社会科学院出版社
　　　　　上海顺昌路 622 号　邮编 200025
　　　　　电话总机 021 - 63315947　销售热线 021 - 53063735
　　　　　http://www.sassp.cn　E-mail:sassp@sassp.cn
排　　版：南京展望文化发展有限公司
印　　刷：上海信老印刷厂
开　　本：710 毫米×1010 毫米　1/16
印　　张：15.25
字　　数：240 千字
版　　次：2021 年 6 月第 1 版　2021 年 6 月第 1 次印刷

ISBN 978 - 7 - 5520 - 3540 - 7/K・602　　　　　　定价：78.00 元

版权所有　翻印必究